2018年主题出版重点出版物 | 国际视野下的中国对外开放丛书
"十三五"国家重点出版物出版规划项目 | 张燕生 主编

改革开放与贸易强国

霍建国 著

图书在版编目（CIP）数据

改革开放与贸易强国/ 霍建国著. —广州：广东经济出版社，2019.4（2019.10 重印）

（国际视野下的中国对外开放）

ISBN 978－7－5454－6709－3

Ⅰ.①改… Ⅱ.①霍… Ⅲ.①对外贸易-贸易发展-研究-中国 Ⅳ.①F752

中国版本图书馆 CIP 数据核字（2019）第 073565 号

出版人：李　鹏
责任编辑：毛一飞
责任技编：许伟斌

改革开放与贸易强国
Gaige Kaifang Yu Maoyi Qiangguo

出版发行	广东经济出版社（广州市环市东路水荫路 11 号 11~12 楼）
经销	全国新华书店
印刷	广东鹏腾宇文化创新有限公司 （广东省珠海市高新区科技九路 88 号七号厂房）
开本	787 毫米×1092 毫米　1/16
印张	15.5
字数	260 000 字
版次	2019 年 4 月第 1 版
印次	2019 年 10 月第 2 次
书号	ISBN 978－7－5454－6709－3
定价	48.00 元

如发现印装质量问题，影响阅读，请与承印厂联系调换。
发行部地址：广州市环市东路水荫路 11 号 11 楼
电话：(020) 37601950　邮政编码：510075
邮购地址：广州市环市东路水荫路 11 号 11 楼
电话：(020) 37601980　营销网址：http://www.gebook.com
广东经济出版社新浪官方微博：http://e.weibo.com/gebook
广东经济出版社常年法律顾问：胡志海律师
·版权所有　翻印必究·

前　言

中国改革开放40年的发展实践书写了中国现代发展史中最华丽的篇章，我作为一名改革开放的亲历者和参与者，深刻地感受到了中国的成就与辉煌，其间有很多伟大的社会变革值得我们书写，有很多重要的历史时刻值得我们回味，有很多历史重要关头党中央睿智的决策和选择值得我们永远纪念。所以当广东经济出版社找到我，希望由我来承担"国际视野下的中国对外开放"丛书中关于《改革开放与贸易强国》一书的写作任务时，我欣然接受了这一艰巨任务。

1978年党的十一届三中全会选择了改革开放这一符合中国国情的科学决策，从而使中国发生了巨大的变化。如果说1978年12月18日召开的党的十一届三中全会是一个值得我们永远纪念的历史时刻的话，我们同样也应该怀念1978年以后党的历次代表大会对改革开放路线的坚持和多次党的三中全会对改革开放的完善和升华。而在这一过程中，党的十八大和党的十九大又是大家公认的做出重大贡献的大会，因为党的十八大完成了全面深化改革的顶层设计，而党的十九大又提出了构建全面开放新格局的具体要求，继续坚定地宣示了我们坚持改革开放的决心。

中国从经济特区建设到出口加工区建设，从经济技术开发区到自由贸易试验区发展，从以加工贸易出口为主到一般贸易出口占据主导地位，从出口轻工工艺品为主到出口机电产品为主，40年的变化反映了中国外向型经济发展的成功之路，记载了中国对外贸易发展的艰辛与努力。我们不得不坦率地承认，在40年对外贸易的发展过程中，我们有过彷徨和疑虑，在实践中也出现过外贸增长大起大落的现象，但是，我们对坚持发展外向型经济一直锲而不舍，对坚定地融入世界经济体系所带来的发展机遇深信不疑。为此，我们才有了今天的辉煌。

今天我国的改革开放事业再次面临复杂的外部环境。中美贸易摩擦和冲突对我们提出了新的挑战；世界贸易组织改革面临着矛盾和幕后的较量；国际贸易中代表21世纪的新规则有可能成为主流；发达国家和发展中国家关于是否坚持公平对等的贸易规则和对发展中国家是否继续保留差别性待遇问题各持己见，矛盾进一步公开化；随着发达国家经济的复苏，发达国家之间的矛盾和利益之争进一步尖锐化，从而使全球经济治理的难度进一步上升。这些外部环境的变化，进一步增加了我国坚持改革开放的难度。党的十九大明确提出的加快构建开放型经济新体制的具体要求为我国的改革开放事业指明了方向。

本书从三个层面展开。第一部分通过介绍国际贸易理论的发展及演变和现代社会国际贸易所发挥的积极作用，以及我国外贸发展的阶段性特征，使我们认识到中国早期外贸的起步与发展虽缺乏系统的理论支撑，但其发展的实践是完全符合国际贸易基本原理的。第二部分介绍关税与贸易总协定的关税减让谈判及世界贸易组织的历史作用及其基本原则和规则，落脚点在中国入世所产生的积极变化及其对世界经济和贸易发展的贡献。第三部分以党的十九大提出的构建全面开放新格局的重点内容为背景，以新形势和新矛盾为背景，结合"一带一路"建设、贸易强国建设、稳定外资增长新思路、对外投资新模式以及培育企业参与国际竞争的新优势等党的十九大提出的明确要求进行深入论述。本书的写作宗旨不仅停留在对构建全面开放新格局的理解和认识方面，还力求结合当前国内外形势，对中国未来改革开放的发展方向和政策选择进行积极的探讨。当然，由于时间较短以及本人的水平有限，在后者的探讨方面仍略有不足。但愿本书能够为读者提供一个了解和把握我国对外贸易发展的整体轮廓，为研究我国外贸问题的专家学者提供一个探索问题的切入点。当然，如果本书能够对我国众多的外贸经营主体提供一定的参考，那将是我最大的欣慰。

由于本书出版时间比较紧迫，因此书稿难免存在疏漏，敬请各位读者见谅。

目 录

第一章　国际贸易理论的兴起与演变 ·················· 001
 第一节　传统贸易理论的合理内核 ····················· 001
 第二节　"二战"后贸易理论的发展与演变 ········· 008
 第三节　"最新贸易理论"的实践及探索 ············· 015

第二章　新时期对外贸易的作用与定位 ·················· 023
 第一节　对外贸易在经济发展中的重要作用 ········· 023
 第二节　对外贸易的战略地位 ···························· 028
 第三节　新时期对外贸易的新贡献 ····················· 030

第三章　我国外贸发展的阶段性特征 ····················· 036
 第一节　我国对外贸易的实践与发展 ·················· 036
 第二节　改革开放推动对外贸易快速发展 ············ 049
 第三节　加入世贸组织后的蓬勃发展 ·················· 052
 第四节　新时期贸易发展的主要特征 ·················· 054

第四章　关贸总协定的历史作用及贡献······058
第一节　关贸总协定的成立及贡献······058
第二节　乌拉圭回合与世界贸易组织的建立······062
第三节　多哈回合的矛盾和困难······067
第四节　世贸组织面临的改革及前景······069

第五章　世界贸易组织的基本原则······072
第一节　最惠国待遇原则······072
第二节　国民待遇原则······077
第三节　透明度原则······081
第四节　自由贸易原则······084
第五节　公平竞争原则······087

第六章　国际经济环境的变化及影响······091
第一节　国际形势变化的新特点······091
第二节　全球化发展面临的矛盾和挑战······094
第三节　构建全面开放新格局的艰巨任务······098
第四节　我国已明确的自主开放的重大举措······100

第七章　我国面临的新形势与新矛盾······104
第一节　我国经济发展面临的国内环境······104
第二节　我国面临的外部环境日趋复杂······106
第三节　充分认识我国外贸增长潜力······108
第四节　把握好开放的重点和节奏······110

第八章　积极稳妥推进"一带一路"建设······113
第一节　"一带一路"建设已取得突出成效······114

第二节　与沿线国家经贸合作需注意的有关问题……………… 121
第三节　与沿线国家经贸合作的前景展望……………………… 129
第四节　积极探索"一带一路"建设中的金融服务功能………… 136

第九章　加强贸易强国建设……………………………………… 143
第一节　外贸竞争力下降的原因分析…………………………… 143
第二节　中国新时期贸易政策的定位…………………………… 146
第三节　中国制造业的现状及存在的问题……………………… 148
第四节　外贸企业的应对措施…………………………………… 154

第十章　稳定外资增长的新思路…………………………………… 156
第一节　近年来外商投资微弱增长的原因分析………………… 156
第二节　服务贸易与市场开放…………………………………… 158
第三节　加快扩大我国服务业开放……………………………… 164
第四节　加快推进我国高水平开放进程………………………… 172

第十一章　提高海外投资的质量和效益…………………………… 175
第一节　海外投资动因日趋复杂………………………………… 175
第二节　防范风险同提高服务质量并举………………………… 178
第三节　企业应注重投资质量和效益…………………………… 179
第四节　国际产能合作的发展历程……………………………… 181
第五节　国际产能合作的发展成就与经验……………………… 184
第六节　国际产能合作的前景与展望…………………………… 189

第十二章　中国参与国际多边合作的成功经验…………………… 191
第一节　中国加入 WTO 的历程及贡献………………………… 191
第二节　金砖国家经贸合作现状及前景………………………… 197

第三节　上海合作组织发展与前景 …………………………………… 208
第四节　中国参与国际合作的主要经验和体会 ………………………… 227

参考文献 ……………………………………………………………………… 234
后　记 ………………………………………………………………………… 239

第一章　国际贸易理论的兴起与演变

改革开放40年来，我国经济发生了翻天覆地的变化，进出口贸易总额名列世界第一，经济总量跃居世界第二，中国的国际竞争力和影响力大幅提升。总结40年的发展经验，我们认为这一成就的取得同我国长期坚持改革开放政策是密切相关的。另外，同中国创办经济特区，通过招商引资大力发展加工贸易；积极扩大市场开放吸引外商投资，发挥外资在经济发展中的积极作用；加入世贸组织，全面融入世界经济体系等几个大的发展阶段也是分不开的，特别是随着我国加入世贸组织，中国经济全面融入世界经济体系，中国的国际化水平进一步提高。近年来，虽然我国面临的国际市场竞争更趋激烈，但为了迎接国际经济竞争格局变化这一新挑战，我们将继续巩固并发挥好对外贸易在我国经济发展中的积极作用，为此我们有必要从国际贸易理论角度为我国的外贸发展找准定位。本章总结和回顾了国际贸易理论诞生到20世纪末不同阶段贸易理论演变的主要观点，为第二章国际贸易作用的经济学分析奠定理论基础。

第一节　传统贸易理论的合理内核

传统国际贸易理论亦指纯贸易理论，即从亚当·斯密的《国富论》到20世纪50年代不同阶段的贸易主导理论。大体可分为四个阶段：古典理论阶段，包括亚当·斯密的绝对利益原理、大卫·李嘉图的比较利益原理和约翰·穆勒的相互需求原理；新古典理论阶段，主要包括马歇尔等人对比较利益原理的进一步解释；现代贸易理论阶段，主要包括生产要素禀赋理论；新贸易理论阶段，主要包括"二战"后出现的各种贸易理论。传统贸易理论的共同特点是，对贸易发展的分析不包括汇率、国际收支以及国际资本流动因素，其讨论的核心主要是围绕比较利益原理。

值得一提的是，在15—17世纪长达200年的时间里，重商主义的贸易学说曾产生过极其深刻的影响。这一时期，欧洲的农业自然经济逐步瓦解，商人的社会地位开始逐步上升并受到重视，封建王朝同商业资产阶级一方面存在着对立与矛盾，另一方面也出现了相互利用与合作的态势。随着手工业和加工业的快速发展，国与国之间大规模的进出口贸易开始产生，这一时期的贸易学说已开始出现"奖出限入"的思想苗头，世界资源有限论、金银真正财富论、外贸财富增值源泉论以及国家干预经济论等均成为当时重商主义学说的共同特征。早期的重商主义思想以重金主义为主，反对原材料出口，反对商品进口，支持政府采取贸易保护措施；晚期的重商主义认识到金银的局限性，强调贸易顺差在国民财富中的积累作用。

1640年英国资产阶级革命后，生产方式发生了大的变革，工厂手工业成为主要的生产方式，对重商主义学说的继承性批判成为这一时期的主要特点。作为从重商主义到古典政治经济学的过渡人物，威廉·佩第认为工业收益比农业多，商业收益比工业多，经营积累金银的产业比经营其他任何产业都更有利。但威廉·佩第同样主张实行高关税政策，追求贸易顺差。了解重商主义的思想及起源对我们理解传统贸易理论的演变有直接的帮助。

传统贸易理论主要从两个方面说明国际贸易产生的基础和动力：一是生产同一产品时，各国间劳动时间和生产率存在的差异；二是生产要素禀赋的差异。传统贸易理论认为，这种差异的存在是国际贸易与国际分工产生的主要原因，进而各国从国际分工中得到较多的利益。

一、亚当·斯密的绝对成本论

亚当·斯密于1776年发表的《国富论》是经济学说史上最具代表性的伟大著作之一，他在对重商主义批判的同时，提出了自己的国际贸易学说。亚当·斯密根据社会分工提出了他的绝对成本优势原理，即在两国都能生产两种同样产品的条件下，一国生产其中一种产品效率较高，成本较低，卖价较便宜，从而形成各国间的商品交换或贸易，促进形成专业化分工，且参加贸易和分工的国家均可从中得到相应利益。

绝对成本论是英国经济学家亚当·斯密在《国富论》（1776年）一书中提出的。他指出："如果外国能以比我们自己制造更便宜的商品供应给我们，我们最好就用一部分我们自己有利的产业生产出来的物品同他们交换购买。"这一理论观点具有开创意义。该理论第一次从生产领域阐述国际贸易产生的原因，并且否定了重商主义的观点。总体来看，绝对成本论有四个特点：第一，它将劳动分工的概念扩大到国际范围。亚当·斯密《国富论》最大的贡献是详尽地阐述了劳动分工的好处，特别是其对提高劳动生产率的重要作用。他坚信，国与国之间的专业化分工同样会提高各种产品的劳动生产率，致使各国消费的物质产品量都会增加。因此他指出，一国的财富只有在不断扩大的国际贸易中才会增加。第二，绝对成本论证明简单、直观。在各国经济运行过程中，的确有一些产品的劳动生产率明显低于其他国家，同时，在另外一些产品的生产上，该国的劳动生产率则明显高于其他国家。这一现实对亚当·斯密的绝对成本论是很有力的证明，因而容易被人们所接受。第三，亚当·斯密的绝对成本论是以机会成本不变为前提的。在他所处的时代，机会成本概念尚未出现，但是亚当·斯密提出的理论中所包含的假定，即当劳动力从一个部门转到另一个部门时，这种转移成本所带来的成本都是相同的，实际上就是假定机会成本不变。后来的经济实践表明，当资源或生产要素从一个部门转向另一个部门时，机会成本是变化的。正因如此，绝对成本论需要进一步深化。第四，绝对成本论不能解释一国在两种产品生产上都处于优势地位时国际交换所产生的原理，及另一国在这两种产品生产上都居于劣势地位时能否进行贸易的问题。

二、大卫·李嘉图的比较成本论

比较成本论是指在两国都能生产两种产品的条件下，其中一国在生产这两种产品上均处于有利地位，而另一国在生产这两种产品上均处于不利地位，那么，处于有利地位的国家可以专门生产优势较大的那种产品，而处于不利地位的国家则可以专门生产劣势较小的那种产品。通过专业化分工和国际贸易，双方仍然可以从中获得利益。简言之，两利相权取其重，两弊相权取其轻。

在亚当·斯密《国富论》发表41年之后，英国经济学家大卫·李嘉图出版了他的经典著作《政治经济学和赋税原理》，提出了比较成本论。大卫·李嘉图用实例说明了即使一国处于绝对优势地位，另一国处于绝对劣势地位，两国仍然可以进行贸易，并且从国际贸易中获得利益。

大卫·李嘉图用一个典型的例子说明了这个问题。他假设只有两种商品——酒和布，且葡萄牙在这两种商品的生产上都比英国具有绝对优势。这个例子如表1-1所示。

表1-1 绝对优势条件下的贸易例证

国家	劳动小时（布匹）	劳动小时（葡萄酒）
英国	100	120
葡萄牙	90	80

资料来源：佟家栋主编，《国际经济学》，南开大学出版社，1995年。

由上例可知，无论在生产布还是在生产酒方面，葡萄牙的劳动生产率都高于英国。按亚当·斯密的绝对成本论，英国应以生产布为主，而葡萄牙应以生产酒为主，那么这两个国家就无法进行国际贸易。但大卫·李嘉图指出，在此情况下，两国仍然可以从专业化分工和贸易中得到相对比较利益。大卫·李嘉图的这一理论就是著名的比较成本论，又被后人称为比较优势理论。

大卫·李嘉图提出的比较成本论，对自由贸易理论或国际贸易理论是一大贡献，并将国际贸易理论大大向前推进了一步。亚当·斯密的绝对成本论是从生产领域、从利益角度找到国际贸易的动力，但是他的理论仅限于解释两国分别在不同产品的生产上存在不同优势情况下发生贸易的情况，超出这种特定条件就难以解释了。大卫·李嘉图的比较成本理论指出，相对优势也会促成国与国之间的分工和贸易，从而将理论的解释和应用范围大大扩展了。当两国生产两种产品时，只要两国的机会成本存在差异，而且这种差异程度达到值得进行国际贸易和国际分工的地步，或通过贸易能够使两国均得到利益，那么就可以用比较成本论来解释。也正因为这一点，大卫·李嘉图的比较成本论奠定了国际贸易最基础的理论。

比较成本论的提出，使绝对成本论成为比较成本论的特殊形式，大卫·李嘉图的比较成本论的核心是两国生产两种产品时的比较成本或比价。这种比较成本不仅是国与国之间生产同一种产品的绝对价格之比，而且是国与国之间生产两种产品的比较成本或相对成本之比。用现代经济学的概念来说，就是各国生产某种产品的机会成本之比。亚当·斯密的理论只提出了两国生产同类产品时的绝对价格，即单位产品包含的劳动量的差异，大卫·李嘉图则进行了相对成本或机会成本的比较。尽管亚当·斯密没有进行相对成本的分析，但实际上，适用于绝对成本论的情况或实例，也同样可以做比较成本或机会成本的分析。因此，我们在阐述绝对成本论时，为方便起见，一直在运用比较成本或机会成本的分析方法。可以说，绝对成本论是比较成本论的一种特殊条件或极端形式。

然而，大卫·李嘉图的比较成本论仍然有其局限性。首先，他仍然假定增加某种产品的生产和放弃另一种产品的生产所付出的代价是不变的。正如前面所述，在大多数情况下，资源在部门间转移会引起机会成本的变化，而且，这种机会成本的变化具有重要意义，它可能引起国际分工结构的变化、分工程度的变化。其次，大卫·李嘉图坚持劳动价值论，从而强调只有劳动才能创造价值。但在现实中，生产要素的投入是多方面的，不仅仅包括劳动，其他要素也参与并形成生产成本的一部分。因此，比较成本理论仍有待于进一步发展。

三、生产要素禀赋论

20世纪20年代，瑞典经济学家伊莱·赫克歇尔和伯蒂尔·俄林提出了比较利益理论的另一种解释，这就是生产要素禀赋论。生产要素禀赋论是指各国的比较优势取决于它们的不同的生产要素的丰裕程度。赫克歇尔-俄林理论的基本命题是，一国出口的产品比较密集地使用其国内富裕的生产要素，而进口的产品则比较密集地使用其国内稀缺的生产要素。

这一理论的基本结论是基于这样一个推理过程：

（1）各国生产同种产品时，其价格在各国间的绝对差异是国际贸易产生的直接原因。

（2）这种价格的绝对差异是由生产成本的差别造成的。比如，中国多生产1单位布的机会成本是放弃1/3单位的小麦，而美国多生产1单位布的机会成本是放弃3/4单位的小麦。

（3）各国生产同种产品的成本不同，是由生产要素的价格不同造成的。假设生产1单位布需要2个单位的资本和5个单位的劳动力，在技术上，美国和中国是相同的。但是，中国每单位资本的价格为6美元，每单位劳动力的价格为1美元，而美国每单位资本的价格为3美元，每单位劳动力的价格为5美元。则中国每单位布的价格为$2\times 6+5\times 1=17$美元，美国每单位布的价格为$2\times 3+5\times 5=31$美元。可见，各国同一产品的价格是由生产要素的价格决定的。

（4）各国生产要素的价格差是由各国生产要素的丰裕度不同造成的。经济学的理论告诉我们，商品和要素的价格取决于它们的供求关系，某种生产要素在一国内比较丰裕，其价格就比较低，相反，如果该生产要素在另一国比较稀缺，则其价格也就比较高。

（5）各国生产要素的丰裕度不同和各种产品所需要的要素比例的不同，是各国在生产相同产品时，分别在不同的产品上具有的比较优势或纯价格优势。

总之，赫克歇尔–俄林理论试图说明，各国生产要素的丰裕度的差别是各国比较优势得以形成的基础。

生产要素禀赋论从两方面发展了比较优势理论。首先，生产要素禀赋论强调在生产各种产品时，不是投入一种生产要素，而是投入两种甚至两种以上的生产要素。因此，通过对比较利益进行研究，进而提出了生产要素的组合或技术配比问题，致使抽象的理论分析更贴近现实。其次，生产要素禀赋论不同于大卫·李嘉图的比较成本论。大卫·李嘉图的比较成本论将其比较利益形成的基础建立在各国生产者在生产同一产品时劳动生产率的差异上，或生产者技术水平的差异上。生产要素禀赋论则不然，它假定各国生产同一产品的技术水平是相同的，进而推出各国比较优势的基础是生产要素的丰裕度不同，有的国家劳动力较丰裕，有的国家资本较丰裕，这种要素的价格差是比较利益形成的原因。大卫·李嘉图的比较成本论从贸易产品本身劳动生产率的差异说明比较利益形成的原因,而生产要素禀赋论则从一国要素占有量的角度揭示了国际贸易产生的原因,从现实的贸易环境分析多数情况下贸易的产生是由多种因素共同发生作用的结果。

生产要素禀赋论的缺陷有三:

(1)生产要素禀赋论忽视了一国在特定生产要素丰裕度下,如何从自给自足转向贸易。赫克歇尔和俄林的生产要素禀赋论证明的贸易存在的理由,实际上是从现有的贸易结构反推比较利益形成的基础,因而没有研究短期内,一国在从自给自足走向开放的过程中,现有的生产要素丰裕度又是如何运用的。

(2)生产要素禀赋论仍然没有考虑机会成本的变动。生产要素禀赋论忽视了一国自给自足经济转向贸易的过程,也就难以进一步探讨在此过程中,增加或减少某种产品的生产所引起的机会成本的变动情况。

(3)生产要素禀赋论在分析过程中,引进了价格因素或货币因素。在我们前面的分析中,基本没有涉及货币问题,比较利益的测度标准是物质产品的比价;然而,在生产要素禀赋论的分析中,为说明问题,引进了货币因素。因此,问题变得更加复杂了。

四、列昂惕夫之谜

1953年,美国经济学家瓦西里·列昂惕夫在《经济与统计学杂志》上发表一篇文章,试图证明生产要素禀赋论的正确性。根据生产要素禀赋论,美国属于资本比较丰裕、劳动力相对比较稀缺的国家,因此美国的贸易结构应该是出口资本密集型产品,进口劳动密集型产品。然而,列昂惕夫运用投入—产出方法计算了美国进口产品和出口产品的要素含量,却发现美国的出口产品是以劳动密集型产品为主,而进口产品却以资本密集型产品为主,这显然有悖于人们的理性判断。后来其他一些学者也做了不同的计算,结果与列昂惕夫的结论完全相同,因此这里并不存在计算上的错误。列昂惕夫发现的这种现实与理论的矛盾被人们称为"列昂惕夫之谜"。

那么,为什么会出现这种矛盾现象呢?许多学者长期以来对这一矛盾做了各种各样的解释。

日本经济学家小岛清指出,要解释"列昂惕夫之谜",首先要看俄林和列昂惕夫所指的"生产要素的丰裕度"在概念上是否相同。根据他的理解,俄林指的是考虑了价格因素以后的要素丰裕度,而列昂惕夫指的是一种纯的生产资料的技术配比。用马克思主义经济学来解释,可以理解为一个是指资本的价值构成,另一个则是指资本的技术构成。小岛清认为,这两个概念不仅在定义上不同,而且在实际计算上也存在差别。用马克思的话说就是技术构成与价值构成的不一致。

罗纳德·琼斯认为,不同国家生产同一产品时,所使用的方法是不同的,因而生产要素的投入比例也不同。所以,在一个国家是资本密集型产品,在另一个国家可能是劳动密集型产品。这种生产技术上的差异被学者们概括为"生产要素的密集型变换"。

列昂惕夫的解释是,美国工人的生产效率比他们的外国同行要高得多,因为美国的劳动力接受了大量的培训,这些培训耗费了大量的资本,如果把培训耗费的资本也计算在内的话,美国出口的产品仍然属于资本密集型品。

一些学者还指出,美国富裕的资源决定了它不仅能够大量地出口资本密集型产品,也可以出口劳动密集型产品。这种观点似乎对解释"列昂惕夫之谜"没有太大的帮助,因为资源条件是生产要素禀赋论的基本出发点。

另有一些学者从现实的贸易政策中寻求解释"列昂惕夫之谜"存在的原因。他们指出,美国在那些年设置的关税结构限制了劳动密集型产品的进口,而鼓励了资本密集型产品的进口。此外,还有许多理论观点试图解开"列昂惕夫之谜"。

总之,"列昂惕夫之谜"在西方经济学界产生了极大的震动,其后期的研究对国际贸易理论的发展起到了极大的促进作用。

第二节 "二战"后贸易理论的发展与演变

20世纪50年代以来,在国际贸易领域出现了许多新的动向,如发达的工业化国家之间的贸易量大大增加,达到世界贸易量的2/3以上,成为国际贸易的主要部分。而在此之前,大部分贸易是发生在发达国家和发展中国家之间，西方工业国之间的贸易仅占世界贸易总额的40%左右。另外，同类产品之间的贸易量大大增加。工业国家传统的"进口初级产品，出口工业产品"的贸易模式逐渐改变，许多国家既出口工业产品，也大量进口同类工业产品，出现了"双向贸易"或被称为"部门内贸易"的现象。国际贸易中出现的这些新现象是无法用传统贸易理论来解释的，因为发达国家都属于资本相对丰裕的国家，而同类工业产品的生产也具有相似的要素密集性。这就构成了对传统的贸易理论尤其是赫克歇尔-俄林理论的重大挑战。对以上现象进行研究的结果，促成了现代贸易理论的诞生。

一、规模经济与国际贸易

规模经济是指某种产品的成本随着生产规模的扩大而递减的情况。现代国际贸易理论将规模经济视为产生国际分工和国际贸易的原因之一。

在规模经济和垄断竞争的条件下，企业的生产成本随着产量的增加而下降，市场需求量随着产品价格的下跌而增加，在企业参与国际贸易的情况下，该产品在国际市场上就增加了竞争能力。大规模生产的经济性主要来自生产成本的节约，即有些方面的投入并不随着生产规模的扩大而增加。因此，一国某种产品的价格优势或成本优势既可以不是因技术水平的差异所引起的，也可以不是由要素禀赋的不同所导致的，而是由该产品的生产规模所决定的。

随着工业产品的多样性，任何一个国家都不可能生产某一行业的全部产品，因此国际分工和贸易成为必然。具体哪一国集中生产哪一种产品，既可以通过竞争自然产生，也可以通过协议分工产生。但这种发达国家之间工业产品双向贸易的基础取决于规模经济所产生的比较优势和国际分工状况。基于规模经济的国际分工并不是完全不变的。如果两个国家A和B都能生产产品X和产品Y，同时，这两种产品又都可能产生规模经济，则国际分工状况至少有两种选择的可能：①A国专门生产产品X，B国专门生产产品Y；②A国专门生产产品Y，B国专门生产产品X。国际分工的结构取决于哪个国家在某种产品的生产上会最先达到规模经济的程度。事实上，这种由规模经济推动的国际分工可以有两种实现途径：一是先起步并发展较快的国家在某种产品的生产上最先达到规模经济，这是一个自然的发展过程；二是两个起步时间相同的国家为避免资源的浪费而相互协调，分别生产不同的产品，即每个国家优先发展其中一种产品的生产。规模经济条件下的贸易结构取决于在此条件下的国际分工结构，因此贸易结构也像国际分工结构一样是难以确定的。

由规模经济导致国际分工和贸易发展的理论具有重大意义。第一，它指出了即使两国在资源和技术发展水平上相近，也可以实现国际分工和贸易，这对传统的比较利益概念是一个重要的补充。第二，由规模经济推动的国际分工和贸易具有不确定性，取决于发展的历史和为这种发展可能提供的良好环境。第三，这个理论告诉我们，一国在某些部门可以通过扩大生产的规模获得比较优势，一旦获得了这种比较优势，又会进一步促成优势的巩固和固化，从而形成特色规模经济、国际分工和国际贸易之间的良性循环。规模经济贸易理论还揭示了当代国际市场的垄断竞争和以工业制成品贸易为主的贸易特征。随着工业化和劳动生产率的提高，工业产品的多样性使得任何一个国家都不可能有足够的资源来垄断生产、出口全部工业产品，国际贸易和投资的空间变得越来越大。因此，别的国家生产、出口了一些种类和不同型号的产品就不一定非要通过保护来生产外国已占优势的产品，而可以集中资源生产别的或新的种类和型号产品，并通过规模经济降低成本向国外出口。规模经济贸易理论的核心观点是规模经济会产生成本上的比较优势，从而使产品更具有竞争优势。规模经济可以分为内在规模优势和外在规模优势两种形式，前者指企业滋生的因扩大规模而引起的产品平均成本的降低和企业效益的提高，后者指整个产业生产规模的扩大促使产业内个别企业产品增加和效益提高。

二、差异产品与国际贸易

我们在前面的分析中假定各国的生产者生产的产品没有质量上的差异，但实际上，各个生产者为了占据有利的竞争地位，都想通过一些方式使自己的产品区别于竞争对手。这种差异会体现在质量、花色、品种设计以及品牌销售等方面。

经济学称这种由差异产品生产者组成的市场供应结构为不完全竞争。

根据不完全竞争理论,这些生产者的基本出发点和目的就是生产那些使消费者看来同竞争对手不同的产品。这种产品差异促成了一种新型国际贸易的发展,这就是部门内贸易。

部门内贸易结构有三点值得注意。第一,部门内贸易可能并不是比较利益的反映。参加部门内贸易的两个国家可以都是资本丰裕的国家,劳动生产率也可以同样高,它们之所以能够进行贸易,是因为差异产品生产的规模经济使两国分别专门生产同类产品中的某一品种,而各国消费者对差异产品的追求或偏好,促成了贸易的产生。第二,部门内贸易使贸易参加国获得两方面的利益:一是规模经济导致的低成本和产品的低价格;二是消费者享受了差异产品。根据西方经济学的基本原理,消费者在产品选择性方面的增加也会提高其满足程度。第三,部门内贸易结构的形成很难确定,它有两个方面的不可确定性:一方面是很难确定哪个国家在产品的生产中会首先达到规模经济;另一方面是很难确定哪个国家专门生产哪个品种的产品。

部门内贸易理论是由美国经济学家保罗·克鲁格曼(Paul Krugman)提出的。这一理论弥补了比较优势理论的不足。根据比较优势理论,大规模的国际贸易依赖于各国自然资源的不同、劳动力技能和质量的不同、资本设备的存量和水平的不同。随着经济的发展和技术的传播,各国存在的差异性所起的作用日趋减弱,因此,各国对国际贸易的依赖程度趋向递减。然而,第二次世界大战以后,国际贸易快速发展,显然有悖于上述推论。保罗·克鲁格曼的差异产品贸易理论开创性地解决了这一问题。实际上,比较优势理论只能解释部门间的国际贸易问题,而对第二次世界大战后发生的大量的部门内贸易则无法做出解释。差异产品贸易理论恰恰阐明了,尽管在一些国家之间或主要贸易参加国之间的技术水平差异在缩小,自然资源禀赋多少的支持作用在减弱,但是,同一部门内产品贸易的迅速发展,使国际贸易对各国经济发展仍然起到了巨大的促进作用,各国对世界市场的依赖程度不是减弱了,而是增强了。

三、需求偏好与国际贸易

瑞典经济学家斯塔芬·林德(Staffan Linder)于1961年从需求方面探讨

了国际贸易的起因，提出了需求偏好相似贸易理论。根据赫克歇尔和俄林的生产要素禀赋论，生产要素禀赋的差别越大，发生贸易的机会就越多，贸易量也就越大。因此，国际贸易主要应该在要素禀赋结构不同的国家间进行，也就是在工业发达、资本存量丰富的发达国家和土地或劳动资源丰富的发展中国家之间，进行以工业品交换初级产品的贸易，而要素禀赋越是相似的国家之间的贸易也就越少。然而，实际情况却与此相反，统计资料表明，第二次世界大战后的国际贸易主要是在发达国家之间进行的，贸易产品结构主要是工业制成品之间的交换。工业发达国家和非工业国之间的贸易量，只占世界贸易量的1/3，因此，用生产要素禀赋论无法解释这种现实。林德认为，因为生产要素禀赋论只重视供给方面，并且要素禀赋的差异只是形成商品价格差异的一种原因，而不是唯一原因，所以它只适用于初级产品的贸易，而不适用于工业品的贸易。影响工业制成品生产和贸易的主要因素是国内和国际市场的需求，因为工业制成品贸易的起因和格局只能从需求方面来解释。

林德的基本论点是，一种工业品要成为潜在的出口产品，首先必须是一种在本国消费或投资生产的产品。也就是说，产品出口的可能性取决于其国内需求。原因是：第一，一国的生产者总是会先发展具有国内需求的产品，企业家对国际市场无法像对国内市场那样熟悉，他们不可能想到去满足一个国内不存在的需求。随着企业生产规模的扩大，由于国内市场的狭小，企业家才会在国际市场上寻求销路，所以产品才被销往国外以赚取利润。第二，就新产品的发明而言，国内需求更是必需的。一个国家本身的需要才是技术创新的推动力，一项发明往往是由于努力解决在所处环境中所遇到的切身问题而产生的。因此，创造或发明的新产品，一般来说开始只是为了适应本国市场需要的产品，然后才逐渐成为适应国际市场出口需要的产品。第三，一国只有国内需要的产品才会是具有最大相对优势的产品。只有国内市场存在基本的需求才能建立生产和消费的联系。创造或发明新产品必须和市场紧密配合，因此，出口的工业品必须先有一个国内市场的发育过程，之后才能获得国际竞争的相对优势。

林德在以上论证的基础上，提出了他的另一个基本论点：两个国家的需求结构越相似，这两个国家之间的贸易就越大。如果两国的需求结构完全一样，一国所有的可能进出口的产品也就是另一国可能进出口的产品。

林德认为，虽然传统需求偏好、气候条件等因素都能影响一国的需求结构，但是，平均收入水平是影响需求结构的主要因素。平均收入水平的相似可以用来作为需求结构相似的指标。他认为，平均收入水平和人们对消费品、资本品的需求有着密切的联系。就消费品而言，不同国家收入水平的差异导致它们之间的需求结构存在两种不同的差异：一种是总需求结构差异，另一种是个别需求结构差异。人均国民收入低的国家主要需要必需品，而人均国民收入高的国家不仅需要必需品，而且需要奢侈品。当人均国民收入增加时，穷国主要增加对必需品的需求量，而富国则主要增加对奢侈品的需求量，对必需品的需求量可能增加较少甚至下降。就资本品而言，不同国家收入水平的差异不是直接而是间接决定需求结果的差异。在一般情况下，人均国民收入存量的丰富程度将决定对新资本品需求的质量构成。穷国需要较简单、较低级的资本品，富国需要较复杂的、较高级的资本品，因此，林德坚持人均水平相同的国家之间贸易范围可能是最大的假说，他认为人均收入水平的差异是贸易的潜在障碍。一国虽然拥有具有比较优势的产品，但如果别国由于收入水平较低而对它并无什么需求，两国之间也就难以发生经常的贸易。

需求偏好相似贸易理论的意义有两点。第一，它从需求的角度阐述了部门内贸易发展的原因，因而是对比较成本论的一个补充。按照比较优势理论，各国经济发展水平越是接近，各国间的贸易就越是减少。而根据林德的观点，各国的经济发展水平越是接近，它们之间的贸易规模可能越大。这是由它们之间相近的需求水平决定的。

第二，林德的需求偏好相似贸易理论对于解释第二次世界大战以后迅速发展的发达国家之间的贸易做出了贡献。按照比较成本论的分析，贸易的产生是由于各国的资源禀赋不同，因此国际贸易的载体应是不同部门间的产品交换。然而，"二战"后国际贸易商品结构变化的最大特点是制成品贸易超过原材料与制成品的交换，部门内贸易超过部门间贸易。对此，比较成本论很难做出解释。保罗·克鲁格曼从供给角度对部门内贸易做出了令人信服的解释，林德则从需求角度对部门内贸易做了解释。因此，林德的观点对国际贸易理论的发展和完善起到了重大的推动作用。

四、战略性贸易理论

在以上众多研究成果的基础上,20世纪80年代初,赫尔普曼和克鲁格曼发表了集大成之作《市场结构和对外贸易》(1985),这标志着新贸易理论的形成。新贸易理论抛弃了传统贸易理论的两个基本假设:市场是完全竞争的和规模经济不变的假设,认为市场中不完全竞争才是普遍现象,完全竞争市场在现实中只能是特例,而且,产业领域存在规模经济的差异。鉴于这种现实,新贸易理论对国际贸易的形成、格局等方面做出了新的解释,并提出了新的贸易政策主张。在现实经济中,由于不完全竞争和规模经济的存在,一国经济运行并非处于最佳状态。适当的政策干预可改善经济运行,因此,由迪克西特首先提出的战略性贸易理论在此书中被进一步完善。在此理论指导下的战略性贸易政策主张对存在规模经济递增的行业和垄断行业,在同国外厂商竞争时,采取关税和对本国厂商支持等措施,使本国厂商企业获得"垄断租金"。它之所以被称作"战略性",一方面,是因为这种干预政策把市场竞争看作一场竞赛或博弈,双方的反应都具有"战略性";另一方面,像通信产品、计算机、飞机制造等知识密集型的高技术产业,存在外部经济,若一国对其扶持,将有利于提高这些产业在国际上的竞争力。这种国家干预性的政策也被认为具有"战略"意义,但这种干预政策基本上属于国内产业政策的范畴,在多大程度上与贸易政策相关,还存在很大争论。值得注意的是,战略性贸易政策主张的干预是以市场不完全竞争和产业规模经济递增为前提条件的,不同于传统贸易理论的干预政策主张。

战略性贸易理论是寡头垄断条件下国际贸易形式的理论。在开放经济的条件下,一国内的寡头垄断力量会逐步削弱,代之而起的是寡头垄断的全球化。20世纪90年代后形成的全球跨国兼并和重组浪潮恰恰反映了寡头垄断全球化的这一发展特征。

战略性贸易理论在国际贸易理论发展过程中具有重要意义。

第一,战略性贸易理论阐明了在寡头垄断条件下新型的国际贸易发展模式。以往的贸易理论都假定,自由竞争或完全竞争是国际贸易的基本前提,然而,现实中完全竞争的情况几乎是不存在的。一些主要商品的贸易通常是被几家大公司或被几个国家控制的。战略性贸易理论概括了寡头垄断市场下,厂商参与国际贸易的行为。

第二,战略性贸易理论从理论上阐述了政府干预外贸的原理和刺激本国出口的基本动力。以往的贸易理论阐述的核心问题是政府对外贸的干预越少越好,甚至在各种理论中都包含着政府不应干预外贸的主张。但战略性贸易理论则相反,其理论的核心是主张政府干预外贸,因为哪个国家鼓励出口,哪个国家就会在国际竞争中占据有利地位。实际上,战略性贸易理论不过是对政府不断加强对外贸干预现象的理论概括并为此提供理论依据。

第三,战略性贸易理论触及了一个重要的问题,即比较优势与竞争优势的分离。根据比较优势理论,各国在国际贸易中的地位取决于各国的成本优势、技术优势和资源优势。但是,在两国势均力敌的条件下,很难确定哪个国家占据优势地位。战略性贸易理论指出,在两国势均力敌的条件下,获得外力帮助的,或得到政府资助的企业会占据优势地位,因而该理论的支持者敦促政府干预外贸,以便在国际竞争中处于有利地位。

第三节 "最新贸易理论"的实践及探索

"新贸易理论"的内容主要指1985年赫尔普曼和克鲁格曼提出的规模经济和不完全竞争理论、1990年由美国芝加哥大学迈克尔·波特教授提出的国家竞争优势理论,以及进入21世纪以来,大家广泛讨论的全球价值链理论。这些理论同传统理论的最大区别在于它们均把企业的竞争条件和竞争状况作为重点加以研究或者从企业参与国际分工合作的角度进行深入研究,使我们对国际贸易的产生和发展有了全新的认识。

一、异质性企业贸易理论

"新贸易理论"自1985年被赫尔普曼和克鲁格曼提出后,国际贸易理论的前沿研究长期未能有大的突破,而在2003年,哈佛大学Melitz发表《贸易对行业内重新配置和总行业生产率的影响》（Melitz，2003）一文，提出了异质性企业贸易理论，这一分析终于打破了国际贸易研究领域的长期沉默，"最新贸易理论"也由此应运而生。该理论解释了不同生产率的企业如何进行出口决策以及贸易自由化对产业内资源配置的影响。"最新贸易理论"以异质性企业贸易理论和企业内生边界模型为代表，突破了传统贸易理论和"新贸易理论"中企业同质假定，将异质性纳入对企业的微观分析框架中，并且进行了大量的实证分析，对国际贸易结构和国际贸易量给予了足够的解释，成为当今国际贸易理论研究的新热点。

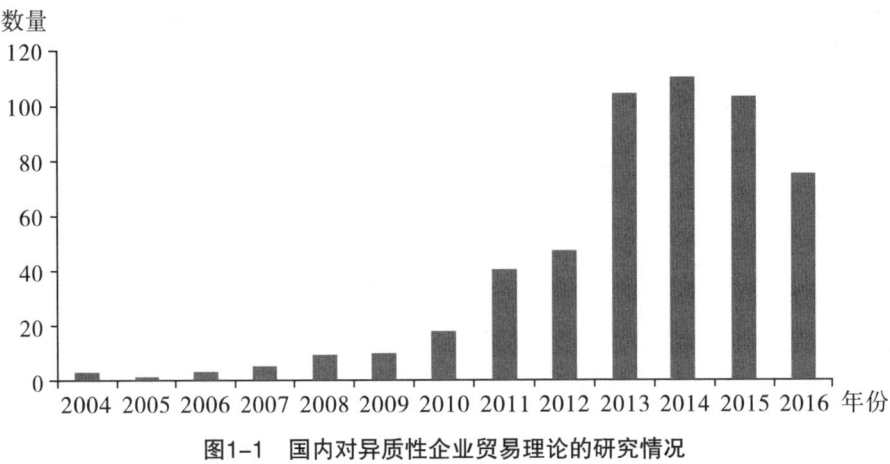

图1-1　国内对异质性企业贸易理论的研究情况

企业的异质性可以表现在很多方面，诸如企业劳动生产率、所有制形式、所在行业、所在区域和人力资本等方面，甚至表现在外商投资来源的差异上（Huang，2004；Branstetter，Foley，2007），这些差异都可能对企业出口行为产生影响。一般来说，企业异质性的差异主要是企业所拥有的技术和生产率方面的差异。

"最新贸易理论"告诉我们，扩大对外开放应该是长期坚持的国家战略，政府应通过市场化改革、营造公平透明的法治化营商环境等有效措施鼓励企业进入国际市场，并不断提高企业在国际市场中的竞争力。同时，应该积极同其他国家建立贸易伙伴关系并协助其降低企业出口的额外成本。这不但可以突破因国内消费不足和市场饱和而带来的发展瓶颈，还可以提高我国整体生产率水平，让那些具有更高生产率的企业参与国际竞争，提高本国产品在国际市场中的份额。异质企业模型还表明，对外开放和贸易并不会使人均财富减少，反而会因为产品种类和生产率的提高而使人均财富增多。总之，该模型体现了自由贸易的好处，但我们也得根据自身经济发展情况合理选择有助于自由贸易的政策，以免因本国企业生产率严重偏低导致大量企业退出。当生存下来的高生产率企业从自由贸易中获得的好处不足以弥补本国大量企业退出带来的损失时，异质企业模型的贸易政策启示就不利于本国产业结构的优化和部门产业的发展。

二、国家竞争优势理论

波特提出的国家竞争优势的概念、钻石模型和产业集群理论，实际上是一种大产业理论。波特认为，有关产业为何能在国际贸易中成功，虽然比较优势是最古典也是最合理的解释，但竞争优势才是一国财富的源泉。比较优势理论认为一国竞争力主要来源于劳动力、自然资源、金融资本等物质要素的投入，这些投入在全球化快速发展的今天其作用正在日趋减弱，取而代之的是国家创造的一种良好的经营环境和支持性制度体系，以确保投入要素能够得到高效使用和升级换代。

波特认为一个国家特别是其产业能在国际竞争中获得优势的原因主要取决于四个要素：一是生产要素，二是需求条件，三是相关产业和上下游配套产业的发展，四是企业的战略、结构和竞争对手。以上四个要素相互影响构成了所谓的钻石模型。钻石模型的一个基本目的是推动一个国家的产业化优势向集群化优势发展，呈现出由客户到供应商的垂直关系，或由市场技术和营销网络构成的水平关系。当本国市场拥有一流的下游产业时，它不但对本国的上游供应商形成帮助，也会带动上游产业向海外发展，上游产业的优势同样有助于下游产业的发展并提高其国际竞争力。当一个产业具有国际竞争优势时，通过与现有企业联手或因扩散效应的关系，技术转移会创造出新的相关产业，一旦产业集群形成，集群内部产业之间就形成互助关系，其效应就会向四周扩散。

三、全球价值链理论

全球价值链理论发端于英国的第一次工业革命，随着生产力的提高、产能的扩大，产品开始脱离国界寻求全球市场，出现了现代意义上的经济全球化的发展苗头。直到20世纪70年代末，国家间贸易、产业间贸易等现象被不同方式的经济学解读。跨国公司在国际贸易活动中日益扮演着更重要的角色，将越来越多的生产环节通过股权或非股权投资方式分包给分布于世界各地的相关企业，从而使生产分工深入到价值增值的各个链节点上。跨国公司全球化采购战略还使得产品的生产和销售形成跨区域或跨国性的生产链条，公司内贸易占世界贸易的比重日益增加，各国参与在特定产品生产过程中不同环节的生产或供应活动，而在这一过程中新型工业化国家发挥了重要的作用，伴随而发展的产业内贸易、公司内贸易、产品内贸易、生产要素内贸易等活动进而又强化了全球价值链发展。

一般认为，全球价值链概念的形成经历了企业价值链、全球商品链和全球价值链等发展阶段[①]。起初，价值链从企业微观领域切入，是指企业各种经营活动的集合体，包括产品设计、产品生产、产品对外销售、物流等。后来，从企业层面转向商品范畴，产品的生产完全超越了独立加工的过程，特别是涉及高科技产品范畴的生产更具有典型的代表性，商品链的概念变得更加普遍，商品链是指商品的生产过程通过跨国经营活动分布在不同国家，全球采购商或大型跨国公司在全球商品链形成过程中起到关键性作用。直到2005年才转而采用"全球价值链"这一术语，强调产品和服务的价值在链条上的贸易增加值创造和各种信息的上下游双向传递。

---

① 比如美国哈佛大学迈克尔·波特（Michael E.Porter）教授1985年提出了"价值链"概念，美国杜克大学格里芬（Gary Gereffi）教授将产业组织理论置入价值链分析，提出全球商品链分析法，从宏观经济的角度分析价值链的全球化过程，提出了价值链治理问题。在洛克菲勒基金会和斯隆基金会的资助下，2005年格里芬教授联合英国萨塞克斯大学学者John Humphrey和麻省理工学院学者Timothy Sturgeon正式发起"全球价值链倡议"（GVCI，详见https：//global value chains.org/about-us）。2017年10月，笔者与年届七十岁的格里芬教授出席一个全球价值链研讨会，就全球价值链的概念等问题进行了学术交流。

总体来看，全球价值链涉及纵向和横向两个维度，即水平分工和垂直分工两种。纵向是指从原材料处理到最终产品形成的价值创造，横向是指跨国家、跨区域的分工协作。全球价值链这一概念提出后，适逢经济全球化发展的上升阶段，从而迅速显示出其强劲的理论张力和实用价值，在管理和社会科学领域[①]得以广泛的应用和推广。经济及统计学领域对全球价值链的研究起步较晚，但发展迅速，在经济理论和统计测算方法上相继取得了明显的突破，为供应链管理、价值链治理、国际贸易统计和经济发展等传统研究的融合提供了理论及计量基础，进而使全球价值链的研究同企业战略、产业组织、社会制度、国家及国际贸易政策等方面的研究产生了密切的关系，使其既具有微观基础，又具备宏观视野，成为一个完整的综合研究体系[②]。

借助互联网技术，我们可以发现国内外对研究全球价值链的兴趣。经过谷歌学术搜索[③]，初步统计结果显示，以2010年为分水岭，"全球价值链"词汇出现频率明显增多，并呈现研究深度和广度不断扩展的趋势，如表1-2所示。

表1-2　2006—2018年全球价值链研究频次

年份	出现频次/次
2006—2009年	4200
2010—2013年	7210
2014—2015年	7680
2016—2017年	11900

资料来源：http://scholar.google.ch/。

从近年来关于全球价值链的文献情况看，全球价值链研究聚焦于一些国家参与国际分段式生产网络的行业和企业特征、跨境贸易投资活动对全球价值链的影响、服务贸易在全球价值链中的积极作用、发展中国家参与全球价

[①] 特别是供应链及物流管理、价值链治理模式等方面，比如格里芬教授的专业领域为社会学而非经济学。

[②] 徐清军：《全球价值链及多边贸易体制研究》，上海人民出版社，2017。

[③] 参见http://scholar.google.ch/，将"global value chains"作为关键词进行检索。

值链的能力建设等。在全球价值链链条中,北美自贸区的设立和中国加入世贸组织是两大标志性事件。美国和中国都是重要的引领者,美国通过北美自贸区和主导世界贸易组织及多边贸易规则实现了全球价值链上贸易增加值的不断增多;中国则通过自主对外开放特别是服务业部门开放和加入世界贸易组织实现了生产要素在全球价值链上的合理配置,美国和中国同为主要的世界货物贸易和服务贸易大国。从服务贸易统计看,2017年美国和中国位居世界服务贸易出口和进口前三位。中国服务贸易出口额和进口额占全球份额仍低于美国,但从中美服务贸易增速和走势看,中国服务贸易增长和占全球份额仍有较大提升空间,随着中国的服务业对外投资活动的增多,服务在全球价值链中将发挥重要的"黏性"作用。

  在全球价值链理论方面,一系列研究在传统的国际贸易理论模型中引入新变量,使其更符合当前国际生产和贸易的实际。与全球价值链有关的全球化生产的思考起源于20世纪60年代。[①]随着商品的连续生产过程被分割成垂直贸易链,每个国家根据其比较优势对生产过程中的各阶段提供增加值,有的学者将这一全球化分工现象定义为垂直专门化,并提出数量化指标,证明进口的国外价值和出口的国内增加值之和等于出口总值。[②]随后,有的学者将贸易数据与投入产出表相结合,区分加工出口和非加工出口生产的中国非竞争型投入产出模型,从而使得反映加工贸易的非竞争型投入产出模型中技

[①]1973年诺贝尔经济学奖得主列昂惕夫以投入产出逆矩阵理论首次尝试对全球化生产进行正式探讨。见:Leontief W., "Quantitative Input and Output Relations in the Economic System of the United States," *Review of Economics and Statistics*, Vol.18(1963):105-125.

[②]"垂直专门化"旨在通过出口品中的进口比例,衡量生产链中的顺序交易,研究了中间品在国际的往返所带来的贸易成本"放大效应"及"本国偏好"问题,证明了垂直化分工是世界贸易总量增长远远高于世界经济增长的最重要原因。见:Balassa Bela, "Trade Liberalization and 'Revealed' Comparative Advantage", *Manchester School of Economic and Social Studies*, Vol.33(1965):99-123; Hummels David, Jun Ishii and Kei-Mu Yi, "The Nature and Growth of Vertical Specialization in World Trade", *Journal of International Economics*, Vol.54(2001):75-96.

术参数的估计规范化并可复制①。另有学者提出了全球价值链"上游度"和"下游度"测算指标,为全球价值链定量分析和微观研究奠定了基础②。

2017年7月,世界银行、世界贸易组织等发布《2017年全球价值链发展报告——全球价值链对经济发展的影响:核算与分析》③,提出全球价值链是一种"新贸易理论",可以此解释世界贸易现象。这是全球价值链理论研究的最新进展。以1817年英国学者大卫·李嘉图《政治经济学及赋税原理》发表为标志,近现代国际贸易理论的传承与发展已历经200年。自重商主义、重农主义以来,国际贸易理论发展层出不穷,比较优势理论一直占主

---

① 一般认为,世界贸易组织现任首席经济学家罗伯特·库普曼(Robert Koopman)、对外经贸大学全球价值链研究院外方院长王直教授和哥伦比亚大学魏尚进教授开创的"KPWW"法以及随后改进的"KWW"法是全球价值链量化分析的基本工具。见:Robert Koopman, William Powers, Zhi Wang, Shang-Jin Wei, "Give Credit Where Credit is Due: Tracing Value Added in Global Production Chains", *NBER Working Paper*, No.16426.(Sep.2010);Koopman R., Wang Z.and Wei S.-J., "Estimating Domestic Content in Exports When Processing Trade is Pervasive," *Journal of Development Economics*, Vol.99(2012):178-189.此外,刘遵义等研究团队(2007)率先使用非竞争型投入占用产出模型考察了中美双边经贸关系的变化及中美贸易不平衡问题,提出用出口品中所包含的国内增加值来衡量一国参与。详见:陈锡康、杨翠红、祝坤福等:《非竞争型投入占用产出模型及其应用》,《中国社会科学》2007年第5期,第91-103页。

② 有的人认为,出生于1975年的哈佛大学教授Pol Antràs因在"新新贸易理论"和"全球价值链"量化研究方面的贡献,如将中间品贸易引入传统贸易模型、从不完全契约理论角度研究全球价值链上的生产组织结构,有可能成为诺贝尔经济学奖的有力竞争者。见:Alfaro, Laura, Pol Antràs, Davin Chor and Paola Conconi, "Internalizing Global Value Chains: A Firm-Level Analysis", *Journal of Political Economy*(2017); Antràs Pol, Alonso de Gortari and Oleg Itskhoki, "Globalization, Inequality and Welfare", *Journal of International Economics* 108(2017): 387-412; Antràs Pol, Teresa C.Fort and Felix Tintelnot, "The Margins of Global Sourcing: Theory and Evidence from U.S.Firms", *American Economic Review* 107, No.2(2017): 2514-2564; Antràs Pol, and Davin Chor, "Organizing the Global Value Chain", *Econometrica* 81, No.2(2013): 2127-2204; Antràs Pol, Davin Chor, Thibault Fally and Russell Hillberry, "Measuring the Upstreamness of Production and Trade Flows", *American Economic Review* 102, No.3(2012): 412-416。

③《2017年全球价值链发展报告——全球价值链对经济发展的影响:核算与分析》(*Global Value Chain Development Report 2017—Measuring and Analyzing the Impact of GVCs on Economic Development*)。

流地位，有三个假设条件：其一，市场完全竞争，生产技术的回报不变；其二，同一产业内的企业性质相同；其三，国家之间仅交易最终产品而非中间产品或生产要素。上述三个假设分别被"新贸易理论""新新贸易理论"和"新新新贸易理论"所动摇。

　　从时间序列看，大卫·李嘉图创立的比较优势理论解释了国家间贸易扩张，保罗·克鲁格曼、迈克尔·波特等创建的"新贸易理论"解释了产业内贸易扩张，梅里兹、安珀拉斯、鲍德温等学者将企业异质性引入分析框架提出的"新新贸易理论"解释了企业间贸易扩张，关于全球价值链的文献集中于对各个环节的"任务"以及完成这些"任务"所创造的贸易增加值跨境转移和流动的研究，实现了对"最新贸易理论"的第三波重构。"最新贸易理论"解释了产品内或要素间的贸易扩张，这一研究范式的主要特征是思想起源的多样性，国际分段式生产初始理论建立在全球中间品贸易越来越多的实证研究基础上，并由此更精确地定义了全球价值链研究的关键概念，如生产活动的"松绑"和"任务贸易"。通过经济学与社会学的交叉研究，从企业管理学到产业组织理论等微观层面，到对国家间价值分配结构和机制等宏观层面，综合研究提出了"全球价值链"概念。全球价值链的分析框架把"新贸易理论"与"新新贸易理论"相结合，通过投入—产出方法构建"贸易增加值""供应链长度"等各种全球价值链指标，形成了"新新新贸易理论"。"新新新贸易理论"开启了不同社会科学学科之间大规模合作研究的前景，进一步分析了全球贸易和经济全球化过程中出现的各种现象，如产业化战略、就业、区域发展、创新、环境保护、消费者保护、消除贫困、多边贸易体制、营商环境、国民经济账户等领域。①

---

①2017年9月27日，笔者与《2017年全球价值链发展报告——全球价值链对经济发展的影响：核算与分析》第一章"全球价值链分析框架：综述"的执笔人猪俣哲史［Satoshi Inomata，日本贸易振兴机构—亚洲经济研究所（IDE-JETRO）首席高级研究员］就"新新新贸易理论"的来龙去脉进行了交流。猪俣哲史表示，在《2017年全球价值链发展报告——全球价值链对经济发展的影响：核算与分析》第一章第一节内容中撰写"新新新贸易理论"时，还是保持了较为谨慎的学术态度。

第二章　新时期对外贸易的作用与定位

随着国际贸易理论的发展和演变，国际贸易实践及国际贸易在国际事务中的作用和影响也发生了重大变化。特别是"二战"后，自由贸易的发展和各国关税水平的大幅降低，贸易的发展和投资的发展交织在一起，在跨国公司的推动下，国际贸易在各主要经济体中发挥的作用发生了积极的变化，国际贸易成为影响和巩固国际关系的重要因素。

第一节　对外贸易在经济发展中的重要作用

对外贸易在经济建设中的作用是多方面的，我们不仅要看到对外贸易的静态比较利益，更要看到对外贸易带来的动态经济效益；不仅要借鉴发展经济学的一些理论观点，还要把握国际贸易发展的一般规律，特别是要结合中国改革开放过程中形成的中国外贸发展的宝贵经验来深入认识其作用。只有这样，我们才能在一个开放的市场体制下正确地对待对外贸易在经济建设中的作用，也只有这样，才能更好地保持对外贸易在促进经济可持续增长中的重要作用。

一、对外贸易与经济增长的关系

作为对外贸易基础的出口贸易，与经济增长有着更为直接和密切的联系。这一命题并非轻视或否定进口贸易在经济发展中的地位和作用，而是因为进口贸易的发展毕竟是要以出口贸易的发展为前提的。

我们在这里需要考察的主要有两点：一是出口贸易对经济增长的一般作用，即无论对何种经济形态的发达国家和发展中国家都是普遍适用的原理；二是出口贸易对经济不发达国家或发展中国家经济增长所发挥的特殊作用。

所谓出口贸易对经济增长的一般作用，概括起来主要有以下几个方面：

第一，对外贸易的发展，首先是出口的增长，可以带动一国生产规模扩大和更有效地满足就业的需要，从而使该国在经济发展中获取乘数效应。具体来说，当一国出口贸易扩张时会带动该国产业部门投入的增加，从而形成投资驱动的增长动能，最终将带动消费的增长。对外贸易的发展还将带动其他相关产业部门生产的扩大和就业。如此循环往复，最终将使一国收入增量达到出口增量的若干倍数。出口贸易的这种"乘数效应"，在实行以外向型经济战略发展为主的国家和地区经济发展中表现得尤为明显。

第二，发展出口贸易可以使一国根据本国的资源条件和资源优势，通过国际交换的途径获取比较利益优势，节约本国社会劳动力，实现资源的优化配置，从而使一国在经济增长的进程中不断提高经济效益并使本国资源得以发挥最大的经济效益，并达到对经济增长的促进作用。

第三，扩大出口可以使一国生产突破国内市场规模相对狭小的天然局限，不仅可以使本国生产和销售获取规模经济的利益，同时还可以通过对世界市场提供更多的商品和服务，扩大最终消费的规模，从而形成对经济增长的拉动效应。特别要强调指出的是，在当代经济全球化的过程中，世界经济、贸易和国际分工格局正在发生着重大变化，在技术进步和产品生命周期加快循环的形势下，一国出口产品能否获取和保持市场份额，往往是决定该国经济能否持续稳定增长的关键因素之一。

第四，国际市场上的竞争机制，将倒逼一国的国内企业不断改进生产技术和设备，降低产品成本，提高劳动生产率，从而推动和促进一国劳动生产力水平的全面提高。同时，对外贸易，首先是出口贸易对一国经济发展所引入的外来竞争机制，对经济转型升级、提升企业的国际竞争力，往往具有特别重要的意义。

纵观世界各国经济发展的历史，出口贸易在经济发展中所起的上述四个方面的作用，都能或多或少地表现出来，具有普遍意义。

出口贸易对经济落后国家或发展中国家经济增长的特殊作用主要体现在以下几个方面：

第一，发展中国家作为一个整体，无论历史条件、资源条件、民族文化条件、社会制度有多少差异，都面临社会经济发展落后与劳动生产率低下等共同问题。它们若想通过扩大出口贸易发展本国经济，在其经济增长的进程中不得不在相当程度上付出国内资源净流失的代价。如何正确把握贸易政策的定位是关键。

第二，尽管发展中国家在出口贸易的国际交换中经常处于不利的竞争地位，但它们为了加快本国经济的发展、提高自身经济和社会发展水平，需要从发达国家引进先进的技术设备和管理经验，这在客观上要求它们必须大力发展出口贸易，以支付发展经济所必需的进口资源。从这一角度分析，出口贸易对发展中国家的经济增长来说，并不仅限于扩大生产规模、增加就业和收入等一般作用，而且关系到这些国家能否摆脱贫困和落后，最终实现工业化现代化。

第三，由于发展中国家之间在社会经济发展水平、地理条件、资源禀赋等方面存在巨大差异，因此出口贸易对每一个国家经济发展的作用，也是不尽相同的。一般而言，对于国土面积较小，市场规模有限，地理条件较优越（如沿海国家和岛国），资源较丰富而且素质较高，或拥有某种世界稀缺资源的发展中国家来说，通过出口贸易带动本国经济增长，或者说采用出口导向型战略发展本国经济，可能是一种较为合适的发展模式。中国改革开放的发展变化及对外贸易的发展成就，已经从多方面证实了这一点。

第四，出口贸易对中国有着特殊作用，通过外贸出口可以增加城乡劳动就业，有利于安定团结局面的巩固和发展，在我国现阶段经济发展中具有重要的现实意义。我国人口众多，资源相对不足，劳动力就业是一个尖锐的社会问题。我们要把发展对外贸易特别是发展出口贸易作为增加我国劳动力就业的重要手段。通过发展出口贸易增加就业主要体现在以下几个方面：首先，体现在出口产品的生产与加工过程中。出口越多，生产加工需要投入的劳动力就越多。其次，体现在与出口产品生产加工相关的生产加工过程中。这是由于出口产业的发展，能通过产业链带动其他相关产业的发展，而这些产业的发展必然会带来新的就业机会。最后，随着出口的扩大，出口生产的发展，与出口有关的服务，诸如金融、保险、运输、仓储、商务等均会得到相应的发展，这无疑也会创造许多新的就业机会。

二、进口贸易的主要作用

1. 进口贸易在引进国外先进技术设备和经营管理经验、提高我国生产技术水平、缩短我国同工业发达国家的技术差距等方面起到了非常重要的作用

首先，体现在通过进口先进的技术和设备来促进我国科学技术的进步，缩小技术差距，节省科技研发的时间，使我国在较高的起点上赶超世界先进技术水平，从而加快我国社会主义现代化建设。

其次，通过进口先进技术和关键设备，为产业结构调整和优化服务。合理调整产业结构是我国加快经济发展速度，促进国民经济持续、快速、健康发展，从而最大限度地提高经济效益的根本性举措。我国产业结构的调整需要根据国内外市场变化趋势和科学技术发展变化情况对经济发展做出科学预测和制定正确的发展战略。通过宏观调控调整各产业部门的比例以及内部结构。目前我国产业结构中存在的比较大的问题有两个：一是基础工业同加工工业之间的结构不协调，二是在加快用新兴技术改造传统产业方面仍存在较大差距。

最后，进口贸易具有增强出口后劲和带动出口的作用。进口贸易不直接为建立和发展面向出口的产业服务，但通过引进先进适用的技术、设备、原材料，我们可以大大提高生产技术管理水平，提高出口产品质量、增加花色品种和改进包装，从而提高制成品和附加价值高的深加工产品的出口比重，提高出口产品的国际竞争能力。改革开放以来，我国通过多种形式加快了技术引进的步伐，这对增强我国自力更生的能力、促进产业结构调整和优化、促进出口贸易发展都起到了重要的作用。

2. 进口贸易在弥补国内资源不足、保持国民经济综合平衡发展等方面起着重要的作用

如前所述，由于我国人均资源占有量低，不少原材料和其他一些重要物资长期短缺，或质量规格不符合生产需要，国民经济的发展不能在较高水平上实现综合平衡，从而制约了经济发展和增长速度，同时也阻碍了经济效益的提高。为了弥补国内资源和重要原材料的不足,我国通过进口贸易调剂余缺,进口了大量发展生产所必须的原材料和国内供应不足的原材料,缓解了国内供需的矛盾。这对搞好国民经济的综合平衡、促进生产的发展发挥了重要作用。

3. 进口贸易对弥补国内生产和供应的不足,调剂、繁荣和丰富国内市场,提高人民生活质量水平等方面起着积极作用

发展经济的目的是最大限度地满足人民群众日益增长的美好生活需要。我国人口众多,国内市场需求潜力巨大,但我国的生产技术水平相对落后,难以最大限度地满足人民群众日益增长的美好生活需要。因此,我国可通过进口生产资料和技术,扩大国内的商品生产,增加商品投放量,丰富花色品种。另外,随着人们生活水平的不断提高以及国际化的发展,可适当进口一些国内生产难以满足的市场急需的商品物资,直接繁荣活跃市场。这不仅可以满足人民日益增长的美好生活需要,提高人民生活质量水平,也可以促进国内生产的发展。

4. 进口贸易在增加国家财政收入、积累建设资金方面有着积极的作用

我国进口贸易的不断发展,一方面使国家的进口关税收入增加了,另一方面通过进口技术设备和物资投入生产,提高了技术水平和劳动生产率,促进了工农业生产和国民经济更快速地发展,从而创造了更大的产值,给国家增加了更多的利税和财政收入。这是进口贸易对整个国民经济产生的全面经济效益。目前这一作用不仅没有削弱,反而得到了进一步加强。

综上所述,可以得出这样的结论:就出口贸易与经济发展的关系看,出口贸易对任何类型的国家的经济发展,都有着一般的或共同的作用,即通过出口贸易的扩张都可以促进或带动一国的经济增长;对于经济落后国家或发展中国家来说,出口贸易对经济增长显然有着双重作用,即"资源净流失"的消极作用与进出口资源转换效益的积极作用,这双重作用在发展中国家经济发展的早期阶段表现得尤为明显。对发展中国家来说,要从出口贸易获取经济增长的动力,关键在于如何有效地实现出口与进口的资源转换效益,如何有效地提高本国的生产技术水平和劳动生产率。

第二节 对外贸易的战略地位

人类社会发展的历史以及各国经济发展的现实情况表明，发展对外贸易是各国加速其经济发展的重要有效手段。这是由对外贸易在一国经济建设中的地位与作用决定的。我国的发展也是如此。此外，对外贸易的发展还具有十分重要的战略地位，它对解决一国经济在发展过程中的矛盾、提高一国产品的国际竞争力乃至国家综合国力的提高都具有深远的战略意义。

对外贸易的战略地位主要体现在以下四个方面：

一、发展对外贸易是生产力发展的必然要求

生产力的发展促进了社会的分工和社会化的大生产，社会化大生产的发展，对资源的需求越来越多，品种规格要求也渐加多样，一个国家的自然资源再丰富，也难以满足其经济现代化建设所需的全部资源。一国资源相对的有限性决定了其发展对外经济贸易关系的必然性。通过发展对外经济贸易，可以弥补自然资源的不足，调节余缺。各国的发展是不平衡的，在科学技术水平和管理经验上均存在很大差异。一个国家不可能拥有所需要的一切先进技术和管理经验。引进先进的科学技术和管理经验，是加快本国经济发展的一条捷径，而且可以发挥各国的比较优势。通过国际市场进行商品交换，一方面能换回比自己生产成本更低的商品，另一方面又能取得规模经济效益。目前在我国科学技术、整体生产力和科学管理还相对落后的情况下，在资金不足、专业人才缺乏、人均资源稀少等突出矛盾的约束下，积极发展对外经济贸易有着更为重要的现实意义。特别值得注意的是，在当今国际市场规模日益扩大、经济全球化迅速发展、各国间的经贸关系更加密切、新的技术革命已经使世界进入信息时代和知识经济时代的变革时期，各国在经济上的相互联系和依赖程度进一步加深，我国加快发展对外经贸关系更显得十分重要。

二、发展对外贸易是加快经济发展的普遍经验

从世界各国经济发展的历史看,凡是经济发展较快的国家,都非常重视发展对外经贸关系,比如OECD(经济合作与发展组织)国家,其在经济复兴和发展中都十分重视发展对外经贸关系。其中,美国和日本的发展就是比较典型的例子。美国是一个仅有200多年历史的国家,其为什么能成为当今世界上经济最发达的国家?这固然与其优越的自然资源条件有关,但更重要的是它一直实行对外开放政策,因此这种客观的优势才得以充分发挥。

许多发展中国家也非常重视发展对外经贸关系以加快本国的经济建设。如印度早期充分利用世界银行和各国政府的低息贷款引进所需的大量技术设备。莫迪总理上台后又推行了一系列的改革开放措施,大大促进了外向型经济的发展。"亚洲四小龙"等新兴工业化国家和地区的经济飞速发展也与其积极发展对外经贸交往有着密切的关系。

三、发展对外贸易是我国经济发展的客观要求

根据党的十九大提出的奋斗目标,到2035年我国将基本实现社会主义现代化,到21世纪中叶,要全面建成社会主义现代化强国目标。要想实现上述宏伟目标,需要我们付出艰苦的努力,而目前我们在经济发展方面存在各种制约因素,这些制约因素离开改革开放和外向经济发展是难以克服的。这些因素包括:

第一,人口多,人均资源占有量相对有限。我国目前的人口已超过13亿人。我国素有"地大物博"之称,但人均耕地面积仅为世界人均耕地面积的1/4,即需要在占世界耕地面积7%的土地上养活占世界1/5的人口。从资源上看,我国人均资源拥有量不及世界平均水平的一半,而且资源的破坏和浪费相当严重,现有资源难以满足现代化建设的需要,必须依靠两个市场两种资源加以调剂。

第二,科学技术水平和创新能力不强。虽然我们经过了改革开放40年的发展,但科学技术仍未达到世界先进水平,总的技术、管理水平仍然落后于

世界先进水平。特别是在以原子能、电子芯片、新材料、遗传工程技术、海洋工程等为主要内容的新技术革命方面，我们与工业发达国家相比还存在很大差距。

第三，资金短缺，经济效益低。这是我国经济建设中面临的诸多矛盾中的一个主要问题。解决这个问题，一方面要充分利用我国的资源，发挥我国人民的艰苦奋斗精神和聪明才智，另一方面要实行全方位的对外开放政策，大力发展对外经济贸易，更广泛地参与国际分工和交换，引进吸收人类创造的一切文明成果，利用国际资源为我国现代化建设服务，引进国际上的先进技术和管理经验，使我国能在一个较高的技术起点上赶超世界先进技术和管理水平，加快我国经济建设的进程。

四、发展对外贸易是提高综合国力、实现中国梦的现实需要

我国实行对外开放以来，积极利用外资，引进先进技术设备和先进的管理经验，发展国际经济技术合作，扩大对外贸易，促使我国经济取得了前所未有的持续、健康、快速发展。实践证明，对外贸易在拉动和促进国民经济发展中具有重要的战略意义。发展对外贸易可以进一步加强和巩固我国同世界各地的政治经济关系；随着对外经济贸易的扩大，我国的国际地位将进一步上升；发展对外贸易，参与国际市场竞争，不仅是企业发展壮大的有效途径，同时也将为我国形成强有力的国家竞争优势奠定坚实的基础，最终实现中华民族的伟大复兴。

第三节 新时期对外贸易的新贡献

自2008年全球金融危机后，虽然和平与发展仍是世界政治经济的发展主流，但国际经济贸易格局已发生了重大变化，国际市场竞争变得更加激烈，特别是在建立世界政治经济新秩序的过程中，发达国家与发展中国家仍存在着尖锐的矛盾，但对话与合作也正在发挥着积极的作用。在国际交往和

国际关系中，国际贸易的地位日益突出。尽管一国对外贸易的内涵并没有发生质的变化，但其外延显然已变得更加丰富，被赋予了更多的内容。了解和掌握这些变化，不仅可以有效地发展和扩大贸易，在国际竞争中处理好同相关贸易伙伴的关系，而且有助于一国在处理世界政治经济事务中成为主动的一方。

一、贸易开放度成为一国对外开放的基本标志

20世纪90年代以来，随着世界经济全球化的快速发展，对外开放成为席卷全球特别是广大发展中国家的巨大浪潮。人们已清醒地认识到科技水平的提高，特别是航空航天和通信技术的更新发展使世界日益成为一个联系紧密的整体，各国只有选择对外开放才能使本国经济跟上时代发展的步伐，有效利用国内国外资源，才能实现在全球优化配置资源。任何一个国家都不可能在贸易壁垒的条件下通过扩大贸易而实现对经济增长的支撑。通过发展出口而实现经济振兴是"二战"后许多新兴工业化国家的成功经验。各国政府都在通过各种灵活、有效的方式控制本国市场的开放力度，因此，把对外贸易作为一国对外开放的起点，为本国经济的全面开放打下一个良好的物质基础，并通过发展对外贸易带动国内经济增长、产业升级，在本国经济发展到一定水平，能够承受外部经济的强大冲击之后，再进一步扩大市场开放，不失为一种安全而有效的开放措施。随着各国对外开放的广泛深入，人们也更加深刻地认识到开展国际贸易的目的不仅仅在于"互通有无"，也不仅仅着眼于通过交换获取静态的贸易利益、提高消费水平和增加国民福利，更重要的是通过贸易的发展，促进货物、技术、思想的交流，激发本国的创新力，提高参与国际竞争的能力，树立融入世界经济循环的意识，从而带动经济快速发展，以获取国际贸易的动态利益。对外贸易作为最古老的对外交换方式在当代被重新赋予了新的内涵。各国纷纷申请加入世界贸易组织，积极参与多边贸易，推动多边贸易自由化，制定各自市场开放的时间表。对外贸易不仅作为一种纯粹的国家间的经济交往，而且是当今各国融入世界经济大循环的一条便捷的途径，成为对外开放发展经济的重要指标。

二、国际贸易和国内贸易的协调发展是扩大对外贸易的基础

由于当代国际政治、经济环境已经发生了重大变化,许多国家都在重新认识对外贸易在本国经济中的现实作用,相继放弃了"贸易立国""贸易为本"等重商主义的旧的经济发展思路,越来越重视对外贸易与本国经济发展在更大程度上的融合。1997年7月爆发的亚洲金融危机,表面看是一场金融危机,究其根源不难发现,这些危机中的国家和地区,无一例外都是外向型发展战略的实施者。这就暴露出这些国家和地区长期以出口导向战略或国际市场战略为核心的经济发展思路存在弊端。对国际市场的过度依赖,使国内的经济、贸易很容易受到国际市场波动的冲击。一旦贸易伙伴国经济衰退,进口需求下降,这些以出口和利用外资为主的发展中国家的经济就会受到影响和制约。"出口导向"战略往往比较侧重比较利益的安排和发挥,容易导致本国经济结构的非平衡发展,难以实现产业结构的升级,使经济增长缺乏后劲;"出口导向"的资源性产品出口是对资源的一种浪费,并不能维持一国长期、持续的经济发展,而国内市场的发展更能带来经济的持续增长。基于以上认识,东南亚各国重新定位"出口导向"战略,在注重对外贸易发展的同时,更加注重国内生产和消费的发展。韩国、新加坡等国都先后采取措施推进国内产业的升级;中国面对出口难度加大的困境,也提出了扩大内需的发展思路,主张加大国内投资力度。各国都已认识到把对外贸易和对内生产相结合,是使一国经济持续发展的基本条件。

由于国家的大小和国内市场规模的差异、资源禀赋的不同、发展水平的差距,以及人为的贸易政策和实施战略的不尽相同,对外贸易对经济增长所起的促进作用的大小是不相同的。即便同一个国家,不同时期由于贸易政策和发展阶段所面临环境的不同,也会使对外贸易对经济增长的促进作用发生变化。因此,简单地将对外贸易视为经济增长的"发动机"是不恰当的。美国、德国、日本有着成功的发展经验,它们选择了一条可行的加速经济增长的途径,即充分利用对外贸易的"润滑剂"作用,依托广阔的国内市场,在有选择性的保护政策下进行进口替代生产;同时,大力发展国内贸易,扩大

内需，维持企业在国内市场的竞争能力，促使进口替代行业迅速成长为具有国际优势的出口产业，以服务于国内国外两个市场。

三、经济外交成为当代国际关系发展中的一个突出特征

在以"和平与发展"为主题的当代国际环境中，由于"经济外交"的"和平性"和"发展性"，越来越多的国家把发展双边贸易和经济技术合作在对外关系中的重要性提高到前所未有的高度，并通过贸易促进、贸易限制和贸易制裁等方式来调节对外关系。

两国相互开放市场，提供互利的贸易条件，可以为促进和扩大国家间的贸易投资往来提供一个新的发展机遇，也表达出一种双方相互谅解与接纳的包容性。而关税及非关税壁垒，特别是报复性贸易制裁，不仅阻隔了贸易双方的经济互利，同时更体现出一种敌对情绪，而这种敌对情绪被限制在政治和平的基础上。美国是这方面的典型代表，克林顿执政期间很快把对外贸易提到"美国安全的首要因素"的高度，改变了冷战时期"军事第一"的国家安全战略，经常到处挥舞"贸易报复""贸易制裁"的大棒，摆出咄咄逼人的姿态，谋求所有贸易伙伴对美国更大地开放市场，并以此来调解和制约双边关系的其他方面。美国积极参与亚太经济合作，积极推动亚太地区贸易投资自由化，其目的不仅在于获得更多的经济利益，更在于通过在亚太地区的经济主导地位，谋求其政治领导权。

因此，当代国际贸易在观念上已经有了更为广泛的意义。"贸易外交"成为一种更为灵活而稳妥的外交手段。

从总体上看，各国对外贸易政策中单纯的关税保护和直接的非关税保护措施都在相对地和绝对地减少，其作用也在明显地减弱，但是，各种间接的非关税措施依然阻碍着贸易自由化发展的步伐。而且，各种新型的非关税措施层出不穷，并开始成为各国特别是发达国家对外贸易限制政策和措施的主体。20世纪90年代以来，西方国家采取的新贸易保护措施日益翻新，如地区经济主义、劳工标准、环境保护、强化反倾销、知识产权、人权保护、市场准入、产业政策保护等，其中影响较大、运用较多的是劳工标准和环境保

护。随着联合国环境与发展大会的召开，环保运动进入鼎盛时期。各国对环境的保护予以高度重视，特别是发达国家，它们以环境保护为由，限制进出口贸易的发展。环境保护逐渐成为一种服务于各国保护主义政策的新的非关税壁垒——绿色贸易壁垒，而且成为在国际贸易上讨价还价的筹码。例如：在北美自由贸易协定的形成过程中，美国要求在符合环保条件的前提下允许每个贸易伙伴大致相同地进入对方市场，这使环保水平相对较低的墨西哥为此付出高昂的环保成本。再如：美国为了保护本国的汽车工业免受进口汽车的冲击，出台了《污染预防法》，要求所有进口汽车都必须装有防污染装置，并制定了近乎苛刻的海关技术标准，而"乌拉圭回合"达成的《技术性贸易壁垒协议》规定，不得阻止任何国家采取必要的措施来保护人类、动物和植物的生命与健康。这样环境保护就成了国际贸易规范和准则的边界，环境保护措施作为一种新型的非关税壁垒以其隐蔽性强、技术要求高、灵活多变等特点，越来越被各国所重视和利用。

四、贸易政策趋向于和其他经济政策更大程度的融合

由于贸易与其他经济领域甚至某些非经济领域联系日益增强，因此，贸易政策的制定和实施越来越影响一国其他领域的政策制定和实施。目前，许多国家的贸易政策带有明显的综合性发展倾向。

最典型的国家当数美国。美国历来强调经济政策是对外政策的中心。因此，美国的对外贸易政策充分体现了美国外交政策的整体经济战略和政治意图。特别是特朗普总统上任后，美国更加全面走向贸易保护主义，通过打"贸易牌"维持自己的政治影响力和经济利益。

随着世界政治经济格局的变化，以经济竞争为主的国际竞争越来越激烈，一国的贸易政策往往体现了整个国家的经济战略和外交战略，各国越来越认识到依靠国际贸易发展对外关系的作用。因此，贸易政策的制定就体现了一国整体的经济政策和发展规划。

五、传统的贸易政策逐渐被竞争性贸易政策所取代

随着国际贸易理论的创新与发展,战略性贸易政策开始成为最受关注也最具影响力的一种国际贸易政策。所谓"战略性贸易政策",是指在不完全竞争和规模经济条件下,政府可以凭借生产补贴、关税或保护国内市场等政策手段,扶持本国战略性产业的成长,增强其在国际市场上的竞争力,从而扩大出口、牟取垄断利润,并夺取他人市场份额的一种贸易政策。

"战略性贸易政策"以"利润转移"理论和"外部经济"理论为理论依据。"利润转移"理论认为,政府可以通过关税、配额等进口保护政策和出口补贴、研究与开发补贴等出口促进政策来增强本国企业的国际竞争力,扩大其产品在国际市场的销售份额,从而实现垄断利润由别国向本国转移,增加本国的国民净福利。"利润转移"可通过三种途径实现:第一,利用出口补贴,促使本国战略性企业夺取市场份额,从而获得更多的垄断利润。第二,在本国企业存在进入市场可能的前提下,用关税抽取外国寡头企业的垄断利润;第三,以进口保护促进出口,实现利润转移。一个受保护的国内市场,为具有规模经济特征的本国企业提供了一项相对于外国企业的规模价格优势,使其能增加在国内市场和没有保护的国外市场的份额从而转移垄断利润,使本国福利增加。"外部经济"理论认为,政府应该扶持和保护一些具有较强的外部经济效应的产业,以便带动本国整体产业的发展,在宏观范围内追求和谋取可观的外部经济利益。

"战略性贸易政策"在发达国家已经被充分认识和肯定,并付诸实施。历史上竭力主张自由贸易的美国,也越来越重视那些具有战略意义的高科技部门,如半导体、飞机和生物技术部门等,并对它们实行有利的贸易政策,保证它们在现在和未来的竞争中处于优势地位。随着国际贸易的发展,"战略性贸易政策"应引起我国的高度重视,将其积极加以研究应用。

第三章　我国外贸发展的阶段性特征

改革开放40年来,我国经济发生了翻天覆地的变化。外向型经济、城镇化发展、国际化大发展和信息化的后起直追等因素共同促进了我国现代化的建设进程,其中尤以改革开放的作用最为突出。而在外向型经济的发展中,对外贸易的发展则是最为突出的。改革开放40年,我国外贸发展历经了几个不同的发展时期,每一个时期都呈现了明显的阶段特征,研究总结不同阶段的发展特征,对于加深对我国外贸发展的历史贡献及理论定位的认识有着积极的参考价值和重要的指导意义。

第一节　我国对外贸易的实践与发展

中华人民共和国成立初期,由于当时中国的对外贸易规模很小,我国的贸易原则主要以调剂余缺为主,基本上没有形成明确的国际贸易理论,有些时期对外贸易基本处于停滞状态。当时受意识形态的影响,中国遵循的主要是苏联的经济思想,是以计划经济为主的理论体系,强调的是国家垄断贸易政策,经济理论与西方工业化国家相差很大,所以对外贸易基本是以国家需要为前提。改革开放以后,随着中国对外贸易的快速发展,我国开始重视并引用西方国家的国际贸易理论,强调贸易为发展我国国民经济服务。

一、改革开放前中国对外贸易的理论实践

（一）第一时期（中华人民共和国成立至1958年"大跃进"开始前）

1950年，全国外贸总额仅为11.3亿美元，其中出口额为5.5亿美元，进口额为5.8亿美元。由此可见，我国对外贸易的起点很低。从1950年开始，面对外国反华势力的经济封锁和国内"一穷二白"的落后面貌，全国上下被激发出了大力发展经济的热情。经过3年的奋斗，国民经济迅速恢复，对外贸易在短短3年内实现了总额和出口额的翻番，分别达到23.7亿美元和10.2亿美元。进口额也由于国内建设与朝鲜战争的需要而大幅增长。1951年逆差额扩大到4.4亿美元。1953年，中央政府颁布第一个五年经济建设与社会发展计划，宣布进入国民经济恢复与重建时期。此后连续几年，我国对外贸易呈持续增长态势，外贸逆差也逐渐缩小。1956年，进出口贸易额达到32.1亿美元，并实现了中华人民共和国成立后的第一次外贸顺差。在"大跃进"发动之初的1958年，我国外贸保持惯性增长，当年外贸总额达38.7亿美元，其中出口额为19.8亿美元，进口额为18.9亿美元。

这一时期我国对外贸易的商品结构十分单一，出口产品主要是大米、棉布、活猪、肠衣、黑钨砂、煤炭、绸缎、厂丝、抽纱等少数几种初级产品和劳动密集型产品，且出口规模有限，进口贸易则以钢材、天然橡胶、化肥、棉花、有色金属、食糖、粮食等工业原料和初级加工农产品为主。这种对外贸易的商品结构反映了当时的国内工业基础及资源禀赋存在的实际状况。众所周知，我国这一时期的主要贸易伙伴是苏联和部分东欧国家。1955年，中苏双边贸易约占我国外贸总额的57%，在当时缺乏外汇的条件下，相互贸易的主要方式为记账贸易。此外，我国还充分利用港澳地区的有利条件。进行适量的转口贸易，这也对外贸全局起到一定的辅助作用。

这一时期的进出口贸易，对于我国国民经济的恢复重建与政治稳定无疑发挥了重要的历史作用。客观地评价这一时期的对外贸易，我们应当在充分肯定其重要性和基础性的同时，看到它在本质上，只是发挥了"互通有无、调剂余缺"的作用，如当时出口大米是为了换取更多的玉米和杂粮，以满足

国内粮食供给不足的矛盾，这属于对外贸易发展的初级形态，对国民经济的"引擎"或"发动机"作用还根本无从谈起。从体制上分析，外贸集中程度过高也对后来形成的僵化体制有很大影响。

（二）第二时期（1958年"大跃进"开始至1976年"文化大革命"结束）

这个时期时间跨度较大，但是其基本特征都是停滞和反复。由于政治运动的严重冲击，外贸发展遭受到巨大的破坏。而对比世界各国的发展，这个时期恰是"二战"后世界贸易与经济增长的黄金时期。我们错失了历史机遇，其造成的严重后果直到今天仍然令人痛心疾首。这一时期对外贸易发展的基本特征是停滞不前，某些年份的严重下挫和其他年份的有限回升相互交织。从数字上可以清楚地看到"三起三落"的外贸发展轨迹：我国外贸总额在1959年达到创纪录的43.8亿美元后直线下落，到1962年达到谷底时仅为20.6亿美元。1966年恢复到46.2亿美元，1969年又下降到40.3亿美元。"文化大革命"后期，特别是恢复我国在联合国的合法席位和外交关系方面赢得的突破，国内经济秩序与国际政治环境的改观，促使对外贸易取得了一定的突破。1973年，我国外贸总额有史以来第一次突破百亿美元，进口贸易额为51.6亿美元。此后的1974年与1975年外贸保持连续增长，其中进口增长略快于出口增长，但总体上大致平衡。1976年是这个阶段唯一出现外贸总额下降的年份，但紧接着，1977年外贸便恢复了正常的增长，1978年外贸总额首次突破200亿美元大关，达到206.4亿美元，其中出口贸易额为97.5亿美元。

这一时期，我国外贸商品结构的变动弹性很小，特别是出口商品结构始终以传统的农产品、初级产品及其加工品为主。当时的土畜产进出口总公司、轻工工艺品进出口总公司、粮油食品进出口总公司、五金矿产品进出口总公司及其所属的各省市分公司在进口方面发挥了积极的作用。在商品结构方面，当国内经济状况特别是农业状况不佳时，进口商品结构的消费性倾向便大大加强，这时也必然连带着出现出口贸易额的减少；而当国内经济状况略有改善，特别是农业生产供应较稳定时，进口商品结构的生产性特征便有所增强，进而推动出口贸易额相应地增长。这种结构变化反映了我国对外贸易物质生产力基础十分脆弱的事实，也决定了这一时期对外贸易做周期性

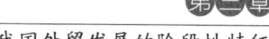

运动的原因在于农业生产领域的波动性较大，并兼之是政治运动的同步性人为破坏的结果。从1970年开始，外贸商品结构有所改善，主要表现为出口商品的加工程度有所提高，原油、成品油、厂丝、服装、抽纱等商品出口增幅较大，而进口商品中工业原料和基础建设材料的进口增长也被放在优先的位置上。截至1980年，在我国出口商品构成中，初级产品占54.1%，工业制成品占45.9%，在工业制成品出口中，重工业品仅占11.8%，轻纺工业品占34.1%，进口商品结构也发生了很大变化。20世纪60年代以前，主要进口生产资料、机械设备和原材料，自1961年开始，受国内经济结构变化约束，我国开始大量进口粮食和食品原料等。这种外贸商品结构的变化在某种程度上打破了以往长期形成的"结构惰性"，对长远的外贸商品结构的改善及出口效益的提高无疑具有基础性的积极影响。

总之，从中华人民共和国成立到改革开放前将近30年里，由于当时特定的国际环境、国内政治运动冲击等影响，我国的对外贸易无论从绝对数量规模还是从发展速度来看都与我国的大国地位极不相称。中国对外贸易发展主要是根据国家经济发展的需要，出口部分初级产品，从而换回我国国内建设急需的物资。并且由于当时我国对社会主义制度的认识存在局限性，和我国进行国际贸易的国家和地区也存在极大的局限性，主要集中在苏联和东欧地区的社会主义国家，因此，改革开放前我国的对外贸易发展基本上可以说是无理论可依。

二、改革开放后中国外贸理论的主流观点

改革开放以后，中国首先在实践中突破了旧模式的束缚，尤其是中国从计划经济体制到市场机制的转换，积极推动了中国国际贸易的大发展，先后引用和选择了不同的国际贸易理论，以引导中国对外贸易的发展。

（一）外贸发展禁区的突破和成果

1978—2002年，外贸发展进入新时期。此时，我国外贸总额由206.4亿美元增加到6207.9亿美元，增长了29.1倍。其中，出口商品贸易额由97.5亿美元增加到3255.7亿美元，进口商品贸易额从108.9亿美元增加到2952.2亿美元，

二者分别增长32.4倍和26.1倍，呈直线上升趋势。在数量增加的同时，外贸商品结构也发生了重大变化，2002年与1980年相比，工业制品在出口商品贸易额中所占的比重由45.9%上升为91.24%，在进口商品贸易额中所占的比重则由65.2%提高到83.30%。简单数字的背后是中国外贸发展在理论观念上的突破，而这些理论禁区的突破对加快对外贸易的发展又发挥了巨大的促进作用。这些突破我们可归纳为以下几点：

1. 突破了外贸垄断论，逐步接受了市场竞争的理论

中华人民共和国诞生的前夕，根据苏联的经验，提出了"统制对外贸易"的理论，该制度维持了整整30年。中国实行对外开放以后，"三资"企业首先获得外贸进出口权，这就打破了国家垄断外贸、国有外贸公司独家经营对外贸易的格局。随后，外贸经营权逐步下放，1988年外贸体制第一次改革，即实行了省市分公司同中央进出口总公司脱钩的政策，除个别公司由于业务发展需要不便立即脱钩外，90%的省市公司全部进入了自负盈亏的经营体制。此后国内的主要工业部门成立了带有自己行业特色的进出口公司，对外贸易的垄断地位被彻底冲破。进入20世纪90年代，国有重点生产企业、大型流通企业、科研单位和乡镇企业又被允许经营外贸。随着开放程度的扩大，近年来，又允许开办中外合资的外贸公司，并授予少量的私营企业外贸经营权。至此，外贸领域中出现了国有企业、"三资"企业、乡镇企业和私营企业等众多市场主体的竞争态势，推动了外贸市场竞争格局的形成。

2. 突破了国有外贸公司政企不分的体制障碍，逐步形成了有中国特色的现代企业制度

党的十四大突破了原来政企不分的外贸公司旧体制，国有外贸进出口总公司完全实现了人事任命权、财物支配权的自主独立，公司开始迈向"产权清晰、权责明确、政企分开、管理科学"的现代企业制度，逐渐从部委和行业主管部门的行政框中分离出来。不过，这种分离过程是极其艰难的，行政管理的阴影依然存在，陈腐的理论观念的束缚仍十分严重。真正的现代公司制度还有待进一步完善。

3. 突破了外贸公司的单一经营论，逐步形成一业为主、多种经营的局面

改革开放的实践打破了长期割裂外贸与生产、外贸与内贸、外贸与科

研之间有机联系的旧体制，适应了世界潮流和经济发展的新趋势，实现了科研、生产、贸易一体化。在旧体制下，外贸与生产者是分离的，经营外贸者不从事生产，而生产的企业不能经营外贸；外贸与内贸也是分离的，经营外贸者不能搞内贸，而经营内贸者也不准涉及外贸。目前，除少数商品仍强调集中经营管理外，大多数商品已放开经营。公司经营范围的自由度进一步扩大，商品经营范围的放开有力地促进了外贸企业扩大出口的积极性。

4. 突破了单纯商品贸易论，形成了以商品贸易为主海外投资为辅的外贸发展模式

在旧体制下，传统的外贸仅限于商品货物贸易，因而，理论界的眼光也仅仅盯住这个领域，认为中国远没有进入海外投资的发展阶段。近年来，世界范围的投资兴起，其发展速度大大超过商品货物贸易的发展速度，同时，在世界贸易总额中，服务贸易的比重不断上升。由此形成了以商品贸易为主、投资和服务贸易为辅的发展阶段。目前，正在向商品贸易与投资并重的发展阶段迈进，这是当前国际贸易发展的一种新趋势。20世纪90年代以来，中国开始尝试开展境外加工贸易。实践证明，这一突破大大带动了原有货物贸易出口的大幅度上升。

5. 突破了引进外资上的"卖国论"，形成了较为系统的外资理论

在改革开放之初的20世纪80年代，引进外资存在激励的争论，有些人认为，"引进外资就是引狼入室，就是卖国""多一个'三资'企业，就多一块殖民地"。后来，当"三资"企业在某些行业的市场份额不断扩大，甚至占据一定优势时，又有"扼杀民族工业"的论调出现。实践证明，这些理论观念都是十分有害的。无论就外资的作用与地位，还是外资的规模、结构，或者引进方式，在中国先后有不少论著问世，都做了系统的论证与阐述。在引进外资上有三个问题有待深入探索。其一，如何把握引进外资的方向。通过引资，既要引进先进技术，增加资金来源，又要引进先进管理经验。以往引进的外资在技术含量上还不够先进，缺乏大型跨国公司和高新技术产品的投资。其二，如何通过资本市场引进外资。过去引进的外资主要是外商直接投资（FDI），至于通过资本市场引进的外资微乎其微，只有通过少数企业在境外上市或政府在国外发行少量债券的方式，募集为数不多的资金。其主要原因是中国的资本市场没有开放，外资不能参与我国的兼并收购和资产重组。其三，如何加快在引进外资技术基础上的消化吸收和创新。引进技术是为了提高产业的发展水平和竞争力，扩大技术引进是建立在互利合作基础上的一种发展模式，技术引进方将付出高昂的成本，引进本身不是目的，目的是要通过引进并消化吸收形成企业新的竞争优势。

6. 突破了"无债论"，形成了完整的外债理论

改革开放前，中国经常以"既无内债，又无外债"而自豪。实际上，"无债论"并不符合市场经济发展的要求，这是自给自足的封闭式的小农经济思想。改革开放以后，中国突破了"无债论"，不仅在国内举债，也向国外借债，充分利用国内外两个市场两种资金，保证了我国现代化建设对资金的需求。围绕债务问题，尤其是外债问题，学术界曾展开过激烈讨论。首先是外债规模大小是否适宜以及偿还能力问题，有人曾经疾呼，外债规模过大，有可能发生同拉丁美洲国家一样的债务危机。在外债结构方面，短期外债与中长期外债的时间结构关系、美元与日元的币种结构关系等问题均有争论，但实践证明，中国的外债结构还是比较合理的。中国经济发展的成就和内外债所发挥的作用是分不开的。改革开放后，中国大胆地利用了世界银行和部分发达国家所提供的优惠贷款和专项资金。实践证明，其效果是好的，对加快我国的基础设施建设发挥了积极的作用，并产生了良好的经济效益。问题的核心是债务资金使用的效益和风险控制，而不在于外债的多少。

突破了外援上的"无偿论"，形成了外援与外贸、外援与投资相结合的援外模式。在旧体制下，中国的对外援助绝大多数都是无偿的，不论是对非洲国家的援助，还是对阿尔巴尼亚、越南等兄弟国家的援助，都被视为"应尽的国际义务"。实践证明，这种援外方式的效果并不理想，只是"输血"，而没有形成"造血"机制，受援国得到的实惠并不是很多。改革开放以来，这种无偿援外方式渐渐退居次要地位，代之而起居于主导地位的则是外援与外贸、外资挂钩的方式。按这种方式，首先与受援国发展双边贸易，进行外向投资。在此前提之下，为扩大贸易，以贷款的方式提供低息的买方信贷或卖方信贷；为促进受援国技术和管理水平的提高，向受援国进行直接投资，而政府予以贴息。这样把外援、外贸和外向投资的发展有机地结合起来，既体现了大国对不发达国家发展的支持，又带动了经济的发展和扩张。这种发展是符合市场经济要求的。

（二）外贸发展理论的主流观点

同实践方面的不断突破相比，外贸发展理论方面的探索稍显落后，没有形成一个明确的指导我国外贸发展的完整理论。其原因是多方面的，国际贸易理论的不断发展和我国的研究起步较晚、相关领域学科知识的引入、经济金融危机等突发事件的干扰，都是理论研究面临的现实困难。尽管没有系统的指导理论，但我国理论工作者对国际上经典理论和最新理论的介绍引入工作却从未停止。在理论引入过程中，针对中国外贸发展战略，主要形成了两大观点，即遵循比较优势理论和遵循优先发展高技术产业的"赶超"理论，而且在经济发展中可以看出这两种观点都占有相当的市场，曾先后主导中国经济贸易的发展。

1. 遵循比较优势理论

此种观点是改革开放初期，我国外贸理论界最先引起争论的一种观点，也是曾经最为流行的一种观点。此种观点以东亚的日本和"亚洲四小龙"的经济持续高速发展为成功典范，认为中国应该引以为鉴，也选择比较优势战略，努力发展对外贸易，进而带动中国产业结构的升级和经济增长。该观点认为在当今价格能反映生产要素相对稀缺的条件下，实施比较优势战略，企业会在其产品和技术的选择中尽可能利用便宜的生产要素，使其产品相对来说成本较低，因而形成竞争优势，促使利润增加，经济剩余规模扩大，资源禀赋结构升级，从而有效推动产业结构升级和社会经济的发展。

遵循比较优势理论的人认为，经济发展归根结底是要改变资源配置结构，即增加资本在资源禀赋中的相对丰富程度。资本来自积累，而社会资本的积累水平取决于经济剩余的规模，后者又依赖于生产活动的绩效和特点。如果一个经济体的产业和技术结构能充分利用其资源禀赋的比较优势，那么这个经济体的生产成本就会低，竞争能力就会强，创造的社会剩余也就会多，积累的量就会更大。

除此之外，积累的水平还取决于储蓄倾向，在同样的经济剩余水平下，储蓄倾向越高，社会资本的增加就会越多，资源禀赋结构的升级也就越快。一个发展中的经济体若能充分发挥其比较优势，则其储蓄倾向将始终保持在较高水平。传统的经济增长理论也强调资本积累，甚至把储蓄率和投资率的作用强调为决定一切的重要因素,但是传统的增长理论只是提出了增长的要素,并没有提出解决问题的思路,即怎样增加社会剩余总量及怎样才能使所有的生产活动从社会的角度看是生产性的、竞争性的,以及如何才能提高社会储蓄率。

从理论上看,一个国家怎样才能发挥其比较优势呢?根据赫克歇尔-俄林模型,如果一个国家劳动资源相对丰裕,该国的比较优势就是劳动密集型产业。如果这个国家遵循比较优势理论,以发展轻工业即劳动密集型产业为主,由于其在生产过程中使用较多的廉价劳动力,减少使用昂贵的资本,因此其产品相对来说成本就比较低,因而具有竞争力,利润从而可以作为资本积累的量也就较大。

要使整个社会都能够对比较优势做出正确的反应,就需要有一个能够反映生产要素相对稀缺性的要素价格结构,即在劳动力相对丰富的禀赋条件下,劳动力价格应该相对便宜;而在资本变得相对丰裕的禀赋条件下,资本就相应地成为相对便宜的要素。如果一个经济体中的要素价格结构能够充分反映各种要素的相对稀缺性,企业就会自动做出调整,即在其产品和技术的选择中尽可能多地使用便宜的生产要素,从而实现比较优势。必须指出的是,要素相对稀缺性在要素价格结构上的准确反映,必然是通过公平的市场竞争才能得出客观的结果,任何人为的干预和计划机制都做不到这一点。所以,世界银行经济学家把"亚洲四小龙"发展的成功归结为市场机制作用的解释是有一定道理的。

日本和"亚洲四小龙"实行的是市场经济,政府又较早地放弃了赶超战略,使国际贸易迅速发展。其成功的条件有三:第一,各种产品要素价格基本上由市场的供给和需求竞争决定,能够较好地反映各种要素的相对稀缺性,企业在做产品和技术选择时很容易就捕捉到各个发展阶段显现出来的比较优势。第二,政府不对价格的形成进行干预,还可以减少社会中的寻租行为。这样,企业和个人要增加收益就只能通过提高技术水平和管理水平来实现,私人的生产性活动自然就是社会的生产性活动。第三,在发展中国家和地区,资本是稀缺的要素,利率如果由市场竞争来决定必然会偏高,利率同时也是现时消费和未来消费的相对价格,利率高则现时消费的相对价格高,未来消费的相对价格低,因而会抑制当前消费,增加储蓄倾向。

由于生产要素和产品的价格都是由市场竞争决定的，能够反映产品和要素的供求状况和相对稀缺性，因此微观经营主体在依据这样的价格信号从事经营和生产的过程中，会对通过市场价格传递的关于产品和要素的供求状况及相对稀缺性做出反应，并相应地根据一定的市场需求和资源禀赋状况进行产品和技术选择。从全社会的角度看，这样的产品和技术选择的结果就是形成了与特定的资源禀赋相适应的产业结构和技术结构。同时，一个微观经营主体要想生存和发展，除了通过寻找更廉价的投资品、开辟新的市场、改进经营管理、选择适宜技术等途径实现微观上的技术创新之外，别无他途。因此，微观经营主体不仅要密切关注当前的市场，利用当前的市场适宜从事生产活动，还要研究和预测将来的市场以及未来的比较优势。静态比较优势的发挥使经济发展速度加快，资本积累的速度将远高于劳动力和自然资源增加的速度。因此，资本将由相对稀缺逐渐变成相对丰富，资本的价格将由相对昂贵逐渐变成相对便宜。企业为了竞争的需要，就要根据相对价格信号的变化，调整产业和技术结构，实现动态的比较优势。

在劳动力相对丰富的经济体中，推行比较优势战略不仅能够利用静态和动态的比较优势实现有效率的增长，而且能够充分利用丰富的劳动力资源保障劳动者充分就业。随着经济增长，劳动力变得相对稀缺，工资水平则不断提高，劳动者因而可以从经济的增长中不断受益；而"赶超"战略优先发展的是资金密集的产业，能创造的就业机会少，劳动者无法充分就业，工资水平将长期受到抑制，使劳动者难以分享增长的果实。因此与赶超战略相比，比较优势战略才可以真正实现公平与效率的统一。

2. 遵循优先发展高技术产业的"赶超"理论

此种观点最早来源于第二次世界大战后发展经济学对传统贸易理论的批判。战后，发展中国家越来越相信，传统理论的静态比较优势原则及其倡导的自由贸易政策，是为发达国家利益服务的，是强国的贸易理论，因此发展中国家应当拥有自己的贸易理论。以此为出发点，便出现了以"中心—外围"论为代表的激进主义贸易理论。主要代表人物有阿根廷经济学家劳尔·维什、英籍德国经济学家汉斯·辛格、瑞典经济学家纲纳·缪达尔等。

该理论认为，在世界经济发展过程中，由于技术进步程度不一，使得各国在生产技术水平、劳动生产率等方面产生了差异，如此便形成了世界经济的"中心—外围"格局。"中心"指工业发达国家,"外围"指发展中国家。工业发达国家虽然技术水平与劳动熟练程度高导致劳动生产率高,但由于利润、工资等生产要素收入刚性大,制造品价格反而趋高,而且因需求收入弹性大而成本上涨快。而发展中国家由于受到发达国家工业品价格的垄断,难以获得世界科技进步的利益,加之本国工会组织薄弱从而工资上涨慢,再加上初级产品需求收入弹性低等,使得初级产品价格低且成本上涨慢。如此导致发展中国家贸易条件恶化,国际贸易利益主要由发达国家占有,造成了发展中国家经济的落后和发展的高度不平衡。因此该理论主张,发展中国家要走出贸易条件恶化的不利处境,必须通过实施保护性关税政策和积极实行进口替代战略来加快发展现代民族工业,改变其在国际分工中的不利地位;实行进口替代战略,扩大对外贸易,继续出口初级产品以换回进口替代所必需的技术设备,以此来逐步改变出口商品结构,增加工业品的出口比重。同时,还要求发达国家取消贸易壁垒,扩大对发展中国家工业品的进口。以这种激进的贸易理论为指导,便使得战后众多发展中国家实行"赶超"战略或进口替代战略。

然而,实施这一战略的苏联和一些拉美国家,先后陷入城乡贫困化、高通货膨胀、经济结构失衡的困境,从而使"赶超"战略几乎成为失败的代名词。但改革开放后仍有一些人认为苏联和拉美国家经济发展不成功的,原因是多方面的,并非因为执行了"赶超"战略。他们认为,苏联等国经济不成功的原因在于采用空想的计划经济学说来指导工业化进程,理论严重脱离实际;拉美国家失败的原因,有过度实施保护政策的弊端、进口替代初级阶段完成后没有及时转入出口替代、不充分的市场经济和过度的政府干预并存、政府的权威性不够等。这些失败绝非"赶超"战略所致。

进入20世纪90年代后,中国由于改革开放的发展实践,以及进行了市场化取向的改革,改变了僵化的计划管理体制,生产力进一步解放,工业化进程加快。国内许多学者认为中国必须抓紧推行产业结构、技术结构升级战略,所以在产业结构优化的途径上提出了众多选择,其中呼吁中国最应该优先发展高技术产业。加快产业、技术结构升级的观点实际上也是一种"赶超"思想的体现,因为"赶超"战略与比较优势战略之间的一个最重要的区别,就是把产业结构和技术结构的差异看作是发达经济与落后经济之间的根本差别。它们都把提升一个经济的产业结构和技术结构视为经济发展和赶超发达经济的同义语。所以说，在我国持"赶超"战略思想观点的大有人在，包括早期的重商主义者、德国的历史学派以及提出"霍夫曼定理"的经济学家霍夫曼，也包括第二次世界大战之后传统发展经济学中五花八门的发展战略的倡导者，以及推行形形色色"赶超"战略的实践者。

持"赶超"理论观点的人曾援引苏联经济学家康德拉季耶夫提出的经济长波理论。该理论认为每一个长波周期，都有世界级的主导产业或主导产业群带动经济增长。随着时间的推移，主导产业或主导产业群逐渐衰落，经济运行进入周期的下降波及新的主导产业或主导产业群诞生，经济进入新一轮周期，期间需经历48～55年的周期。纺织、钢铁、电力等产业曾分别在三次长波周期的上升波中发挥了明显的作用，而当前的主导产业是信息产业，美国抢先于别国占领了该主导产业，使其在国际分工中处于有利地位，支撑其经济保持近10年的快速增长。我国"赶超"战略的核心在于正确捕捉下一个长波周期的主导产业，下决心斥巨资投入未来主导产业的研究开发，力争占领其制高点，以促使我国产业结构出现全新的升级格局。

具体来说，如果下一个长波周期的新兴主导产业是基因技术和生物工程，中国将投巨资进行此项研究和产业开发，如此才能处于世界领先的地位。届时，中国在国际分工和世界贸易中的状况便会根本改变。我们提供给世界的将是知识含量很高的基因技术、治疗各类疑难病症的药物以及人体所需的各种人造器官，而换回国内所需的部分日用消费品和少量国内尚缺的技术和设备。由于中国提供给世界的产品在世界市场上供给量少、需求量大，加上知识技术含量高、附加值高，不仅不愁卖不出去，而且能获高价；而换回的一般日用消费品，则因供大于求，加上这些产品知识科技含量少，附加值低而价格低廉，从而大大改善我国的贸易条件，提高我国的贸易地位。在此，我们对"赶超"理论只作为一种发展的观点加以介绍，在后面的章节中我们再对其影响进行剖析。

三、竞争优势理论的引入和发展

自从哈佛商学院波特教授的竞争优势理论传入我国以后，我国理论界便掀起了一股热潮。理论界对竞争优势表现出了前所未有的热情,认为竞争优势超越了比较优势,拥有崭新的内涵,与比较优势相比,更符合当代对外贸易的实际状况,拥有众多符合当代对外贸易发展的新特征:①竞争优势理论采用的是一种非均衡的动态分析和局部分析方法,以不完全竞争市场作为分析的理论前提,从国家的角度考虑怎样才能使一国在对外贸易活动中得到的福利更多一些,生产效率提高得更快一些,在国际分工中占据更为有利的地位。②竞争优势理论除了考虑现实的利益外,还考虑潜在的利益对比,考虑怎样才能使一国取得或保持竞争优势,以便从对外贸易中获取更大的利益。③竞争优势理论认为,竞争优势主要取决于一国的创新机制,取决于企业的后天努力和进取精神。只要企业勇于创新,积极竞争,一个后进的国家也有可能成为具有竞争优势的国家。反之亦然。④竞争优势理论涉及产业、企业,强调非价格竞争,更注重要素的质量及产品市场的需求档次。

因此,与比较优势理论相比,竞争优势理论更符合当今世界对外贸易的实际状况。依据竞争优势理论对我国的对外贸易状况进行考察,不难发现,我国的对外贸易发展战略应适时地从以比较优势理论为指导转为以竞争优势理论为指导。

竞争优势理论的拥护者从国内和国际两方面分析了中国实行竞争优势战略的必要性。

从国内来看,在20世纪90年代中期以前,我国自然资源和劳动力资源丰富,在动态比较优势理论的指导下,我国外贸发展主要依靠的是大量出口劳动密集型产品和低附加值的资源,而进口商品则相反。参与国际竞争形式主要还是处于波特所说的要素驱动阶段。进入20世纪90年代中期以后,经过改革开放20年的发展,特别是施行积极的财政政策后,人民生活水平稳步提升,人们的可支配收入有了较大的提高,劳动力成本也逐渐提高,导致其比较优势逐渐丧失。因此,企业如果不培养竞争意识,提高科技含量,加快产品升级,增强其竞争力,那么原有的竞争优势将会降低甚至变为竞争劣势,原有的具有比较优势的产业也不一定会成为有竞争力的出口产业。

加入世贸组织以后,我国原有的一些支持和保护出口的措施已经陆续取消,原有的垄断行业也正在逐步打破,国内市场的对外开放程度大大增强,一些企业和行业因行政因素形成的"比较优势"将彻底丧失,在与制度完

善、科技发达、资本雄厚的发达国家竞争时,如不提前培养竞争意识,增强竞争能力,别说开发国际市场,就连在国内市场也难以占据有利地位。

从国际来看,随着以信息技术为主流的技术革命的深化,知识经济时代悄然来临,经济全球化日益加深。因此,作为世界经济运行机制重要组成部分的国际贸易在形式和内容上发生了深刻的变化,电子商务席卷全球,知识技术创新风起云涌,价格竞争尤其是非价格竞争愈演愈烈,竞争范围越来越广。同时,世界经济结构正在进行重大调整,同类行业间竞争尤为激烈。一些发达国家的企业为了在激烈的竞争中抢得先机,已经走在了世界前列。它们拥有了世界最先进、最尖端的科技力量,而靠着这些力量,它们将获得别的企业无法比拟的竞争优势。我国要想紧跟时代潮流,发挥发展中国家特有的后发优势,在激烈的国际竞争中立稳脚跟,就必须改变传统思想,积极培养、扶持资本技术密集型产业,把以先进科技为基础的比较优势置于发展的主导地位。

第二节 改革开放推动对外贸易快速发展

中国对外开放40年发展历程是一个以开放促改革,以改革促开放的生动实践过程,同中国经济的日益强大是分不开的。对外贸易的蓬勃发展充分证明了党的十一届三中全会以来形成的党的基本理论、基本路线、基本方针是完全正确的。2018年是我国改革开放40年,为此我们有必要对中国在不同阶段参与国际事务中发挥的不同作用做一个分析回顾。

一是改革开放的探索期。20世纪80年代中国对外贸易发展仍处于探索期。尽管中国在改革开放之初的1980年即恢复了同世界银行和国际货币基金组织的关系,通过和国际机构的频繁接触,增强了中国对外部市场的了解和熟悉,对推动中国早期的开放与改革发挥了积极的作用,但是中国在市场化改革方面,并没有全盘接受国际组织提出的完全市场化的改革闯关的建议,恰恰相反,中国始终坚持中国特色的改革原则并坚持由建立经济特区到开放沿海14个城市这一逐步扩大开放的过程。实践证明,中国20世纪80年代经历的改革开放的探索是成功的,也是符合中国国情的,是完全必要的。

二是改革开放的加速期。1992年,党的十四大提出了初步建成社会主义市场经济体制的要求后,全国各领域的改革开放进入提速阶段,对外扩大招商引资,对内进行市场导向的改革。此外,20世纪90年代恰逢中国加入世贸组织谈判的关键阶段,谈判对促进中国市场化改革具有积极的作用,大多数市场化改革的措施同加入世贸组织的基本要求是一致的,例如:在政企分开方面、在企业自主权方面、在放开外贸经营权方面、在民营经济发展方面、在计划管理手段方面以及在统一市场政策方面,中国都进行了大幅度的改革,为构建我国市场经济的基本框架奠定了坚实的基础。这些改革举措不仅增强了国内经济的发展活力,也激发了国际上跨国公司对中国的投资热情,在中国形成了国企、民营和外资三股势力蓬勃发展的大好局面,助推了中国经济进入辉煌发展阶段。

三是中国同世界经济体系互动阶段。中国加入世贸组织后,经济快速融入世界经济体系,不仅体现在中国受益的方面,也体现在中国对世界经济和贸易发展的积极贡献方面。中国在扩大出口的同时,进口规模也日益扩大,为世界上主要的贸易国提供了潜在的大市场;中国在扩大市场开放程度、扩大招商引资的同时,不仅活跃了中国的投资市场,也为更多的外国投资者提供了新的可获利的投资机会,实现了双赢的局面。加入世贸组织后,中国很快就从国际贸易规则的执行者转变为规则的捍卫者和推动者,并在WTO新一轮谈判中发挥了积极的作用,受到世人的瞩目。

四是中国积极参与全球治理阶段。党的十八大之后,习近平主席审时度势,提出了更加积极走向国际舞台,讲好中国故事,发挥中国影响力的指示。此后中国针对许多世界性问题发出"中国声音",提出了不少"中国建议方案"。在2014年11月的APEC(亚洲太平洋经济合作组织)峰会上,"北京路线图"得以通过,这使得亚太自贸区成为区域经济一体化的"终极目标"。在中方倡议下,2016年7月的G20峰会实现了机制化,取得了重要的成果。G20杭州峰会上中国强调创新增长方式,为解决世界经济面临的突出问题提出了务实、有效的方案。2017年9月在厦门召开的金砖国家峰会中国在经贸务实合作方面取得了一系列成果,五国强调"构建一个更加高效、反映当前世界经济版图的全球经济治理架构,增加新兴市场和发展中国家的发言权和代表性"。这一切变化都说明了中国正在从世界舞台的边缘逐步走向各国关注的世界舞台的中心位置。

五是积极稳妥推进"一带一路"建设。"一带一路"倡议的提出是中国对全球经济治理体系改革的重大贡献。倡议自提出以来在国际上受到关注和欢迎的程度迅速提升,并开始与沿线国家发展战略和相关区域一体化进程实现对接。与传统模式基于协定的硬性规则约束不同,"一带一路"倡议强调各国发展战略的协同,强调基础设施建设和互连互通,开拓了基于广泛自愿参与和发展伙伴关系的国际经贸合作新方向。"共商、共建、共享"是"一带一路"倡议的合作指导原则,也在党的十九大报告中被列为中国的全球治理观。第71届联合国大会通过的关于"联合国与全球经济治理"的决议将该原则纳入其中,这表明来自中国的理念和智慧正在成为国际社会的共识。

习近平主席一贯强调,中国的发展得益于国际社会,也愿为国际社会提供更多公共产品。中国倡导的新机制新倡议,是对现有国际机制的有益补充和完善,目标是实现合作共赢、共同发展。

中国将更加积极地参与全球治理。为顺应时代的要求,中国开始越来越重视全球经济治理问题。从客观上讲,随着中国经济的发展壮大,中国企业"走出去",参与国际竞争的投资日益增长,这些企业的利益需要公平的国际规则的保护,更需要中国政府的保护;从主观上讲,中国作为一个大国,应该积极承担大国的责任,我们有责任、有义务针对国际上发生的一系列重大事件发表我们的看法和意见。近年来,习近平总书记不仅多次主持召开专题会议讨论区域或者全球经济治理问题,而且非常重视APEC峰会、金砖国家峰会、"一带一路"国际合作高峰论坛及G20峰会等区域或者全球治理机制,多次在中国主办区域或者全球治理会议发表重要演讲,倡导推动全球经济治理体系改革,中国开始进入参与全球经济治理的时代。如果说改革开放40年来中国主要是通过开放、改革融入全球经济治理体系的话,那么党的十八大以后中国开放改革的重点开始转向更加注重参与全球经济治理。中国由原来的规则的接受者正在转向规则制定的参与者和推动者,标志着中国改革开放取得的成就越来越被世界上更多的国家所羡慕并认可,说明中国倡议的构建人类命运共同体的奋斗目标越来越受到更多国家的认可和追随。

第三节　加入世贸组织后的蓬勃发展

加入世贸组织是中国改革开放进程中的一件大事，标志着中国对外开放进入了一个新的历史阶段。加入之前中国还在为加入世贸组织是利大于弊还是弊大于利而反复争论，有支持的也有反对的，今天，我们看到的是一个蓬勃发展的中国，一个正在崛起的中国，一个在全球事务中正在发挥着积极作用的中国。中国不仅兑现了加入世贸组织的各项承诺，并且已从一个世贸组织的新成员和参与者转变为多边体制坚定的捍卫者和支持者，中国已从简单的扩大对外开放，过渡到构建开放型经济新体制的新的发展阶段。

总结入世的经验，我们不得不承认中国入世谈判的过程实际上充分反映了中国不断深化改革开放的进程。如果简要地概括入世作用的话，应该说有两点是非常重要的：一是中国入世坚定了我们走市场化改革的决心，二是中国入世助推了中国经济迅速地融入世界经济体系。在上述两大因素的相互交织下，激发出了中国经济增长的新动能，助推了中国经济的腾飞和全面振兴。其间，工业化、城镇化、信息化的快速发展也发挥了重要的作用，所以说中国的变化是多种因素共同促成的，而中国入世作为一个历史的重要节点，其作用和贡献显然是不可低估的。

第一，中国对外贸易的发展发生了巨大的变化。入世当年中国的进出口贸易总额为5097亿美元，其中出口额为2661亿美元，进口额为2436亿美元，占当年世界贸易总额的4.4%，是世界第六大出口国。而2017年，中国的进出口总额已达4.1万亿美元，其中出口额为2.2万亿美元，进口额为1.9万亿美元。WTO 2017年发布的最新统计数据显示，2016年中国在全球市场的份额为14.3%，是世界第一贸易大国。这一巨变主要得益于进出口体制的改革，特别是进出口配额的取消、外贸经营权的放开，这对推动对外贸易发展起到了决定性的作用。此外，公开透明的管理规则、良好的投资环境，也为外贸的发展奠定了坚实的基础。其结果是促使中国形成了国企、民营、外资三股势力迅猛发展的局面，支撑了中国外贸的高增长。入世10年来中国贸易结构进一步优化，中国的平均关税从2001年的15.3%降到2010年的9.8%，中国还进

一步简化了进口管理,基本取消了进口配额管理,提高了贸易便利化水平,分批取消了800多个税目商品的自动进口许可,进出口贸易逐步实现了平衡发展,进出口贸易方式发生了积极变化。10年间,一般贸易进出口增速达到23.3%,超过了加工贸易19.3%的年均增速;2010年一般贸易进出口额比2001年增长了5.6倍,占进出口总额的比重由2001年的44.2%提高到50.1%,加工贸易进出口额占进出口总额的比重由2001年的7.4%提高到39.7%。

第二,中国由引进外资发展到海外投资。入世之初,中国利用外资出现了大规模的增长。外资进入的领域不断地走向产业的中高端,特别是在汽车、电子、医药等行业出现了大规模的独资和合资企业。这些合资企业的建立和运营不仅带动了中国的出口,同时也促进了中国产业结构的升级,助推了中国工业化的进程。随着我国经济发展环境的改善和产业竞争力的不断提升,中国的海外投资也进入迅猛增长的阶段。2015年,中国的对外投资已几乎与引进外资持平,这是一个积极的变化信号。2016年至今,海外投资更是进入高速增长的阶段。根据商务部公布的数据显示,仅2018年上半年,海外投资就已超过外商在华投资总额。这说明我国企业利用国际国内两个市场优化配置资源的能力正在迅速提升,这推动了中国的产业结构升级,并大大提升了企业参与国际竞争的合作能力。

第三,坚定地履行入世承诺,促进了中国市场经济体制的完善。中国加入WTO后,中央高度重视落实入世承诺问题,决定主办省部级领导干部培训班,熟悉世贸规则,树立规则意识,并遵照入世承诺和WTO的要求,集中对2300多部国家级法律法规以及6000多项政府相关文件进行了修改完善,初步形成了与国际惯例接轨的涉外经济体制,形成了以开放促改革的积极效果,坚定了各级领导干部公开、透明、公平、公正、无歧视的竞争理念,对促进建立和完善市场经济体制发挥了积极的作用。在此基础上,党的十八届三中全会又进一步提出了构建开放型经济新体制的要求,这标志着中国经济已从对外开放进入构建开放型经济新体制更高级的发展阶段。

第四,中国已从规则的执行者向规则制定的参与者和重塑方面转变。中国"入世"以来,综合国力不断提升,并确立了大国的地位,中国的外汇储备多年保持第一,形成了坚实的发展基础和实实在在的影响力。今天的中国正在从遵守和适应规则的角色逐步转向引领和主导国际规则的角色,中国已多次通过WTO上诉程序,成功维护了我国贸易利益。特别是在当前WTO多哈回合谈判受阻、世界贸易多边体制受到削弱、全球贸易保护主义上升的情况下,中国多次在多边场合坚定地表示支持多边贸易体制,反对贸易保护主义,赢得了广大发展中国家的支持,确立了中国在国际事务中的影响力。此外,为了捍卫中国的海外贸易和投资利益,中国正在积极主动地参与全球规则的制定和完善,在推动建立公平、公正的国际竞争新秩序方面,中国正在发挥着积极的影响力。

第四节 新时期贸易发展的主要特征

面对经济全球化格局的深刻变化,中国坚定地推进高水平开放,倡导互利合作、共赢的发展理念,坚持不断地保持我国参与国际经济竞争的优势,创造条件积极参与全球经济的治理,发挥中国的智慧和力量,这是我国践行全面开放新格局的重要选择。

自由贸易是世界经济增长的重要动力,在贸易保护主义和民粹主义在全球蔓延的背景下,坚定支持自由贸易战略、增强自由贸易制度安排的开放性,既是对经济全球化的重要推动,也是我国经济转型升级的客观需要。

一、以贸易自由化推动经济全球化发展格局

当前,在英国脱欧、美国走向单边主义的经济全球化发展进程中,坚持自由贸易发展不仅是对贸易保护主义的一种制约,也是对经济全球化发展的一种促进。自由贸易是世界经济持续增长的重要引擎,经济发展史表明,无论从优化资源配置和提高劳动生产力的角度看,还是从推动技术进步和技术外溢的角度看,自由贸易都是经济增长的重要动力。"二战"后,世界经济年均增长率达到7%的水平,其间维持25年或更长时间增长的经济体,一个共同的特征就是坚持市场开放。

自由贸易可以消除贫困。在过去的25年里,全球有10亿人口脱离了贫困,脱贫的黄金时期,恰恰是1980年全球化发展最快的时期。在这一时期,

全球贫困水平大幅下降了约20%，其中中国和印度的经济崛起发挥了巨大的作用。在这两个国家的发展中，坚持市场化和国际化是基本的成功经验。通过开放市场降低关税，不仅引入了竞争机制，提高了劳动生产率，也促进了经济结构的转型升级。随着就业机会的增多和居民收入水平的提高，贫困率开始进入快速下降阶段，贸易不仅创造就业，同时也创造更多的财富。

自由贸易是经济全球化的重要引擎。经济全球化是市场在更大范围内优化配置资源的结果，是市场机制内在作用的结果。自由贸易的本质是通过跨国公司在更大的地理范围内实现资源的优化配置，从而带来劳动生产率的提高。自由贸易所带来的市场竞争有利于优胜劣汰，旧的行业部门、传统的业态和就业岗位不断被淘汰，新的行业部门不断产生，生产和消费的模式发生了巨大的变化。

自由贸易是大势所趋，然而，自由贸易也会带来竞争压力，特别是给中低收入群体带来更大的挑战。在经济增长困难的情况下，由于缺少有效的收入分配调节和贸易补偿的制度安排，一些国家的失业率会有所上升，中产阶级的收入增长会放缓，从这个角度讲，自由贸易如果不能得到较好的控制，就容易引发相应的矛盾甚至危机。为此，在推进自由贸易的过程中，一定要兼顾好开放性、包容性、共享性的自由贸易规则和制度，减少和消除经济全球化中的不公平、不合理因素。

以自由贸易战略推进全球经济一体化。近年来，随着国际经济竞争的加剧，地缘政治矛盾进一步上升，经济一体化进程明显放缓，各国的贸易依存度明显下降。经济一体化动力严重不足的原因有三：一是由于外部需求持续萎缩，一些发达国家和新型经济体出现贸易和投资内部化倾向，从而导致贸易自由化的动力不足；二是国际市场竞争日趋激烈，贸易摩擦明显增多，贸易战的威胁不断上升；三是在失业增加和收入放缓的压力下，政府推进自由贸易和经济一体化制度的政策面临更大阻力，为此有必要增强经济一体化的开放性和包容性，经济一体化成员间的经济互补性越大，自由贸易的收益越大。一些区域贸易协定有明显的封闭性和排他性，即使区外国家面临贸易转移和资本流失的风险，也会限制区内成员的市场空间。要想推动经济一体化持续发展，需要纠正具有排他性的以区域为重点的自由贸易协定，避免全球贸易体制的碎片化，加快培育新市场，释放新需求，不断拓展区域合作空间和市场空间。

以自由贸易战略推动全球贸易投资规则重构。多边贸易体制面临挑战使得发展中国家和最不发达国家融入全球经济一体化的主要通道受阻,多哈回合谈判遭遇重大挫折,多边贸易体系发展停滞不前,许多国家通过加快双边区域自贸区进程来拓展市场。截至2016年7月,向WTO通报的区域贸易协定共635个,其中生效的有423个,过多的区域贸易协定使贸易治理走向碎片化,抬高了全球自由贸易规则重构的成本。

二、积极参与区域合作

亚太经济一体化进程既关系到我国和周边国家的安全、稳定、繁荣,又深刻影响着全球自由贸易与经济一体化进程。加快亚太自贸区建设,坚持开放包容共享的发展目标,以建立区域全面经济伙伴关系为突破口,是我国推进区域贸易自由化进程的务实选择。

亚太自贸区建设面临着以下历史机遇:

亚太经济增长引领全球经济。亚太地区是全球经济最具活力的地区,聚集了全球最多的新兴经济体,而中国、印度等新型经济大国的消费潜力和经济增长的拉动作用十分明显,未来10年亚太地区预计平均经济增长率仍将达到5%,仍将是全球经济增长最快的地区。

亚太经济一体化蕴含着巨大的贸易投资潜力。亚太经济地区总量占世界总量的一半以上,贸易总量占世界贸易总量的46%。过去10多年,亚太区域的贸易规模从1万亿美元扩大到3万亿美元,占区内贸易总量的比率从30%上升到50%。未来亚太经济的快速增长,将带动区域内贸易投资需求的进一步扩大。

亚太自贸区建设。2014年在北京APEC期间已通过了《亚太经合组织推动实现亚太自由贸易区路线图》,明确了亚太自贸区是各成员推动区域经济一体化的主要手段,在"10+3"机制,RCEP、TPP等各种机制共存的情况下,如何推进亚太自贸区的建设,改变区内自贸区碎片化格局,已成为APEC成员的基本共识。

以区域全面经济伙伴关系(RCEP)为优先选择。在RCEP的基础上建立亚太自贸区具有现实性。目前RCEP谈判已有较好基础，自2013年5月启动以来已进行了16轮谈判，完成了货物贸易、服务贸易、投资、知识产权、经济技术合作、贸易争端解决、中小企业等相关内容的谈判。RCEP具有包容性、非排他性的特征，与TPP相比，RCEP在谈判中照顾了不同发展水平成员国的发展诉求和开放承受度，针对不同发展水平的国家设置优惠条款和例外条款。RCEP一旦达成，将释放巨大的增长潜力。按照购买力评价计算，其成员国GDP总和占全球的比重在2007年就已经超过TPP（跨太平洋伙伴关系协定）成员国。

第四章 关贸总协定的历史作用及贡献

第二次世界大战以后,关税与贸易总协定和1995年成立的世界贸易组织在推动各成员国的关税减让和贸易便利化方面发挥了积极的作用,关税与贸易总协定所完成的八轮关税减让谈判,其贡献和作用是显而易见的,特别是最后一轮乌拉圭回合的谈判,成果更是意义非凡,同时还实现了成立世界贸易组织的长期愿望。当前,在世界经济地缘政治矛盾上升、欧美国家对WTO抱怨不断加剧之时,WTO面临着越来越大的改革压力,为此我们有必要回顾和了解WTO的前身——关税与贸易总协定的贡献及其基本原则的价值。

第一节 关贸总协定的成立及贡献

一、关税与贸易总协定的历史贡献

1947—1994年,关税及贸易总协定共进行了八轮多边贸易谈判,缔约方之间的关税水平大幅度下降,非关税措施得到进一步规范并受到约束,对"二战"后世界经济和贸易的恢复与繁荣做出了积极的贡献。我们研究今天的多边贸易体制存在的问题及其改革的方向选择,离不开我们对过去谈判历程的熟悉与把握,更重要的是,当初设计这套多边贸易体制时,遗留给后人的难点和盲点,仍是摆在我们面前的艰巨挑战。

二、谈判的主要内容

（一）第一轮多边贸易谈判

1947年4~10月，在关税与贸易总协定正式成立之前，共计23个缔约方参加的多边贸易谈判在瑞士日内瓦举行。下调关税的承诺是第一轮多边贸易谈判的主要成果。23个缔约方在7个月的谈判中，就123项双边关税减让达成协议，关税水平平均降低35%。在双边基础上达成的关税减让，将无条件地、自动地试用于全体缔约方。

这轮谈判依照关税与贸易总协定的规则，就众多商品达成较大幅度的关税减让协议，促进了"二战"后资本主义国家经济贸易的恢复和发展，同时，也体现了"二战"后主要工业化国家对减少贸易限制、相互开放市场的迫切需要。这轮谈判虽然在关税与贸易总协定草签和生效之前举行，但人们仍习惯视其为关税与贸易总协定第一轮多边贸易谈判。

（二）第二轮多边贸易谈判

1949年4~10月，关税与贸易总协定第二轮多边贸易谈判在法国安纳西举行。这轮谈判的目的是，给处于创始阶段的欧洲经济合作组织成员提供进入多边贸易体制的机会，促使这些国家为承担各成员之间的关税减让做出努力。这轮谈判除在原23个缔约方之间进行外，又与丹麦、多米尼加、芬兰、希腊、海地、意大利、利比里亚、尼加拉瓜、瑞典和乌拉圭等10个国家进行了加入协定谈判，并成功完成了GATT（关税与贸易总协定）的扩围工作，使成员达到了33个。这轮谈判总计达成147项关税减让协议，关税水平平均降低35%。

（三）第三轮多边贸易谈判

1950年9月至1951年4月，关税与贸易总协定第三轮多边贸易谈判在英国托奎举行。这轮谈判的一个重要议题是，讨论奥地利、联邦德国、韩国、秘鲁、菲律宾和土耳其的加入问题。由于缔约方增加，关税与贸易总协定缔约方之间的贸易额已超过当时世界贸易总额的80%。在关税减让方面，美国与英联邦国家（主要指英国、澳大利亚和新西兰）谈判进展缓慢。英联邦国家不愿在美国未做出对等减让的条件下，放弃彼此间的贸易优惠，使美国与英国、澳大利亚和新西兰最终未能达成关税减让协议。这轮谈判共达成150项关税减让协议，关税水平平均降低26%。此次谈判后，关贸总协定成员增加至39个缔约方。

（四）第四轮多边贸易谈判

1956年1~5月，关税与贸易总协定第四轮多边贸易谈判在瑞士日内瓦举行。当时美国国会认为，前几轮谈判，美国的关税减让幅度明显大于其他缔约方，因此对美国政府代表团的谈判权限进行了限制。在这轮谈判中，美国对进口关税减让授权仅限制在9亿美元的减让幅度，而其所享受的关税减让约4亿美元。英国的关税减让幅度较大。这轮谈判使关税水平平均降低15%。

（五）第五轮多边贸易谈判

1960年9月至1962年7月，关税与贸易总协定第五轮多边贸易谈判在瑞士日内瓦举行，共有45个缔约方参加。因这轮谈判由美国副国务卿道格拉斯·狄龙倡议，故称这次谈判为"狄龙回合"。谈判分两个阶段：前一阶段为1960年9~12月，着重就欧洲共同体建立所引出的关税同盟等问题，与有关缔约方进行谈判。后一阶段于1961年1月开始，就缔约方进一步关税减让进行谈判。这轮谈判使关税水平平均降低20%，但农产品和一些敏感性商品被排除在协议之外。欧洲共同体六国统一对外关税也被迫做了减让，关税水平平均降低6.5%。

（六）第六轮多边贸易谈判

1964年5月至1967年6月，关税与贸易总协定第六轮多边贸易谈判在瑞士日内瓦举行，共有54个缔约方参加。这轮谈判又称"肯尼迪回合"。美国提出缔约方各自减让关税50%的建议，而欧洲共同体则提出"削平"方案，即高关税缔约方要多减，低关税缔约方可以少减，以缩小关税水平差距。这轮谈判使关税水平平均降低35%。从1968年起的5年内，美国工业品关税水平降低了37%，欧洲共同体关税水平平均降低了35%。

这轮谈判首次涉及非关税壁垒。《关税与贸易总协定》第六条规定了倾销的定义、征收反倾销税的条件和幅度，但之后各国为保护本国产业，滥用反倾销措施的情况时有发生。这轮谈判中，美国、英国、日本等21个缔约方签署了第一个实施《关税与贸易总协定》第六条有关反倾销的协议，该协议于1968年7月1日生效。

为使发展中国家承担与其经济发展水平相适应的义务，在这轮谈判期间，《关税与贸易总协定》中新增"贸易与发展"条款，规定了对发展中缔约方的特殊优惠待遇，明确发达缔约方不应期望发展中缔约方做出对等的减让承诺。这轮谈判还吸收波兰参加，开创了"中央计划经济国家"参加关税与贸易总协定的先例。

（七）第七轮多边贸易谈判

1973年9月至1979年4月，关税与贸易总协定第七轮多边贸易谈判在日内瓦举行。因发动这轮谈判的贸易部长会议在日本东京举行，故这轮谈判又称"东京回合"。"东京回合"共有73个缔约方和29个非缔约方参加了谈判。启动这轮谈判的背景是，"肯尼迪回合"结束后，总体关税水平大幅度下降，但非关税贸易壁垒却呈上升趋势。其主要表现在：

第一，发达缔约方对从发展中缔约方进口的一些重要工业品，仍维持较高关税。

第二，产品加工程度越深，关税税率越高，深加工产品的有效保护率大大高于名义关税税率。

第三，农产品贸易中非关税壁垒增多，进一步提高了贸易保护程度。而在以往的多轮谈判中，农产品一直被排除在一般降税商品范围之外。

第四，非关税措施不断增加，发展中国家纺织品出口受到更严的歧视性配额限制，对多边自由贸易体系构成威胁。

这轮谈判历时5年多，取得的成果是历次谈判之中最多的：

（1）开始实行按既定公式削减关税，关税越高，减让幅度越大。从1980年起的8年内，关税削减幅度为33%，减税范围除工业品外，还包括部分农产品。这轮谈判最终关税减让和约束涉及3000多亿美元贸易额。

（2）产生了只对签字方生效的一系列非关税措施协议（通常称为"东

京回合"守则），包括补贴与反补贴措施、技术性贸易壁垒、进口许可程序、政府采购、海关估价、反倾销协议、牛肉协议、国际奶制品协议、民用航空器等专项贸易协议。

（3）通过了对发展中缔约方的授权条款，允许发达缔约方给予发展中缔约方普遍优惠待遇，发展中缔约方可以在实施非关税措施协议方面享有差别和优惠待遇，发展中缔约方之间可以签订区域性或全球性贸易协议，相互减免关税，减少或取消非关税措施，而不必给予非协议参加方这种待遇。

第二节　乌拉圭回合与世界贸易组织的建立

一、乌拉圭回合启动的背景、目标和主要议题

关税与贸易总协定第八轮多边贸易谈判从1986年9月开始，到1994年4月签署最终协议，共历时8年。这是关税与贸易总协定的最后一轮谈判。因发动这轮谈判的贸易部长会议在乌拉圭埃斯特角城举行，故这次谈判又称为"乌拉圭回合"。参加这轮谈判的国家，最初为103个，到1993年底缔约方已达117个。

进入20世纪80年代，欧美经济进入了新一轮的矛盾发展期，滞胀现象长期困扰着美国经济，当时，以政府补贴、双边数量限制、市场分割等非关税措施为特征的贸易保护主义重新抬头，80年代初曾出现世界贸易额严重下降现象。为了遏制贸易保护主义，避免全面的贸易战发生，关贸总协定力争建立一个更加开放、持久的多边贸易体制，美国、欧洲共同体、日本等共同倡导发起了这轮多边贸易谈判。1986年9月，各缔约方和一些观察员的贸易部长们在乌拉圭埃斯特角城经过激烈争论，最终同意启动这轮谈判。

在启动乌拉圭回合的部长宣言中，明确了这轮谈判的主要目标：一是减少或取消关税、数量限制和其他非关税措施，改善市场准入条件，进一步扩大世界贸易；二是完善多边贸易体制，将更大范围的世界贸易置于统一的、有效的多边规则之下；三是强化多边贸易体制对国际经济环境的适应能力；

四是促进国际合作，增强关税与贸易总协定同有关国际组织的联系，加强贸易政策和其他经济政策之间的协调。

乌拉圭回合的谈判内容非常全面，包括传统议题和新议题。传统议题涉及关税和非关税措施、热带产品、自然资源产品、纺织品服装、农产品、保障条款、补贴和反补贴措施、争端解决机制等。新议题涉及服务贸易、与贸易有关的投资措施、与贸易有关的知识产权等重大内容。

二、乌拉圭回合的主要成果

经过8年艰苦谈判，乌拉圭回合最终取得了一系列重大成果：多边贸易体制的法律框架更加明确，争端解决机制更加完善有效；进一步全面降低了关税，达成内容更广泛的货物贸易市场开放协议，改善了成员国的市场准入条件；就服务贸易和与贸易有关的知识产权达成协议；在农产品和纺织品服装贸易方面，加强了多边纪律约束；并决定成立世界贸易组织，取代临时性的关税与贸易总协定。

1. 在货物贸易方面

乌拉圭回合有关货物贸易谈判的内容，包括关税减让谈判和规则制定谈判。

（1）关税减让。发达成员承诺总体关税削减幅度在37%左右，对工业品的关税削减幅度达40%，加权平均税率从6.3%降至3.8%。发达成员承诺关税减让的税号占其全部关税税号的93%，涉及约84%的贸易额。其中，承诺减让到零关税的税号占全部关税税号的比例，由乌拉圭回合前的21%提高到32%，涉及的贸易额从20%上升至44%；税率在15%以上的高峰税率占全部关税税号的比例，由23%下降为12%，涉及贸易额约5%，主要是纺织品和鞋类等。从约束关税范围看，发达成员承诺关税约束的税号占其全部关税税号的比例，由78%提升到99%，涉及的贸易额由94%增加到99%。

发展中成员承诺总体关税削减幅度在24%左右。工业品的关税削减水平低于发达成员，加权平均税率由20.5%降至14.4%；约束关税税号比例由21%上升为73%，涉及的贸易额由13%提高到61%。

乌拉圭回合后，大部分发展中成员扩大了约束关税的范围，如印度、韩国、印度尼西亚、马来西亚、泰国等约束关税的比例均达到90%。

关于削减关税的实施期，协议要求工业品从1995年1月1日起5年内结束，减让表中另有规定的除外。无论发达成员还是发展中成员，均全面约束了农产品关税，并承诺进一步减让。农产品关税削减从1995年1月1日开始，发达成员的实施期为6年，发展中成员的实施期一般为10年，也有部分发展中成员承诺6年实施期。

（2）规则制定。乌拉圭回合制定的规则体现在以下四类协议中。

第一类是《1994年关税与贸易总协定》，它包括《1947年关税与贸易总协定》的各项实体条款，1995年1月1日以前根据《1947年关税与贸易总协定》做出的有关豁免、加入等决定，乌拉圭回合就有关条款达成的6个谅解。

第二类是达成了2项具体部门协议，即《农业协议》和《纺织品与服装协议》。

第三类成果主要体现在达成了包括《技术性贸易壁垒协议》《海关估价协议》《装运前检验协议》《原产地规则协议》《进口许可程序协议》《实施卫生与植物卫生措施协议》《与贸易有关的投资措施协议》等7项协议。

第四类成果包括通过了《保障措施协议》《反倾销协议》《补贴与反补贴措施协议》等3项贸易救济措施协议。

2. 在服务贸易方面

乌拉圭回合之前，关税与贸易总协定谈判只涉及货物贸易领域。随着20世纪80年代全球服务贸易的不断扩大，服务贸易在国际贸易中的重要性日益增强，但许多发展中国家在服务贸易领域采取了严格的保护措施，明显制约了国际服务贸易的发展。为推动服务贸易的自由化，在乌拉圭回合中，发达国家提出，将服务业市场准入问题作为谈判的重点。经过8年的讨价还价，最后达成了《服务贸易总协定》，并于1995年1月1日正式生效。

《服务贸易总协定》将服务贸易分为四大存在形式，即跨境交付、境外消费、商业存在（跨境设立商业或专业机构）、自然人流动等四种市场准入形式。《服务贸易总协定》包括最惠国待遇、透明度原则、发展中国家更多地参与、国际收支限制、一般例外、安全例外、市场准入、国民待遇、逐步自由化承诺等主要内容。《服务贸易总协定》还承认发达成员和发展中成员之间服务业发展水平的差距，允许发展中成员在开放服务业方面享有更多的灵活性。

3. 在与贸易有关的知识产权方面

知识产权是一种无形资产，包括专利权、商标权、版权和商业秘密等。随着世界经济的发展，国际贸易范围的不断扩大，以及技术开发的突飞猛进，知识产权与国际经济贸易的关系日益密切，但已有的国际知识产权保护制度缺乏强制性和争端解决机制，对知识产权未能实行有效保护。在发达国家的强烈要求下，关税与贸易总协定将与贸易有关的知识产权纳入了乌拉圭回合的谈判之中。

乌拉圭回合达成了《与贸易有关的知识产权协定》。该协定明确了知识产权国际法律保护的目标；扩大了知识产权保护范围，加强制定相关的保护措施，强化了对仿冒和盗版的防范与处罚；强调限制垄断和防止不正当竞争行为，减少对国际贸易的扭曲和阻碍；做出了对发展中国家提供特殊待遇的过渡期安排；规定了与贸易有关的知识产权机构的职责，以及与其他国际知识产权组织之间的合作事宜。《与贸易有关的知识产权协定》是乌拉圭回合一揽子结果的重要组成部分，所有世界贸易组织成员都应受其规则的约束。

三、世界贸易组织的建立

（一）建立世界贸易组织的背景

1986年乌拉圭回合启动时，谈判议题没有涉及建立世界贸易组织问题，只设立了一个关于完善关税与贸易总协定体制职能的谈判工作小组。在新议题的谈判中，涉及服务贸易、与贸易有关的知识产权等非货物贸易问题，有些重大议题的谈判成果，很难在关税与贸易总协定的框架内付诸实施，于是，创立一个正式的国际贸易组织的必要性自然提到日程之上。因此，欧洲共同体于1990年初首先提出了关于建立一个多边贸易组织的倡议。几经周折，这个倡议后来得到美国、加拿大等国的支持。

1990年12月，布鲁塞尔贸易部长会议同意就建立多边贸易组织进行协商。经过一年的艰苦谈判，1991年12月形成了一份关于建立多边贸易组织协定的草案。时任关税与贸易总协定的总干事阿瑟·邓克尔将改革草案和其他议题的案文汇总,形成《邓克尔最后案文(草案)》。这一案文为进一步谈判奠定了基础。1993年12月,由于美国的参与和动议,最终完成了将"关税与贸易总协定"改为"世界贸易组织"的有关文件程序。

1994年4月15日,乌拉圭回合参加方在摩洛哥马拉喀什通过了《建立世界贸易组织马拉喀什协定》,简称《建立世界贸易组织协定》。该协定规定,任何国家或在处理其对外贸易关系等事项方面拥有完全自主权的单独关税区,都可以申请加入世界贸易组织。

(二)世界贸易组织的宗旨和职能

世界贸易组织继承了关税与贸易总协定的宗旨,并增加了扩大服务市场开放与贸易,以及可持续发展目标等内容。世界贸易组织的职能主要包括:

(1)负责多边贸易协议的实施、管理和运作,促进世界贸易组织目标的实现,同时为诸边贸易协议的实施、管理和运作提供框架。

(2)为各成员就多边贸易关系进行谈判和贸易部长会议提供场所,并提供实施谈判结果的框架。

(3)通过争端解决机制,解决成员间可能产生的贸易争端。

(4)运用贸易政策审议机制,定期审议成员的贸易政策及其对多边贸易体制运行所产生的影响。

(5)通过与其他国际经济组织,特别是与国际货币基金组织、世界银行及其附属机构等的合作和政策协调,实现全球经济决策更好的协调性。

(6)给发展中国家和最不发达国家提供技术援助及培训。

(三)世界贸易组织和关税与贸易总协定的关系

1. 世界贸易组织和关税与贸易总协定的联系

世界贸易组织和关税与贸易总协定有着内在的历史继承性。世界贸易组织继承了关税与贸易总协定的合理内核,包括其宗旨、职能、基本原则及规则等。关税与贸易总协定的有关条款,是世界贸易组织《1994年关税与贸易总协定》的重要组成部分,仍然是规范各成员间货物贸易关系的准则。

2. 世界贸易组织和关税与贸易总协定的区别

（1）机构性质。关税与贸易总协定以"临时适用"的多边贸易协议形式存在，不具有法人地位；世界贸易组织是一个具有法人地位的国际组织。

（2）管辖范围。关税与贸易总协定只处理货物贸易问题；世界贸易组织不仅要处理货物贸易问题，还要处理服务贸易和与贸易有关的知识产权问题，其协调与监督的范围远大于关税与贸易总协定。世界贸易组织和国际货币基金组织、世界银行成为维护和协调世界经济运行的三大支柱机构。

（3）争端解决。关税与贸易总协定的争端解决机制遵循协商一致的原则，对争端解决没有规定时间表；世界贸易组织的争端解决机制采用反向协商一致的原则，裁决具有自动执行的效力，同时明确了争端解决和裁决实施的时间表。因此，世界贸易组织争端裁决的实施更容易得到保证，争端解决机制的效率更高。

第三节　多哈回合的矛盾和困难

2001年11月，在卡塔尔首都多哈举行的世贸组织第四次部长级会议启动了新一轮多边贸易谈判，又称"多哈发展议程"，简称"多哈回合"。多哈回合将发展作为核心目标，符合广大发展中成员的共同愿望，但围绕着具体议程的设计，成员之间的较量贯穿始终。从议题方面看，一是发展问题，几乎涵盖了贸易领域与发展相关的一切诉求；二是市场准入问题，如农业、非农产品和服务贸易领域的市场开放，取消各种关税和非关税限制；三是修改和制定规则，如关于反倾销、反补贴纪律及争端解决机制的规则修改和完善。此外，还涉及对区域贸易协定规则的完善、对环境产品自由化以及可能启动的新加坡规则的制定等。与前八轮多边贸易谈判相比，多哈回合谈判议题覆盖面最广，力度最大，涵盖96%的全球贸易，市场开放水平是乌拉圭回合的2~3倍。据世界银行估计，如能全面达成协议将给全球带来1600亿美元的经济利益。正因为多哈回合设定目标庞大，因此其难度也超过了历史上的任何一次谈判。除2013年12月在第九届部长级会议期间，正式通过了贸易便利化协议外，其他到目前为止仍未达成有效的成果。多哈回合的磨难暴露出以下几个问题：

1. 体制性问题

与以往多年谈判更多注重关税削减相比，此轮谈判包括的议题范围最广，参加成员也最多，谈判方达到159个，成员经济规模发展水平、参与能力各不相同，在众多议题中，很难协调各自立场。由于多哈谈判采用协商一致的原则，以及一揽子谈判方式，意味着只有在所有谈判参加方就所有问题都达成一致的前提下，谈判才有可能结束。多哈回合既要解决乌拉圭回合遗留的历史问题，又要面对21世纪新的发展需要。

2. 谈判推动力不够

长期以来美国和欧盟一直是贸易自由化最主要的推动者，也是多边贸易体制的创建者和领导者，掌握着决定性的话语权。欧美根本利益上的一致性是过去几轮多边贸易谈判形成合力推动的基础。在多哈回合谈判中，美国重点关注市场准入问题，欧盟则更在乎通过规则保护自身利益。两者在反倾销、农业、发展中国家待遇问题上存在严重分歧，特别是金融危机和债务危机，使其自顾不暇，政策配合大不如前。与此同时，新兴经济体的崛起和发展中国家利益集团的形成也使得多哈回合谈判难以全力突破。

3. 利益格局复杂化

在多哈回合谈判中，发展中成员更加注重集团作战，谈判地位和影响力明显提高，但其利益诉求各异，这使谈判更加复杂。例如，以巴西和印度为代表的发展中成员组成20国协调组，要求美欧大幅度削减农产品关税和扭曲贸易的农业补贴。以印度尼西亚为首的发展中成员组成了33国协调组，要求给予发展中国家"三农"以特殊和差别待遇。非洲的棉花4国集团要求美国大幅削减其棉花补贴。以南非和巴西为首组成的非农11国集团，主张切实保证发展中国家在关税方面落实非对等性减让。中国等新加入WTO的成员组成的新成员集团，要求考虑其在加入过程中做出的巨大贡献。此外，还有最不发达国家集团、非加太集团和弱小经济体集团也不断为其整体提出议案，争取利益。各个谈判集团利益诉求的多样性，大大抵消了多哈发展回合的目标水平，使本轮谈判矛盾的主体从以往的南北矛盾转变为南北矛盾加南南矛盾。

4. 关于议题的选择

大多数跨国公司对多哈回合确立的发展议题、市场开放议题及规则谈判等并不感冒，参与的积极性不高，这也是多哈回合推动力不足的原因之一。乌拉圭回合的谈判之所以取得成功，很大程度上归功于企业界的积极参与和大力推动。然而，在多哈回合中，跨国公司最为关注的议题如投资规则、竞争政策、技术标准等均未能纳入谈判议程，取而代之的是对更多小农利益的关注，因而导致许多跨国公司缺乏兴趣，转向通过双边自贸协定直接获得某些特定市场开放利益。

5. 区域合作的冲击

区域贸易协定长期受多边纪律约束，近年来由于多哈回合谈判停滞不前，以美国为主的重要贸易大国进而转向区域贸易自由化的推动。区域和双边自贸协定不仅为相关贸易伙伴寻求市场准入提供了新的选择，而且这种选择比从多边得到的市场机会面临更少的竞争。同时，区域和双边自贸协定谈判由于相关贸易伙伴可以自主设置议题，谈判周期短，见效快，导致不少世贸成员纷纷转向区域和双边自贸谈判，逐渐丧失对多哈谈判的兴趣和耐心。

第四节 世贸组织面临的改革及前景

第二次世界大战后，由美国牵头与23个主要工业化国家签署的关税与贸易总协定，在促进自由贸易发展、建立以规则为基础的多边贸易体制方面做出了积极的贡献。GATT在1947—1995年完成的八轮关税减让谈判，对促进全球贸易增长和世界经济繁荣发挥了独特而难以替代的作用。

1995年成立的世界贸易组织全面继承和捍卫了GATT的基本原则和富有实效的各类条款。例如：WTO强调的公开透明、公平公正和非歧视的贸易待遇原则受到了各成员的积极响应和维护；对于WTO的三大职能，即关税减让谈判、争端解决机制和贸易制度审议，尽管在现实中存在不少抱怨和批评，但多数成员仍认为需要对WTO的现有职能予以进一步加强，以使其发挥更大的作用，甚至有不少成员建议进一步加强WTO理事会或秘书处的职能，使其发挥更大的作用。

目前世贸组织面临的改革有以下几个方面：

第一，坚持WTO自由贸易的基本原则。GATT与WTO倡导的自由贸易原则受到广大成员的拥护，有着坚实的基础。当前WTO面临的最迫切的挑战是如何使其成员放弃单边主义，回到遵守WTO的基本规则上来，不能让单边主义、贸易保护主义大行其道，不能允许任何颠覆WTO基本规则的成员企图得逞，不能允许任何一个成员将其国内法规凌驾于多边国际规则之上。今后，WTO对无视多边规则、单纯依靠国内法规对其他成员采取贸易保护主义措施的成员必须有严格的纪律约束。同时，应制定更加严格的纪律，防止滥用国家权力。那种把一般商品贸易与国家安全扯到一起，作为贸易保护主义的借口已经遭到许多WTO成员的抵制。在这些重大原则问题上，WTO应当有所作为。

第二，巩固和加强WTO贸易争端解决机制。当务之急是打破大法官遴选程序的僵局，不能因为某一个成员的抵制导致上诉机构的瘫痪。对今后贸易争端解决机制的改革，多哈回合谈判中各个成员已经提出许多建议，例如要处理好争端解决机制某些裁决超出了WTO现有的规则范围、陈述与裁决的篇幅过多、案件审理时间过长等问题。但总体上成员普遍认为WTO争端解决机制比起许多国际司法机构和一些国家的司法机构运行得更好，受到更多的好评。目前存在的一些缺陷完全可以通过成员进一步谈判加以改进。

第三，努力恢复WTO的谈判功能。多哈回合谈判无果而终，现在一些成员旨在推动电子商务、投资便利化、中小企业等议题的讨论。相当一部分发展中国家并不十分积极，他们认为应当首先对多哈回合谈判剩余议题做一个了断，然后才能进入新议题的讨论与谈判。他们的立场有一定的道理，因为多哈回合谈判是"发展回合"，谈判的宗旨是重点解决发展中国家关注的不公平问题与充分考虑他们的诉求。现在这一个承诺还没有兑现，马上转入新议题的讨论与谈判显得有些生硬，如果能将二者有机地结合起来，可能对新议题讨论的推进会更顺利一些。

一些成员建议今后更多采取诸边谈判的模式，因为这种谈判模式效率会更高一些。例如ITA（信息技术协定）、GPA（政府采购协议）谈判都是成功的案例。目前EGA（环境产品协定）、TISA（服务贸易协定）谈判处于停滞状态，如果能早日恢复也许能成为一条重要途径。中国也积极参加了一些诸边谈判。今后，不管这类谈判是否允许其他成员"搭便车"，最终都应该朝着多边化方向发展。

第四，加强WTO的决策机制。关于加强决策机制的改进问题，过去已经有许多讨论，如何能争取在协商一致的原则下提高决策的效率、能不能更好地发挥秘书处的作用、如何让各个委员会发挥更大的作用、是否需要成立一个类似Executive Board的机构，这些问题都是下一步可以通过协商谈判由全体成员讨论决定的。

第五，关于新规则的制定和原有规则的修改问题，当前各个成员对制定新的贸易规则都有自己的关注和诉求，WTO在引入新的谈判内容和机制方面应更加积极主动，有必要根据形势的变化及大多数成员的要求启动新的谈判内容。对原有协议的修改要常态化，而不应等问题积累太多后再被动修改，如对《TRIPS协议》（《与贸易有关的知识产权协议》）、《补贴与反补贴措施协议》，应尽快做出一些改进与补充。如果说强迫企业转让技术是不对的，那么，同样如果政府采取干预措施，禁止企业转让技术同样也是不可取的，这与WTO奉行的自由贸易原则显然是相违背的。应当鼓励企业之间转让技术，促进货物、服务、资本、技术跨境自由流动，以便造福人类。因此，WTO对政府禁止企业之间技术转让应当有纪律约束。正如TRIPS协定与公共健康问题达成协议一样，要达到双方利益的平衡。

总之，现在一些成员如美国经常抱怨WTO对美国不公平。如果说WTO存在不公平的话，首先是对发展中国家不公平。现在的WTO基本规则，都是在主要发达国家的主导下制定的。长期以来，发展中国家不断在内部进行调整改革以适应WTO明确的各项规定。特别是乌拉圭回合增加了服务贸易内容、《TRIPS协议》与《TRIMS协议》（《与贸易有关的投资措施协议》）内容后，发展中国家在WTO内享受的权利与承担的义务出现巨大反差。多哈回合谈判的初衷就是重点解决发展中国家关注的不公平问题，如何解决这个体制中存在的不公平、不平衡时问题是我们面临的一项重大挑战。所以，我们在讨论今后WTO改革的方向，应当对发展中国家的各项关注和诉求给予充分的考虑。

第五章　世界贸易组织的基本原则

世界贸易组织的基本原则贯穿于世界贸易组织的各个协定和协议中，构成了多边贸易体制的基础。这些基本原则主要体现为非歧视原则、透明度原则、自由贸易原则和公平竞争原则。其中，非歧视原则包括最惠国待遇原则和国民待遇原则。

第一节　最惠国待遇原则

最惠国待遇原则本质上意味着一成员平等地对待其他成员，在不同成员之间实施非歧视待遇。这是一成员方处理与其他各成员方贸易关系应遵循的基本原则。

一、最惠国待遇的含义

最惠国待遇是指一成员方将在货物贸易、服务贸易和知识产权领域给予任何其他国家（无论是否为世界贸易组织成员）的优惠待遇，立即和无条件地给予其他各成员方。

在国际贸易中，最惠国待遇的实质是保证市场竞争机会均等。它最初是双边协定中的一项规定，要求一方保证把给予任何其他国家的贸易优惠（如低关税或其他特权），同时给予对方。关税与贸易总协定将双边协定中的最惠国待遇作为基本原则纳入多边贸易体制，适用于缔约方之间的货物贸易。"乌拉圭回合"将该原则延伸至服务贸易领域和知识产权领域。

最惠国待遇原则包含四个要点：

1. **自动性**

这是最惠国待遇的内在机制，体现在"立即和无条件"的要求上。当一成员给予其他国家的优惠超过其他成员享有的优惠时，这种机制就启动了，其他成员便自动享有了这种优惠。例如，A国、B国和C国均为世界贸易组织成员，当A国把从B国进口的汽车关税税率从20%降至10%时，这个10%的税率同样要适用于从C国等其他成员方进口的汽车。又如，A国和B国均为世界贸易组织成员，X国为非世界贸易组织成员，当A国把从X国进口的汽车关税税率从30%降至20%时，这个20%的税率也应自动地适用于从B国等其他成员方进口的汽车。但当A国降低从B国等成员方进口的汽车关税税率时，降低后的关税税率并不能自动地适用于X国，X国只能根据与A国签订的双边贸易协定中的无条件最惠国待遇条款，才能享有这种关税优惠。

在新成员加入世界贸易组织时，如果已有成员和新加入成员中的一方，或两个新加入成员中的一方，宣布不与对方适用《建立世界贸易组织协定》，则两者之间的贸易关系不受世界贸易组织规则约束，任何一方都不能自动地享有另一方给予其他国家的优惠。

2. **同一性**

当一成员给予其他国家的某种优惠，自动转给其他成员方时，受惠标的必须相同。仍以上述A国、B国和C国为例，A国给予从B国进口的汽车享有的关税优惠只能自动适用于从C国等其他成员方进口的汽车，而不是其他产品。

3. **相互性**

任何一方成员既是给惠方，又是受惠方，即在承担最惠国待遇义务的同时，享受最惠国待遇权利。

4. **普遍性**

指最惠国待遇适用于全部进出口产品、服务贸易的各个部门和所有种类的知识产权所有者和持有者。

二、最惠国待遇原则的具体体现

（一）货物贸易领域的最惠国待遇原则

在货物贸易领域，成员方给予任何国家产品的关税税率优惠，或其他与产品贸易有关的优惠、优待、特权或豁免，均应立即和无条件地给予其他成员方。

该原则的适用对象是产品，但其适用范围不仅是产品的关税税率，还适用于：

（1）与进出口有关的任何其他费用（如海关手续费）。
（2）征收关税和其他费用的方式。
（3）与进出口有关的规则和程序。
（4）国内税和其他国内费用。
（5）有关影响产品销售、运输、分销和使用的政府规章和要求。

（二）服务贸易和知识产权领域的最惠国待遇原则

在服务贸易领域，成员方给予任何其他国家的服务或服务提供者的优惠，应立即和无条件地给予任何其他成员方的相同服务或服务提供者。

该原则既适用于服务，也适用于服务提供者；既适用于中央政府采取的影响服务贸易的措施，也适用于地方政府采取的影响服务贸易的措施。不管成员方是否就某个具体的服务部门做出承诺，最惠国待遇原则仍适用于该部门。

但是，服务贸易领域的最惠国待遇原则有其独特之处，它允许各成员方在进行最初承诺的谈判中，将不符合最惠国待遇原则的措施列入最惠国待遇例外清单，附在各自承诺表之后。但这种例外不应超过10年。若一般成员方日后要求增加新的不符合最惠国待遇原则的措施，则需得到世界贸易组织至少四分之三成员方的同意。

在知识产权领域，成员方给予任何其他国家的国民有关知识产权保护的任何优惠、优待、特权或豁免，应立即和无条件地给予来自任何其他成员方的国民。

三、最惠国待遇原则的例外

最惠国待遇原则的例外主要有四种情形：一是以关税同盟和自由贸易区等形式出现的区域贸易安排，在这些区域内部实行的是一种比最惠国待遇还要优惠的"优惠制"，区域外世界贸易组织成员无权享受；二是对发展中成员实行的特殊和差别待遇（如普遍优惠制）；三是在边境贸易中，可对毗邻国家给予更多的贸易便利；四是在知识产权领域，允许成员方就一般司法协助国际协定中享有的权利等方面保留一些例外。

（一）区域贸易安排

区域贸易安排可以分为双边形式和区域形式。双边形式，如美国和以色列签订的自由贸易协定；区域形式，如北美自由贸易区。世界贸易组织成员可参加此类经济一体化安排，对相互间的货物贸易或服务贸易实质上取消所有限制，而区域外的世界贸易组织成员则不能享受这些成果。当然，区域内部的成员，不能对区域外成员设立高于其参加一体化安排之前的贸易限制水平。

（二）发展中成员的特殊和差别待遇

第二次世界大战后，随着更多的发展中国家参加关税与贸易总协定，最惠国待遇原则面临越来越大的挑战。最惠国待遇原则对处理经济发展水平相当国家之间的贸易关系是有效的，却不适合于处理经济发展水平差距较大国家之间的贸易关系。在关税与贸易总协定中，发展中缔约方虽然在形式上享受了与发达缔约方平等的最惠国待遇，但由于竞争力悬殊，其产品仍难以进入发达缔约方市场，同时还要承担与其经济发展水平不相适应的义务，结果导致发展中缔约方和发达缔约方实质上不平等。

为解决上述问题，缔约方于1955年修改了《1947年关税与贸易总协定》第十八条"政府对经济发展的支助"，放宽了对外发展中缔约方的要求，允许发展中缔约方因国际收支原因或为建立特定工业而实施贸易限制，第一次引入了对发展中缔约方的差别待遇。

1965年，《1947年关税与贸易总协定》中又增加了"贸易与发展"部分，呼吁发达缔约方努力放宽对发展中缔约方有特殊出口利益产品的市场准入条件，并在贸易谈判中不期望发展中缔约方做出对等的减让。但这部分条款是"最佳努力"条款，不具有法律约束力。为完善这部分规定，1979年，"东京回合"通过了《关于有差别与更优惠待遇、对等与发展中国家充分参与的决定》，通称"授权条款"。

根据授权条款，发达国家可以制订"普遍优惠制方案"，对发展中国家出口的制成品、半制成品和某些初级产品，提供普遍的、非互惠的、比最惠国待遇更为优惠的关税待遇；发展中国家之间可以订立区域性或全球性贸易协议，相互给予关税优惠，或取消非关税措施；发展中国家在履行多边达成的非关税措施协议方面，可享受差别和更为优惠的待遇。"东京回合"制定的非关税措施守则，对签署守则的发展中缔约方如何履行其义务做了特殊规定。

发展中成员享有的特殊和差别待遇，在乌拉圭回合各个协议中都得到了不同程度的体现。例如，在知识产权领域，发展中成员可享有更长的过渡期；在服务贸易领域，发展中成员可以根据本国服务业的发展情况，确定在多大范围和多大程度上开放其服务市场等。

（三）边境贸易

在世界贸易组织框架下，边境贸易是指毗邻两国边境地区的居民和企业，在距边境线两边各15公里以内地带从事的贸易活动，目的是方便边境线两边的居民互通有无。世界贸易组织允许成员方为便利边境贸易而只对毗邻国家给予优惠。由于现实情况不一，如在边境线15公里以内无人居住，边境贸易并不严格局限于15公里范围。

（四）知识产权领域

在知识产权领域，成员方给予任何其他国家的知识产权所有者和持有者的下述一些权利，可不适用最惠国待遇原则，即可不给予世界贸易组织其他成员方的知识产权所有者和持有者。

（1）在一般司法协助的国际协定中享有的权利。

（2）《与贸易有关的知识产权协定》未做规定的有关表演者、录音制品制作者和广播组织的权利。

（3）在世界贸易组织正式运行前已生效的国际知识产权保护公约中规定的权利。

第二节 国民待遇原则

国民待遇原则本质上意味着一成员平等地对待外国和本国的产品或服务等，在出口成员和进口成员之间实施非歧视待遇。这是一成员方处理本国与其他各成员方贸易关系应遵循的基本原则。

一、国民待遇的含义

国民待遇是指对其他成员方的产品、服务或服务提供者及知识产权所有者和持有者所提供的待遇，不低于本国同类产品、服务或服务提供者及知识产权所有者和持有者所享有的待遇。

国民待遇原则包含三个要点：

（1）国民待遇原则适用的对象是产品、服务或服务提供者及知识产权所有者和持有者，但因产品、服务和知识产权领域具体受惠对象不同，国民待遇条款的适用范围、具体规则和重要性有所不同。

（2）国民待遇原则只涉及其他成员方的产品、服务或服务提供者及知识产权所有者和持有者，在进口成员方境内所享有的待遇。

（3）国民待遇定义中"不低于"一词的含义是指，其他成员方的产品、服务或服务提供者及知识产权所有者和持有者，应与进口成员方同类产品、相同服务或服务提供者及知识产权所有者和持有者享有同等待遇，若进口成员方给予前者更高待遇，并不违背国民待遇原则。

二、货物贸易领域的国民待遇原则

货物贸易领域的国民待遇原则包含以下内容：

（1）不对进口产品征收超出对本国同类产品所征收的国内税或其他费

用。国内税费只包括对产品征收的中央税费和地方税费。

下述做法违反国民待遇原则：

①对进口产品征收某种国内税（如消费税），而对同类国内产品却不征收；或者在征收某种国内税时对进口产品使用的税率高于同类国内产品。

②对购买国内产品者提供退税或免税，而对购买同类外国产品者却无此待遇。

（2）在影响产品国内销售、购买、运输、分配与使用的所有法律、法规、规章与要求，包括影响进口产品在国内销售、分配与使用的投资管理措施等方面，进口产品所享受的待遇不得低于本国同类产品。

下述做法违反国民待遇原则：

①进口产品进入本国市场时必须通过某种检验或测试，而对同类国内产品无此规定。

②销售进口产品必须使用特定的批发、零售渠道，或特定的运输、仓储方式，而对同类国内产品无此限制。

③《与贸易有关的投资措施协议》例示清单中所列举的两种投资措施：其一，要求企业必须购买或使用当地产品，购买或使用规定数量或金额的当地产品（即国产化要求）；其二，要求企业购买或使用的进口产品数量或金额，以其出口当地产品的数量或金额为限。

（3）成员方对产品的混合、加工或使用实施国内数量管理（即产品混合使用要求）时，不能强制要求生产方必须使用特定数量或比例的国内产品。

这方面违反国民待遇的例子有：要求国内香烟制造商必须使用一定比例的国产烟叶，或要求国内生产人造黄油的厂家必须使用一定比例的国产天然黄油。

成员方在国民待遇原则下承担的一项重要义务是在征收税费时不应对国内生产提供保护。这里的"国内生产"一词，不仅指国内同类产品，也包括与进口产品直接竞争或可替代进口产品的国内产品。例如，本国不生产天然橡胶，但生产人造橡胶，对进口天然橡胶则应适用与人造橡胶相同的国内税收政策。又如，成员方对国产烧酒不征收从价税，而对进口威士忌和白兰地等烈酒既征收从价税，又征收从量税，并且对国产烧酒征收的从量税比对进口威士忌和白兰地等烈酒征收的从量税低许多，这种做法明显违反国民待遇原则。因为对进口威士忌和白兰地等烈酒而言，国产烧酒是所谓的"直接竞争产品或可替代产品"，该成员方这种征税方法对国产烧酒生产提供了保护，而对进口威士忌和白兰地等烈酒造成了歧视。

对"同类产品"和"直接竞争或可替代产品"的含义，历来有许多争论。世界贸易组织争端解决专家组通常的做法是具体情况具体分析，一般要考虑产品的物理特征，在特定市场上的最终用途、消费者的偏好和习惯，以及产品的性能、性质和质量等因素。

在货物贸易领域，国民待遇原则是普遍适用的，但也有一些例外。

第一个例外是政府采购。未参加《政府采购协议》的成员方政府，在为自用或公共使用采购货物时，可以优先购买本国产品，但参加了《政府采购协议》的成员要遵守该协议所规定的国民待遇原则。

第二个例外是只给予某种产品的国内生产者补贴。这种补贴包括用国内税费收入，或通过政府购买国内产品向国内生产者提供的补贴，但要符合《补贴和反补贴措施协议》以及《农产品协议》的有关规定。

第三个例外是有关外国电影片放映数量的规定。成员方可要求本国电影院只能放映特定数量的外国影片。

三、服务贸易领域的国民待遇原则

在服务贸易领域，成员方给予外国服务或服务提供者的待遇，不应低于本国服务或服务提供者享受的待遇，但以该成员在服务贸易承诺表中所列的条件或限制为准，并且在成员方没有做出开放承诺的服务部门，外国服务或服务提供者不享有这种待遇。

（1）国民待遇原则适用的对象既有服务，又有服务提供者，包括外商投资企业。

（2）国民待遇原则适用的范围是成员方政府（包括中央政府和地方政府）所采取的与提供服务有关的各项措施。

（3）给予外国服务或服务提供者国民待遇，以成员方在服务贸易承诺中所承诺的国民待遇为准，对成员方没有做出开放承诺的服务部门，不适用国民待遇原则。因此，在服务贸易领域，与最惠国待遇不同，国民待遇不是世界贸易组织成员承担的"一般义务"，而是成员方通过谈判确定的，且对不同服务部门有不同的规定。比如，经过谈判，成员方可以限制来自其他成员方的律师从事某些法律服务，以及限制外资控股的保险公司从事再保险业务。

四、知识产权领域的国民待遇原则

在知识产权保护方面，成员方给予其他成员方国民的待遇不得低于本国国民享有的待遇，但以该成员方在现行国际知识产权协定中承担的义务为前提。对表演者、录音制品制作者和广播组织而言，国民待遇原则仅适用于《与贸易有关的知识产权协定》所规定的权利。

（1）国民待遇原则适用的对象包括享有版权、专利、商标、地理标识、工业设计、集成电路外观设计以及未公开信息等知识产权的所有者和持有者。

（2）国民待遇原则适用的范围是成员方所采取的知识产权保护措施，包括法律、法规、政策和措施等。

（3）成员方给予其他成员方国民在知识产权保护方面的国民待遇，以该成员方在现行国际知识产权公约（包括《巴黎公约》《伯尔尼公约》《罗马公约》和《关于集成电路的知识产权条约》）中所承担的义务为前提。

（4）对于《与贸易有关的知识产权协定》未做规定的表演者、录音制品制作者和广播组织享有的其他权利，可不适用国民待遇原则。

在知识产权领域，国民待遇原则处于比最惠国待遇原则更突出的位置。与《1994年关税与贸易总协定》和《服务贸易总协定》不同，《与贸易有关的知识产权协定》讲国民待遇条款放在最惠国待遇条款之前，因为实施国际知识产权保护的实践表明，对知识产权最有效的国际保护手段是国民待遇原则，其次才是最惠国待遇原则。

第三节 透明度原则

为保证贸易环境的稳定性和可预见性,世界贸易组织除了要求成员方遵守有关市场开放等集体承诺外,还要求成员方的各项贸易措施(包括有关法律、法规、政策及司法判决和行政裁决)保持透明。

一、透明度原则的含义

透明度原则是指成员方应公布所制定和实施的贸易措施及其变化情况(如修改、增补或废除等),不公布的不得实施,同时还应将这些贸易措施及其变化情况通知世界贸易组织。成员方所参加的有关影响国际贸易政策的国际协议也在公布通知之列。

透明度原则的主要内容是指贸易措施的公布和贸易措施的通知两个方面。

二、贸易措施的公布

公布有关贸易措施,是世界贸易组织成员最基本的义务之一,如果不公布有关贸易措施,成员方就很难保证提供稳定的、可预见的贸易环境,其他成员就难以监督其履行世界贸易组织义务的情况,世界贸易组织系列协议也难以得到充分、有效的实施。比如,成员方决定对进口产品进行反倾销调查,出口方企业需要获得该成员方有关反倾销的法律、法规及程序、计算方法等信息,否则就无法有效应诉。因此,世界贸易组织要求成员方应承担公布和公开有关贸易措施及其变化情况的义务。

公布的具体内容包括以下几个方面:产品的海关分类和海关估价等海关事务;对产品征收的关税税率、国内税税率和其他费用;对产品进出口所设立的禁止或限制等措施;对进出口支付转账所设立的禁止或限制等措施;影响进出口产品的销售、分销、运输、保险、仓储、检验、展览、加工、与国产品混合使用或其他用途的要求；有关服务贸易的法律、法规、政策和措施；有关知识产权的法律、法规、司法判决和行政裁定，以及与世界贸易组织成员签署的其他影响国际贸易政策的协议等。

关于公布的时间，世界贸易组织规定，成员方应迅速公布和公开有关贸易的法律、法规、政策、措施、司法判决和行政裁定，最迟应在生效之时公布或公开，使世界贸易组织其他成员和贸易商及时知晓。在公布之前不得提前采取措施，如提高进口产品的关税税率或其他费用；对进口产品或进口产品的支付转账实施新的限制或禁止措施等。个别协议，如《技术性贸易壁垒协议》和《实施卫生与植物卫生措施协议》，还要求在起草有关技术法规和合格评定程序过程中，如果该有关法规和程序与现行国际标准不一致，或没有现行的国际标准，并且将对国际贸易产生重大影响，成员方应留出一段合理的时间（45~60天），以便其他成员就有关法律和程序草案发表意见。

成员方除了公布有关贸易措施之外，还应承担其他成员要求提供有关信息和咨询的义务。

世界贸易组织不要求成员方披露可能会影响法律执行，或违背公共利益，或损害某企业合法商业利益的机密信息。比如：一国汇率、利率的调整在实施之前，通常不要求予以公布。

三、贸易措施的通知

世界贸易组织对成员方需要通知的事项和程序都做了规定，以保证其他成员能够及时获得有关成员方在贸易措施方面的信息。

世界贸易组织关于通知的规定是在实践中不断完善的。关税与贸易总协定建立时就明确，缔约方应公布有关贸易措施的所有信息，但当时并没有要求把这些信息都通知关税与贸易总协定，只是要求通知由国有贸易经营的进出口产品清单，或者缔约方决定参加某个关税同盟或自由贸易区的意向等少数事项。"东京回合"结束后，关税与贸易总协定的管辖范围扩展到了非关税领域，缔约方的义务变得更加广泛和具体。"东京回合"通过的《关于通知、磋商、争端解决和监督谅解》（简称《谅解》），要求缔约方最大可能地通知所采取的措施。关税与贸易总协定还建立了专门的委员会进行监督，要求"东京回合"守则的每个签署方，定期向关税与贸易总协定通知有关贸易措施的制定、实施和变化情况。

乌拉圭回合的谈判结果，进一步强化了世界贸易组织成员方承担的通知义务，通知的范围从货物贸易扩大到服务贸易和知识产权领域。《关于通知程序的部长决定》作为乌拉圭回合一揽子协议的一部分，重申了上述《谅解》中规定的一般性通知义务，成立了由世界贸易组织秘书处负责的通知登记中心，负责记录收到的所有通知，向成员方提供有关通知内容，并提醒成员方履行通知义务。

为了指导成员方履行通知义务，《关于通知程序的部长决定》附件列出了一份参照性清单，包含需要通知的19项具体措施和有关多边协议规定的其他措施。这19项主要是影响货物贸易的措施，基本上涵盖了所有货物贸易协议规定的通知内容，它们是：关税；关税配额和附加税；数量限制；许可程序和国产化要求等其他非关税措施，以及征收差价税的情况；海关估价；原产地规则；政府采购；技术性贸易壁垒；保障措施；反倾销措施；反补贴措施；出口税；出口补贴、免税和出口优惠融资；自由贸易区的情况，包括保税货物的生产情况；出口限制，包括农产品等产品的出口限制，世界贸易组织限期取消的自愿出口限制和有序销售安排等；其他政府援助（包括补贴和免税）；国有贸易企业的作用；与进出口有关的外汇管制；政府授权进行的对销贸易。

为便于成员方履行通知义务，世界贸易组织相继制定了100多项有关通知的具体程序与规则，包括通知的项目、通知的内容、通知的期限、通知的格式等。

各项协议对通知的期限做出了不同的规定，有的要求不定期通知，有的要求定期通知。

不定期通知主要适用于法律、法规、政策、措施的更新，如《技术性贸易壁垒协议》要求，只要成员方通过了新的技术法规和合格评定程序，就要立即通知。

定期通知包括两种情况：一种是一次性通知，如《装运前检验协议》要求，在《建立世界贸易组织协定》对有关成员方生效时，一次性通知其国内有关装运前检验的法律和法规；《海关估价协议》要求，发展中成员方如要推迟实施该协议,加入时就应通知其意向。另一种是多次通知,有的要求半年通知一次,大部分则要求每年通知一次,如《农业协议》要求,成员方应每年通知对国内生产者提供的补贴总量。

成员方还可进行"反向通知",监督有关成员方履行其义务。反向通知是指,其他成员方可以将某成员理应通知而没有通知的措施,通知世界贸易组织。

世界贸易组织的通知要求比较复杂,成员方履行这些义务,工作量相当大,需要准确理解世界贸易组织的各项协议,并具备健全的信息统计系统。

世界贸易组织不要求成员方公布消息,同样也不要求成员方通知世界贸易组织。

此外,为提高成员方贸易政策的透明度,要求所有成员的贸易政策都要定期接受审议。这已成为世界贸易组织的一贯机制,即贸易政策审议机制。贸易政策审议的内容,一般为世界贸易组织成员最新的贸易政策,它可从一个侧面反映出被审议成员履行世界贸易组织义务的情况。

第四节 自由贸易原则

世界贸易组织倡导并致力于推动贸易自由化,要求成员方尽可能地取消不必要的贸易障碍,开放市场,为货物和服务在国际的流动提供便利。

一、自由贸易原则的含义

在世界贸易组织框架下,自由贸易原则是指通过多边贸易谈判,实质性削减关税和减少其他贸易壁垒,扩大成员方之间的货物和服务贸易。

自由贸易原则包含五个要点:

1. 以共同规则为基础

成员方根据世界贸易组织的协议,有规则地实行贸易自由化。

2. 以多边谈判为手段

成员方通过参加多边贸易谈判,并根据在谈判中做出的承诺,逐步推进贸易自由化。在货物贸易方面,体现在逐步削减关税和减少非关税贸易壁垒;在服务贸易方面,则更多地体现在不断增加开放的服务部门,减少对服务提供方式的限制。

3. 以争端解决为保障

世界贸易组织的争端解决机制具有强制性,如某成员方被诉违反承诺,并经争端解决机制裁决败诉,该成员方就应执行有关裁决,否则,世界贸易组织可以授权申诉方采取贸易报复措施。

4. 以贸易救济措施为"安全阀"

成员方可通过援用有关例外条款或采取保障措施等贸易救济措施,消除或减轻贸易自由化带来的负面影响。

5. 以过渡期方式体现差别待遇

世界贸易组织承认不同成员之间经济发展水平的差异,通常允许发展中成员履行义务有更长的过渡期。

二、削减关税

关税透明度高,易衡量,但对进出口商品价格有直接影响,特别是高关税,是制约货物在国际自由流动的重要壁垒。因此,世界贸易组织在允许成员方使用关税手段的同时,要求成员方逐渐下调关税水平并加以约束,以不断推动贸易自由化进程。"关税约束"是指成员方承诺把进口商品的关税限定在某个水平,不再提高。如一成员方因实际困难需要提高关税约束水平,须同其他成员方再行谈判。

在前七轮多边贸易谈判的基础上,乌拉圭回合达成约23000页的成员方具体产品关税减让表,大幅度降低了关税水平,扩大了关税受约束的产品范围。在成员方履行了各自的关税减让承诺后,工业品的平均关税水平,发达成员由6.3%降至3.8%,发展中成员由20.5%降至14.4%。从1995年开始,工业品约束关税税号占整个税号的比例,发达成员由78%升至99%,发展中成员由21%升至73%,经济转型成员由73%升至98%。美国、欧洲共同体、日本、加拿大等发达成员还承诺,在药品、医疗设备、建筑机械、农业机械、家具、啤酒、蒸馏酒、纸和纸制品、钢材、玩具等10个部门实行零关税。其他发达成员和少数发展中成员，则有选择地对其中几个部门实行零关税。

1996年12月，28个成员方签署了《信息技术协议》，同意在2000年1月1日前全部取消信息技术产品关税和其他税费，后来又有27个成员方加入并签署该协议，同意逐步取消信息技术产品的关税。签署该协议的发展中成员方，最迟可在2005年1月1日前全部取消信息技术产品关税和其他税费。

三、减少非关税贸易壁垒

非关税贸易壁垒通常是指除关税以外各种限制贸易的措施。随着关税水平逐步下调，非关税贸易壁垒增多，且形式不断变化，隐蔽性强，越来越成为国际贸易发展的主要障碍。世界贸易组织就一些可能限制贸易的措施制定了专门协议，以规范成员方的相关行为，减少非关税贸易壁垒，不断推动全球贸易自由化进程。

（1）为使技术法规、技术标准和动植物检验检疫措施不对贸易构成不必要的障碍，《技术性贸易壁垒协议》和《实施卫生与植物卫生措施协议》规定，成员方应尽量以国际标准为依据确定检验和检疫标准。

（2）为防止海关任意估价，《海关估价协议》规定，海关应主要依据货物的实际成交价格来估价。如海关对进口商申报的成交价有疑问，可按该协议规定的顺序采用其他估价方法。

（3）为避免成员方的进口许可程序影响贸易的正常运行，《进口许可程序协议》对成员方的进口许可程序进行了规范。

（4）为使原产地规则不对国际贸易构成不必要的障碍，《原产地规则协议》规范了成员方确定原产地的标准，强调应当建立公正、透明、可预见、可操作和统一的原产地规则。

（5）为使装运前检验不对贸易造成不必要的迟延和不公平待遇，《装运前检验协议》规定了使用装运前检验制度的成员方应遵循的原则与规则。

（6）为防止投资措施对贸易产生限制作用，《与贸易有关的投资措施协议》禁止成员方采取当地含量要求、贸易平衡要求、国内销售要求等投资管理措施。

为防止国有贸易企业的经营活动对贸易造成扭曲影响，世界贸易组织要求成员方的国有贸易企业按非歧视原则,以价格等商业隐私作为经营活动的依据,并定期向世界贸易组织通报国有贸易企业情况。

四、服务贸易的市场准入

国际服务贸易的迅速发展,客观上要求各国相互开放服务领域。但各国为了保护本国服务业,对服务业的对外开放采取了诸多限制措施,包括限制服务提供者数量,限制服务交易或资产总值,限制服务业务总数或服务产出总量,限制特定部门或服务提供者的雇用人数,要求通过特定类型的法律实体提供服务,限制外国资本投资总额或参与比例,以及国民待遇限制等。

这些限制影响服务业的公平竞争、服务质量的提高和服务领域资源的有效配置,不仅对服务贸易本身,而且对货物贸易乃至世界经济发展都构成了重大不利影响。

《服务贸易总协定》要求,成员方为其他成员方的服务产品和服务提供者提供更多的投资与经营机会,分阶段逐步开放商务、金融、电信、分销、旅游、教育、运输、医疗保健、建筑、环境、娱乐等服务领域。在"乌拉圭回合"的谈判中,成员方就服务领域开放做出了承诺,其中发达成员承诺开放的部门占所有服务部门的64%,经济转型成员占52%,发展中成员占16%;成员方还承诺,将就服务部门的贸易自由化继续谈判。世界贸易组织建立以后,成员方先后在电信服务和金融服务方面达成了进一步开放的协议,推进了这两个领域的贸易自由化。

第五节 公平竞争原则

世界贸易组织是建立在市场经济基础上的多边贸易体制。公平竞争是市场经济顺利运行的重要保障,公平竞争原则体现于世界贸易组织的各项协定和协议中。

一、公平竞争原则的含义

在世界贸易组织框架下，公平竞争原则是指成员方应避免采取扭曲市场竞争的措施，纠正不公平贸易行为，在货物贸易、服务贸易和与贸易有关的知识产权领域，创造和维护公开、公平、公正的市场环境。

公平竞争原则包含三个要点：

（1）公平竞争原则体现在货物贸易领域、服务贸易领域和与贸易有关的知识产权领域。

（2）公平竞争原则既涉及成员方的政府行为，也涉及成员方的企业行为。

（3）公平竞争原则要求成员在本国市场公平竞争，不论他们来自本国，还是其他任何成员方。

二、货物贸易领域的公平竞争原则

《1994年关税与贸易总协定》始终遵循公平竞争原则。为减少关税给外国产品带来不利的竞争影响，要求成员方逐步降低进口关税并加以约束；为使外国产品与本国产品处于平等的竞争地位，要求取消数量限制，成员方是国民待遇；为使来自不同国家的产品公平竞争，要求成员方是最惠国待遇。即使某些产品由国有贸易企业经营，包括把经营的专有权和特权授予某些企业，这些企业的经营活动也应以价格、质量等商业因素为依据，使其他成员的企业能够充分参与竞争。

货物贸易领域的其他具体协议，如《反倾销协议》《补贴与反补贴措施协议》《保障措施协议》和《农业协议》等，都体现了公平竞争原则。

出口倾销和出口补贴一直被认为是典型的不公平贸易行为。倾销是企业以低于正常价值的价格出口产品，对进口方的产业造成损害。出口补贴是政府对本国特定出口产品提供资助，增加产品竞争优势，使进口方同类产品处于不平等地位，对其产业造成损害。《反倾销协议》《补贴与反补贴措施协议》允许进口成员方征收反倾销税和反补贴税，抵制出口倾销和出口补贴对本国产业造成的实质损害。

同时,世界贸易组织也防止成员方出于保护本国产业的目的,滥用反倾销和反补贴措施,造成公平贸易的障碍。为此,《反倾销协议》《补贴与反补贴措施协议》对成员实施反倾销和反补贴措施,规定了严格的条件和程序,包括如何认定进口产品正在倾销或享有补贴,如何认定倾销或享有补贴的进口产品正在对本国产业造成实质性损害、构成实质性威胁,以及在发起调查、搜集信息、征收反倾销税或反补贴税等方面应遵循的程序。

保障措施是进口方在进口激增对本国产业造成严重损害,或构成严重损害威胁时,所采取的保护性措施。但实施保障措施很可能会对进口产品与本国产品之间的公平竞争形成过度限制。为此,《保障措施协议》对成员实施保障措施的条件和程序做出了严格规定,禁止采取有序销售安排和资源出口限制等"灰色区域措施"。

《农业协议》提出,农产品贸易的目标是建立一个公平的、以市场为导向的农产品贸易体制。实现这一目标的手段是,在议定的期限内,逐步对农业支持和保护进行实质性削减,以纠正和防止世界农产品市场的限制和扭曲。具体说,就是在市场准入、国内支持、出口竞争和实施动植物检验检疫措施等方面遵守有关协议,鼓励公平竞争。

三、服务贸易领域的公平竞争原则

在服务贸易领域,世界贸易组织鼓励各成员通过相互开放服务贸易市场,逐步为外国的服务或服务提供者创造市场准入和公平竞争的机会。

为使其他成员的服务或服务提供者在本国市场上享有同等待遇,进行公平竞争,《服务贸易总协定》要求成员方实施最惠国待遇,无论有关服务部门是否列入服务贸易承诺表。

为在本国市场给其他成员的服务或服务提供者创造公平竞争的环境,《服务贸易总协定》要求成员方提供的国民待遇和市场准入机会,不低于服务贸易承诺表中所做的承诺。

对于本国的垄断和专营服务提供者,《服务贸易总协定》要求成员方保证服务提供者的行为,符合最惠国待遇原则,即该成员方在服务贸易承诺表中的具体承诺。如果上述服务提供者直接或间接参与提供其垄断和专营之外的服务，且有关成员已就该项服务做出具体承诺，《服务贸易总协定》要求成员方保证服务提供者的行为，不能违背该成员方的具体承诺，即不得滥用其垄断地位。这一规定与《1994年关税与贸易总协定》中有关国有贸易的规定类似。

为防止服务提供者的某些商业惯例抑制竞争、限制贸易，《服务贸易总协定》要求成员方在其他成员的请求下举行磋商，交流信息，以最终取消这些商业惯例。

四、知识产权领域的公平竞争原则

在知识产权领域，公平竞争原则主要体现为对知识产权的有效保护和反不正当竞争。

《与贸易有关的知识产权协定》要求成员方加强对知识产权的有效保护，防止含有知识产权的产品和品牌被仿造、假冒、盗版。无论是本国国民的知识产权，还是其他成员方国民的知识产权，都应得到有效保护。

该协定还要求，为创造公平竞争的市场环境，成员方应实施最惠国待遇，使来自其他不同成员方的国民享受同等的知识产权保护；同时，应实施国民待遇，使来自其他成员方的国民享受与本国国民同等的知识产权保护。

反不正当竞争也是知识产权保护的一个重要方面。一些限制竞争的知识产权许可活动或条件，妨碍技术的转让和传播，并对贸易产生不利影响。《与贸易有关的知识产权协定》专门对知识产权许可协议中限制竞争的作为做出了规定，允许成员采取适当措施，防止或限制以下商业做法，包括排他性返授条件、强制性一揽子许可等。

第六章 国际经济环境的变化及影响

2017年全球经济呈现复苏迹象,世界经济增长达到3.8%的水平,是自2008年全球金融危机以来增长最好的一年,欧、美、日经济普遍进入稳定的复苏发展阶段,与此同时,国际市场竞争和大国博弈进入凸显阶段。美国新任总统特朗普推行的美国第一和美国优先的单边主义和贸易保护主义不断兴风作浪,搅得全世界不得安宁,美国不仅对中国发动"301调查",单方面征收关税,同时还对其主要贸易伙伴就钢材和铝制品发起"232调查"并加征惩罚性关税,引起众多贸易伙伴采取反制措施。美国的这种单边主义和霸凌做法,不仅对全球多边贸易体制形成威胁和挑战,而且也对正在复苏的全球经济造成了严重冲击和破坏,导致全球贸易投资发展面临新的不确定性。如何认识和把握当前国际经贸形势变化的新特点,有针对性地采取应对措施是当前我们面临的艰巨任务。

第一节 国际形势变化的新特点

当前国际形势出现了一些新的变化,欧美经济先后进入复苏阶段,国际贸易保护主义势力有所抬头,国际市场竞争日益激烈,全球经济治理面临着新的艰巨挑战。国际形势的复杂变化对我国改革开放提出了新的要求,党的十九大提出的构建全面开放新格局是在充分把握国际形势变化新特点的情况下提出的新的开放任务。在新的形势下,中国只有继续坚持扩大开放才能赢得国际和国内竞争的主动权,也只有加快高水平的开放才能够促进我国经济的高质量增长,才能保证我国经济更有效率、更加公平、更可持续的发展。国际形势新变化主要表现为以下几个特点:

一、欧美国家经济进入全面复苏阶段，国际大国博弈竞争日趋激烈

2017年全球经济增长恢复到3.8%的水平，是自金融危机以来表现最好的一年，其中发达国家经济基本维持在2%以上的增长水平，而新兴经济体经济仍保持了4.5%的增长水平。2018年全球经济继续维持复苏的态势，全球经济增长基本在3.9%的水平甚至更高。但随着美国贸易保护主义的上升，先后对其主要贸易伙伴采取单方面加征关税的做法，导致全球经济贸易发展受到严重冲击。截至2018年第3季度，世界银行和国际货币基金组织下调了2018年的全球经济增长率，将预测值降为3.7%，随着欧美经济的复苏，发达国家同发展中国家的矛盾进一步上升，大国之间的竞争日益激烈。在这一过程中，中国作为世界上经济增长最突出的国家日益受到各国的瞩目，中国的经济增长和竞争能力的全面提升也给欧美发达国家带来了更多的焦虑。所以从外部环境看，我们需要做好应对复杂的国际经济环境变化的思想准备。而打开国门搞建设，积极推进高水平开放，无疑是最主动的应对举措。

二、中美贸易摩擦复杂多变，为世界经济增长增添了新的不确定因素

随着美国单边主义的上升，特别是针对中国采取301调查后，中美贸易摩擦和冲突呈日益紧张态势，不仅对中美贸易投资的增长形成了潜在的威胁，而且对全球经济增长及企业的预期心理产生了破坏性的影响。如果不能妥善解决中美贸易冲突，这种影响有可能会波及世界上主要国家的贸易和投资，甚至会对全球贸易的价值链产生新的冲击和影响。中美贸易冲突和摩擦之所以日趋严重，固然有特朗普的个人因素，有白宫团队高管的强硬以及美国经济增长强劲等多方面的原因。从发展趋势看，中美贸易呈现长期化、复杂化的基本特征，需引起我国的高度重视，如果处理不好，贸易冲突就有进一步扩大和升级的可能。所以在坚持原则的前提下，充分利用中国的智慧和周旋能力，寻求对话谈判，解决问题，仍是我们政策定位的主要选择。

三、国际多边贸易体制改革的挑战

2018年以来，随着全球贸易争端案件的不断上升，特别是中美两个全球最大的贸易伙伴面临贸易战风险的紧张时刻，各自又都针对加征关税问题分别起诉到WTO上诉机构，大家对WTO出面协调解决主要国家的贸易争端均寄予厚望。但实际情况是WTO对贸易保护主义和美国的单边主义行为显得无能为力，在特朗普政府一再威胁要退出世界贸易组织的同时，美欧日三方负责贸易事务的部长又多次碰头协商，企图就WTO改革问题达成一致意见。其真正目的在于想通过制定一些新的规则，以约束中国的竞争环境。此后，欧盟也发布文件，就WTO改革提出了其立场。目前，中国与欧盟已就WTO改革的问题建立了副部级联合工作小组。WTO改革问题已经提上了议事日程。

坦率地讲，WTO从1995年成立以来，确实面临一系列问题，这些问题包括以下几方面。

首先，世贸组织协商一致的决策机制导致WTO效率低下，多哈回合谈判停滞不前。23年来，各成员仅在贸易便利化、取消农业出口补贴等少数议题上达成了一致，WTO成员无法形成新的规则以应对当前世界经济和贸易面临的突出问题。

其次，WTO的非歧视、统一知识产权保护标准、对发展中国家给予特殊与优惠待遇的基本规则面临挑战。20世纪60年代，多边贸易体制强化了给予发展中国家优惠待遇的纪律。在此之后，发展中国家的发展出现了较大的分化，一部分发展中经济体迅速赶超，另一部分发展中经济体发展停滞。然而，在WTO现有的164个成员中，除三十几个是发达成员外，其他成员都是发展中成员或自愿选择为发展中成员。这两者在一定程度上出现了矛盾，这使得一些发达成员参与多边贸易体制谈判的积极性下降。

最后，世贸组织争端解决机制面临严峻挑战，美国对WTO上诉机构成员任命的抵制使得世贸组织争端解决机制面临停摆的危险。

从目前情况看，WTO如果不改革，多边贸易体制将存在消亡的危险，世界各国可能会越来越多地转向参与双边和区域的合作，会使得WTO进一步被边缘化，其结果不利于全球经济贸易的健康发展，当然包括欧盟、日本等发达经济体在内。大部分WTO成员对维护多边贸易体制还是有积极性的；甚至对于美国来说，尽管特朗普多次扬言要退出WTO，但仍然存在拉住美国，使之依然受到多边贸易规则的约束、回归到WTO纪律框架上来的可能性。从这一角度看，WTO的存在对于我们处理中美经贸关系是有利的。

基于以上情况，对于WTO改革的讨论以及之后可能出现的谈判，中国应该积极研究、主动参与。考虑到新规则体系的最终形成还需要相当长的一段时间，某些目前对我们不利或者利益不大的规则，在今后可能正是我们所需要的。因此，我们的谈判立场应该更具灵活性。与此同时，我们也需要深入研究，明确我们的谈判底线，维护我们以及广大发展中国家的根本利益，促使WTO形成更加平衡的新规则体系。

第二节　全球化发展面临的矛盾和挑战

自2008年美国次贷危机以来，全球经济经历了长期艰难的调整期，至今仍未回归健康稳定的增长轨迹。其主要矛盾表现为：政策不协调，复苏不均衡，增长不稳定。在全球经济增长困难之际，各主要经济体协调难度上升，从而导致全球紧缩政策和量宽政策配置混乱，市场与政府之手频繁转换，内生与外在增长动能混淆不清。目前突出的问题是：全球宏观政策定位不清晰，方向不明，多数国家面临着深度的彷徨与困惑。更有甚者，民族主义、恐怖主义、民粹主义、保护主义，各种思潮趁势而上，地缘政治冲突此起彼伏，进一步加剧了全球经济发展的矛盾，特别是以美国新任总统特朗普为代表所采取的一系列美国优先的保护主义政策，更加引起了世界对经济全球化发展前途的担忧。所以面临全球复杂形势的变化，中国应科学把握世界发展的大趋势，坚定支持全球多边贸易体制，积极引领全球化正确发展方向，在主动参与全球治理的过程中，不断发挥中国的影响力，逐步发挥中国在国际事务中的积极作用。

一、经济全球化的利弊分析

从经济全球化理论和实践的角度分析，20世纪80年代以来全球掀起的新一轮产业结构的调整更是集中代表了经济全球化的快速发展阶段。在跨国公司的推动下，结构调整和跨国贸易投资成为发展的主流，象征着经济全球化迈入蓬勃发展的阶段。这一时段也是全球经济增长最快的时段，统计数据显示，全球经济规模从1970年的2.95万亿美元，增长到2010年的65.6万亿美元，增长了20多倍；全球贸易从1970年的3056亿美元增长到2010年的15万亿美元，增长接近50倍。

经济全球化的贡献不仅体现在经济贸易增长方面，而且其对产业结构调整及社会形态的变化均发挥了积极的作用。例如，欧美在70年代推进的产业结构调整就是充分利用全球化的发展机遇完成的。通过这一调整，欧美的制造业比例平均从40%降至10%左右，服务业比例从50%左右上升到70%以上，使欧美社会成功进入后工业化社会。欧美的大多数劳动者已转为白领工人，大量知识密集型的服务行业为劳动者提供了高收入的就业机会，由此迅速形成了庞大的中产阶级，构成了社会消费的主导力量，支撑了其经济的稳定发展。此外，随着欧美进入后工业化社会，基本摆脱了化石能源的消费阶段，进入低耗能的环保型社会阶段。这是巨大的社会进步，同时也大大减少了对污染治理的资金投入。

在后期的发展中，欧美社会迅速进入了金融优先的发展阶段，并形成了脱实向虚的发展倾向，由此带来的劳动生产率停滞以及潜在经济增长率下降，大大困扰了欧美经济的发展。将欧美目前的困境归咎于全球化发展的结果既不符合事实也无助于问题的解决，因为全球化的发展本身并不属于零和游戏，在全球化的发展过程中，一国根据其比较优势参与国际竞争，是符合国际经贸合作规律的。根据比较优势贸易模型的测算，贸易合作双方都是受益的，不存在输家与赢家之分，所以美国将自身的贸易逆差指责为是全球化所带来的结果是不符合实际情况的，也是没有科学依据的。这充分体现了主要发达国家在长期面对经济增长困难情况下的尴尬现象。

二、经济全球化的矛盾和问题

一是全球化的大部分利润被跨国公司所垄断和享用,在跨国公司早期的发展阶段,跨国公司通过加大创新投入,确实对劳动生产率的提升做出了积极的贡献,当时由于经济增长的繁荣掩盖了全球化发展中存在的一些不平衡状态。而近年来由于全球经济增长困难,同时跨国公司脱实向虚的倾向日趋明显,且主要资金都集中投向资本市场并从中获利,其结果导致创新能力下降,社会全员劳动生产率长期停滞不前,资产泡沫居高不下,实体经济发展受到重创,潜在的经济增长率受到影响,全球经济发展不平衡的矛盾进一步凸显。二是政府没有兼顾好社会底层广大劳动者的利益,无论从生活质量还是生存环境的角度,政府都没有发挥更好的作用,没有保护好社会底层劳动者的利益,致使部分劳动者的生活长期没有得到明显改善,从而产生了对政府的抱怨并认为这是全球化带来的恶果。三是全球化进程中的国际协调能力明显滞后。所以从长远的发展角度看,坚持全球化的发展方向仍是十分必要的,但也要注意协调解决好全球化发展中存在的负面因素,关键要加强以下几个方面的工作:

首先,要加强全球贸易和投资的规范和指导,引领全球贸易投资继续健康发展。在全球贸易投资增长对全球经济增长的支撑作用方面,各界的认识基本是一致的,这一点主要通过全球经济治理来完成。除了要继续支持WTO作为多边贸易体制继续发挥作用之外,更重要的是要加强对全球投资规则的制定和完善。2016年,G20杭州峰会领导人所通过的《二十国集团全球投资指导原则》,是一份十分重要的文件,说明了主要国家已就推动全球投资规则谈判达成了原则性的意见,该文件的落实与最终完成关系到全球贸易投资的健康发展,有利于改善当前经济全球化的发展环境。

其次,高度参与全球化的国家,要积极平衡好国内社会底层的群体利益,避免产生社会分配严重不均的现象,控制社会财富严重两极分化的趋势。同时要兼顾好社会底层广大劳动者的生活和工作,特别是在经济发展政策方面,要兼顾好中小企业的发展利益,不能只维护大企业集团的利益,对社会底层广大劳动者有一定的倾斜和安排,要适当加大对失业者的培训,努力通过调整教育结构扭转结构性失业的矛盾。当然,重点要通过调整税收逐步解决好收入分配两极分化问题，争取获得社会更广泛的理解和支持。

此外，要发挥好全球化进程中的国际协调作用，为了推动全球化健康发展，主要国家一定要在市场开放方面做出表率，抵制贸易保护主义，坚持公平包容的发展理念，打造平衡普惠的发展模式，不断开创互利共赢的合作局面。在推动全球化发展的过程中，持续通过各自的努力把全球经济增长优势激发出来，使得更多的国家在全球经济增长中有所受益，增强人们对全球化发展的信心。

三、积极参与全球治理

针对当前全球兴起的一股逆全球化浪潮，我们认为主要原因在于全球治理的滞后，以及现有的国际机构缺乏引领国际经济发展的权威作用。国际贸易投资标准呈现的碎片化发展趋势导致全球统一的投资规则的缺失和约束，金融资本市场混乱绑架并冲击了全球宏观经济的稳定发展，需要加强对全球金融市场的跟踪治理，这些都属于全球治理的范畴。要想拯救当前低迷发展的世界经济，必须加强全球的协调和统一治理，这就需要世界上主要国家行动起来，特别是几个主要的大国应紧密配合，肩负起治理全球经济的重要责任，加强合作，共同抵制保护主义的倾向，逐步将全球经济拉回到稳定健康的发展轨道上来。

中国作为一个大国，在当前复杂多变的国际形势下有必要积极参与全球经济治理，中国参与全球经济治理不仅是当今外部世界客观的需要，也是中国内在发展的需要。因为中国目前不仅是贸易大国，而且正在成为对外投资大国，中国更需要稳定的国际市场及公平法治的投资环境，以加强对中国海外权益的维护。中国有责任、有义务积极参与全球经济治理，还要积极宣传中国的理念，扩大中国的影响，发挥中国的引领作用。在这一过程中，中国要不断扩大对外开放，加快构建开放型经济新体制，以高水平的对外开放赢得国内发展和国际竞争的主动。中国不仅要积极拓展"一带一路"建设，发挥好亚投行的作用，加强并扩大同"一带一路"沿线各国的贸易投资合作，不断探索国际经济贸易合作的新模式，力争为国际社会提供更多的公共产品，还要努力协调处理好同大国的合作关系，因为全球经济治理的核心是建立在主要国家合作的基础之上。此外，经济全球化的健康发展主要是通过贸易投资来实现的，G20会议通过的全球多边投资指导原则文件突破了全球投资规则谈判的禁区。中国应该抓住这一机遇，继续抓紧同主要国家协商，全力推动全球投资规则谈判的进程。这是中国当前参与全球经济治理的重要切入点，客观地讲，中国在全球经济治理的影响力将主要取决于中国在处理每一件国际事务中的成功表现。

第三节 构建全面开放新格局的艰巨任务

党的十九大报告提出要推动形成全面开放新格局，此后在中央经济工作会议期间以及2018年3月召开的"两会"期间又进一步详细阐述了全面开放新格局的具体内容及要求，需要我们熟悉并深刻把握中央顶层设计的内容和重大意义，在以下几个方面锐意进取，寻求新的突破。

一、以"一带一路"为建设重点，坚持"引进来"与"走出去"并重发展

自习近平主席于2013年提出"一带一路"倡议后，受到国际社会的积极响应。在"五通"建设方面我们已经取得了富有成效的进展，在当前复杂的国际形势下，更凸显了习近平主席提出的"一带一路"倡议重大的现实意义和深远的历史作用。相信在未来较长的一段时间内，积极稳妥地推进"一带一路"建设将始终是我国参与国际经贸合作的重点，一方面要坚持共商、共建、共享的基本原则，另一方面要把"一带一路"建设作为探索国际经济合作新模式和加强全球治理的重要途径来持续推进。对此，需要我们认真把握其实质，积极稳妥地推进"一带一路"建设。

二、拓展对外贸易，促进贸易强国建设

这其中涉及保持进出口平衡，在提高出口竞争力和附加值的同时积极扩大进口，加快培育贸易新业态和新模式。这就需要我们认真把握好中央的有关要求，切实处理好贸易平衡问题，特别是要保持经常项下的相对平衡，而积极扩大进口一定要建立在出口竞争力不断提升的前提下。我们要注意到目前虽然我国的货物贸易具有4200多亿美元的顺差，但我国服务项下还存在2500亿美元的逆差。所以在削减货物贸易顺差的同时，一定要努力减少服务贸易逆差，避免造成经常项下账户的失衡。

三、大幅度放宽市场准入条件，加快落实准入前国民待遇加负面清单的管理模式

这一要求还包括了要积极扩大服务业对外开放，保护好外商投资的合法权益，中央特别强调凡是在我国境内注册的企业都要一视同仁、平等对待。扩大市场开放同建立良好的市场营商环境是密不可分的，只有双管齐下才能取得积极的明显效果。

四、要优化区域开放布局，加大西部开放力度

中央提出加大西部开放力度十分重要，目前我国的开放格局从东中西部发展看还很不平衡，而西部经济发展较慢的主要原因之一可归咎于开放度不够，所以要进一步加大西部的开放力度。从西部发展看，应抓住两大机遇：一是西部正面临着加快承接东部产业转移的机遇，二是又面临着直接参与"一带一路"建设的发展机遇。总之，加快西部开放是确保我国全面完成小康社会建设，实现中华民族伟大复兴的重大举措。

五、赋予自由贸易试验区更大的改革自主权,探索建设自由贸易港

党的十八大以来我国的自贸区建设已经取得了巨大突破,并且已由上海自贸区扩展到11个自贸区,加上最近刚宣布的海南自贸区,总量已达12个。从自贸区的改革开放进程看,尽管已经取得了突破性进展,并总结复制了一系列改革开放的有效经验,但这些改革举措距离高水平开放仍存在着较大差距,而突破这一差距的关键是要进一步赋予现有自贸试验区更大的改革自主权。中央提出的探索自由贸易港的要求预示着要拓展更高水平的开放模式,而海南的开放则肩负着探索自贸港建设的艰巨任务。

六、创新对外投资方式,培育国际经济合作和竞争的新优势

海外投资不仅是我国开放型经济的重要内容之一,而且是我国企业近几年发展最快的领域。但从目前效果看,企业海外投资的质量和效益仍有待改善,所以加快探索和创新对外投资方式是当前我们面临的重要任务之一,也是巩固和加强我国面向全球的贸易投资生产服务网络的重要发展途径,这一过程的关键是要培育企业国际经济合作和竞争的新优势。

第四节 我国已明确的自主开放的重大举措

从目前的开放进程看,构建全面开放新格局是一项长期而艰巨的任务,期间我们不仅要不断扩大开放的领域和层次,同时还要不断地拓展我们对开放的认识和理念,真正树立起公平竞争的基本概念,更重要的是我们还必须不断地清理和消除体制机制方面存在的藩篱和障碍。当务之急我们必须要全力以赴坚决贯彻落实习近平主席在2018博鳌论坛期间提出的四大开放举措,这是当前我国改革开放的四大优先领域,必须抓紧落实,正像习主席强调的那样,要做到宜早不宜迟、宜快不宜慢。为此,我们应重点加强以下几方面

的工作：

一是放宽市场准入，全面落实负面清单的管理模式。市场准入的条件相当于市场开放的标准，当前发达国家采取的主要是负面清单的管理模式，即将限制外资进入的领域以清单的形式列明，没有列入清单的领域则视为是开放的领域，外国投资者可以自由地进行投资，无须办理审批手续。2013年我国在设立上海自由贸易试验区时，即试行了这一制度，当时的负面清单目录为195项，到2015年，我国就主动将负面清单减少至123项，当2017年我国将自贸试验区扩大到11个地区时，该负面清单已降到95项，体现了我国自主推进高水平开放的进程。2018年4月，中央进一步宣布海南省全岛享受自贸试验区政策，紧接着在6月，我国又大幅度地采取了新的开放举措，将负面清单再一次缩减至45项，并决定在全国普遍实行负面清单的管理模式。这一方面是对外商准入条件的一次重大改革，同时也标志着我国的高水平开放迈出了一大步，今后的任务是各部门如何坚决贯彻落实这一开放举措，并以法律的形式加以明确并严格维护。

二是在构建良好的营商环境方面做出了巨大的努力。外资在我国的国民经济中占有重要的位置，保持外资的稳定关系到我国经济的长期可持续发展的能力，改革开放初期我国扩大利用外资主要靠廉价的土地政策和劳动力成本优势。随着我国经济结构的升级，土地和劳动力成本的上升，我国扩大利用外资的环境和条件已发生了巨大的变化，同时随着国际大型跨国公司的投资意愿的上升，它们更加关注的是公平法治的营商环境，所以打造良好的营商环境已成为扩大招商引资的关键条件。党中央、国务院对此十分重视，长期以来一直强调转变政府职能，不断推进"放管服"改革，加强贸易便利化，构建公开透明法治的市场环境。根据世界银行公布的抽样调查结果，2018年我国的营商环境得分排名在全世界190个国家中名列第46位，比2017年的排名上升了32位，说明我国的营商环境经过近几年的努力已发生了积极的变化，当然我们距离亚洲的新加坡、韩国、日本等还差得很远，它们基本都在全球排名前十的位置。打造良好的营商环境除了要在"放管服"和公开透明方面下功夫外，更关键是还要在法律法规的公平公正上下力气解决，目前特别要解决好国企、民营和外资企业之间的不平等待遇问题，创造统一公平的规章制度，避免实行差别待遇；此外，还要进一步提高执法的能力和水平，避免采取阶段性的集中整治、突击检查等不规则的执法方式，要保持执法的严肃性、稳定性和连续性。持之以恒，坚持数年必有效果。中国将再次成为投资的热土，这对稳定和提升中国经济的增长潜能和活力是至关重要的。

三是要加大知识产权的保护力度，维护外资企业的合法权益。加强知识产权保护是同社会主义市场经济建设紧密相关的重要概念，是中国经济全面融入全球经济体系必不可少的环节，也是中国经济全面走向创新发展的基础和条件。知识产权概念引入我国的时间并不长，但我们已经做了大量的工作，并已经取得了积极的成效，随着我国国际贸易规模和经济实力的不断提升，我国的知识产权贸易进入到快速发展阶段，技术专利的引进日益扩大，有力地促进了我国科技水平的改观，今后我国知识产权贸易的出口也同样需要不同市场对我国专利技术的保护。当前国际经济竞争的发展对知识产权保护提出了更高的要求，所以我国要想进一步参与国际竞争，就必须加强对知识产权的保护，这一方面有利于我国参与国际竞争，同时也有利于我国进一步扩大招商引资。我们已经在知识产权保护的立法、管理以及司法惩罚方面做出了积极的努力，我们还需要进一步加大保护力度，规范保护程序，特别是针对外商投资企业的知识产权保护和投资权益的保护，鼓励各类企业创新发展。

四是大幅度降低关税，积极扩大进口。体现我国高水平开放的另一大举措是降低关税扩大进口，我国目前已是全球贸易第一大国，在货物贸易方面我国长期持有较大顺差。随着我国经济发展水平的提高，人民生活水平的改善，国内的购买力水平不断上升，所以降低进口关税、积极扩大进口，不仅可以满足国内日益增长的对高质量消费品的需求，而且还可以平衡进出口贸易，避免由于过高的贸易盈余所带来的不必要的贸易摩擦和贸易关系的不协调。2018年以来我国已将平均进出口关税由9.8%降至7.5%，今后根据我国的市场需求变化及贸易竞争力情况，关税总水平仍有进一步降低的可能。为了落实扩大进口的意图，2018年11月我们还在上海举办了首届中国进口商品博览会并取得了积极的效果。当然，我们也要高度关注贸易平衡状况的变化，特别是经常账户项下的平衡工作，尽管我们在货物贸易项下存在高额顺差，但在服务贸易项下还有2500亿美元的逆差，所以我们应在积极扩大货物贸易进口的同时，努力扩大服务贸易出口，以确保经常账户项下的平衡，否则经常账户的长期失衡不利于我国外汇储备的稳定，同时还有可能造成对人民币汇率的下行压力。

  总之，高水平开放关键要处理好两方面的工作，一是要处理好同国际规则的接轨问题，落实负面清单的管理模式，降低关税扩大进口，都是属于同国际惯例对接问题；二是通过打造良好的营商环境，加强对知识产权的保护，属于国内政策的调整问题。随着中国的综合国力增长和国际影响力的上升，我们需要更主动地参与国际经济竞争，维护好同世界上主要贸易伙伴的关系，以利于更好地保护我国的海外经济利益，这是当前大国竞争首先要考虑的问题。当前我国面临的国际环境日趋复杂，大国竞争、贸易摩擦、金融市场动荡、商品市场震荡、地缘政治矛盾、地区冲突风险日益复杂变化，因此我们要把握好外部发展环境的变化和突发事件可能产生的影响，提高对各类风险的防范意识，加强战略态势评判研究和预警分析，努力提高驾驭国际经济风险的能力，维护处理好我国海外利益的发展格局同国家总体安全观的平衡发展，不断提高维护国家经济利益安全的能力和水平。

第七章 我国面临的新形势与新矛盾

2018年是我国改革开放40年,又是我们全面落实党的十九大报告的开局之年,国际形势复杂多变,随着欧美经济的复苏,我们感觉到欧美在国际事务中的态度日趋强硬,发达国家同发展中国家在针对国际事务中的态度理念日趋分离,全球治理的难度进一步上升。自党的十八大以来,在习近平主席新的发展理念的指引下,中国经济进入了一个新的发展阶段,中国的综合国力进一步上升,国际地位和影响力进一步扩大,中国的发展成就和发展理念赢得了世界上大多数国家的认可和尊重,在当前形势下,我们唯有继续坚持改革开放不动摇,才能使我国经济发展更加具有活力,才能使我国经济在国际竞争中更加主动。对于我国提出的自主开放新举措,正像习近平主席在博鳌论坛期间所讲的,要抓紧落实,宜早不宜迟、宜快不宜慢。

第一节 我国经济发展面临的国内环境

我国经济经过40年的高速增长,金融危机后,我国经济增长的国际国内环境已经发生了重大的变化,国内经济增长的内在约束条件有所上升,虽然通过加快改革开放仍可进一步释放新的增长动能,但我们也应更加注意处理好制约经济发展的一些深层次矛盾。

第一,我国经济增长的要素成本已发生重要变化,改革开放以来我国依靠低成本发展的优势正在逐步减弱。主要表现在四个方面:一是劳动力供给已达到刘易斯拐点,劳动力供给不足同结构性就业矛盾相互交织。尽管我国是劳动力人口大国,但进入21世纪以来,我国人口增长步入低出生、低死亡、低增长的新阶段。适龄劳动力人口在2015年达到高峰后，开始绝对减少。二是老龄人口比重迅速增加，在劳动力总量增长放缓的同时退休人员数量急剧上升，人口老龄化加速，我国劳动力数量优势和成本优势明显下降。三是随着城镇化和房地产市场的扭曲发展，年轻劳动力的生活成本急剧上升，随着国家不断提高征地补偿标准以及房地产的迅猛发展，土地成本一直处于上升的趋势之中。四是战略性资源储量以及环境容量的不足将对经济增长产生越来越大的制约，人均资源占有量少，大部分资源对进口的依赖程度越来越高，原油、铁矿石、棉花、大豆等资源过度依赖进口，其价格的上升也将进一步增加经济发展的成本。

第二，我国经济正处于由中高收入国家向高收入国家迈进的关键阶段。根据世界银行按人均国民收入对世界各国的划分方法，基本分成四组，即低收入国家、中低收入国家、中高收入国家和高收入国家。2017年，根据世界银行公布的数据，我国人均收入为8630美元，属于中高收入国家水平，未来三年是我国由中高收入国家向高收入国家迈进的关键时期。从国际经验来看，许多国家在由中高收入国家向高收入国家迈进的过程并不是一帆风顺的，主要面临两个矛盾：一是随着经济的繁荣，经济总量上升，但如果在人均收入上升的同时伴随着收入分配差距的扩大，将有可能引发社会矛盾和问题；二是面临快速城市化的挑战，越来越多的人口集聚在大都市，如果城市的公共服务体系跟不上，或城市治理的水平不适应现代大都市的管理节奏，我们还将面临发达国家和后期的发展中国家的双重产业竞争压力。在产业升级方面，我们将面临来自发达国家的直面竞争；在劳动密集型产业的出口方面，我们将面临来自新兴工业化国家的低成本挑战。

第三，我国居民储蓄率下降不利于充分发挥内生增长动能。首先，中国经济过去40年的高增长是建立在高储蓄和高投资基础上的，近年来，随着大规模基础设施建设的结束，靠投资拉动的增长模式正在减弱。其次，随着房价长期居高不下，城市居民购房将长期面临巨大压力，居民负债已经处于较高的水平，所以高储蓄面临着一个逆向发展的趋势，储蓄率的下降对中国经济增长速度会产生重大影响。一方面表现为投资的后劲不足，另一方面将严重影响社会消费水平的提高，从而导致靠消费驱动的增长模式难以奏效。

第四，我国面临的资源环境约束进一步强化。实现经济发展方式转变面临更大压力。过去40年，我国经济发展方式所采取的投资驱动、工业优先的发展模式在支撑经济长期高速增长的同时也带来了能源大量消费和污染排放量的急剧上升，资源环境问题日趋严重，我国二氧化硫排放总量多年来位居全球第一。经济发展面临着绿水青山和金山银山的两难选择，中国不得不选择绿水青山的发展道路，这就意味着对高速增长的放弃。如果再加上对环境治理的投入，势必会影响经济的快速发展。

第五，我国城市化虽仍有较大发展空间，但是城镇常住人口已超过全部人口的50%，城乡关系及资源配置结构面临重大调整。根据城市化的国际经验，城市化等峰值一般为65%~80%，因此未来10年我国城市化仍有较大的发展空间。城市化的过程是消费增长的主要引擎，但是我们也注意到，当城镇常住人口超过50%的时候，也会带来一系列新的矛盾。如何完善社会保障体系，调整城镇社会政策体系，公平合理分配公共资源，保障社会服务均等化，以及如何根据城乡人口的比例搞好教育、医疗、文化等公共设施的空间安排，加强和创新社会管理的职能，建设和谐社会的任务将十分艰巨。

第二节 我国面临的外部环境日趋复杂

一、国际贸易投资进入恢复发展阶段，但全球贸易保护主义呈上升趋势

全球贸易在持续多年的萎靡增长之后，2017年再次超过全球经济增长，达到4.7%的增幅，从而带动全球的贸易投资进入新一轮的活跃期。与此同时，以美国为首的贸易保护主义也处于上升阶段，美国特朗普政府强调的美国优先的单边主义政策不仅严重威胁着世界经济的复苏与增长，带来许多新的不确定因素，同时也对全球多边贸易体制产生严重冲击和影响，美国单边主义的霸道做法正在受到越来越多国家的质疑和反对。当前全球经济贸易发展必须解决好三大问题：一是如何妥善解决好主要贸易伙伴之间发生的相互制裁升级的发展趋势，重新回到坚持贸易自由化和便利化的正确发展轨道上

来，保持全球经济贸易的持续健康稳定发展。二是进一步加强世界主要国家在经济政策和全球经济治理方面的协调与配合，减少全球经济发展方面存在的矛盾与冲突。三是正确对待世界贸易组织的改革。当前在针对世贸组织的改革问题方面，存在着三种态度和三种可能的改革结果：第一，以美国为首的个别国家企图通过改革加强对中国及部分新兴经济体发展的约束；第二，以欧盟为主的一些世贸组织的老成员寄希望于通过改革，进一步加强WTO的职责，完善其法律法规并提高其执行力，使其发挥更大的作用；第三，以中国为首的加上部分主要发展中国家，则继续强调世贸组织原则的有效性，特别是有关发展中国家差别待遇政策的重要性，中国支持对有关领域的条款进行修改，但关键是无论大国还是小国均应严格遵守，否则任何条款的修改和完善都是毫无意义的。此次改革可以说是在新形势下的一种大博弈，也可以说是发达国家同发展中国家之间的一次利益大调整，结果无外乎有三种出路：一是未来的WTO将更加强调公平和对等原则，倾向于保护发达国家的利益；二是继续维护大多数发展中国家的利益，对主要贸易大国的单边主义形成一定的约束机制；三是修修补补的改革，难以产生明显效果，基本仍维持现状，难以发挥更大作用。

二、新一轮科技革命正在加速发展，国际科技水平竞争异常激烈

全球新一轮科技革命正在蓬勃发展，技术进步层出不穷。各主要国家均将新能源、新材料、智能制造和机器人以及互联网技术的应用放在竞争的突出位置。虽然新一轮的产业革命仍有待突破，但以互联网为基础的技术应用和商业普及已掀起了新的高潮，大数据、云计算等技术越来越多地被应用到现实的生产和竞争之中。中国作为后起的具有竞争潜力的大国不可避免地面临着国际科技革命的挑战和影响，中国要想实现弯道超车，就必须创造一个有利于创新发展的环境，调动广大企业创新发展的积极性，实现技术上的优先突破发展。总之，在科技革命的超越和发展方面，我们仍面临众多的挑战和压力。我们必须以开放合作的理念，在不断融入全球市场竞争的过程中实现技术突破和赶超。

三、国际市场频繁震荡,金融风险日益上升

由美国加息引起的国际金融市场的动荡此起彼伏,加之地缘政治的冲突和矛盾,使国际大宗商品石油、黄金等价格剧烈波动,这一切都需要我们认真把握,不断适应国际市场竞争的变化,不断提高防范市场风险的能力。更残酷的现实是,美国华尔街一直是国际金融市场和国际商品市场的主要操盘手并享有独特的控制权,而这一切多是因为美元的因素,以及美国操纵美元的能力和美国对国际金融市场强大的影响力。

第三节 充分认识我国外贸增长潜力

2014年中国外贸进出口增长受多种因素影响低于预期,其中世界经济复苏低于年初预期,新兴经济体增长困难,导致全球需求不振,这是影响我国对外贸易的主因。美国退出量化宽松政策,全球主要大宗商品价格大幅下降,导致我国进口增长低迷。2018年中美贸易摩擦和冲突持续升级,从目前事态发展分析,短期内很难全面缓解。在此环境下,据海关统计,2018年1~8月,我国进出口保持了较高的增长,达到3.02万亿美元,增长16.1%。其中出口达1.6万亿美元,增长12.2%;进口1.4万亿美元,增长20.9%。

从近几年我国外贸增长变化看,以及从外贸的实际运行质量分析,仍有不少可圈可点的积极变化,概括起来有以下5个方面:

第一,我国外贸增长仍高于全球外贸增长。据世界贸易组织统计,2018年全球外贸增长约3.1%,增长明显高于全球贸易增长,同时我国2017年出口5.7%的增幅也大大高于美国3.1%、欧盟2.6%、日本-2.9%的表现,其结果是我国外贸占全球市场份额将进一步上升。

第二,我国出口的质量和效益大幅提升。据海关统计数据显示,截至2017年底,我国出口商品价格指数为99.5,与上年同期相比上升了1.7个百分点。外贸企业的反映是,在整体需求不振的情况下,新产品、设计独特的产品、性价比好的产品仍能保持较快的增长。

第七章
我国面临的新形势与新矛盾

第三，部分高附加值的出口产品保持高增长。2018年前8个月，计算机集成、制造新材料、航空航天等高新技术产品同比分别增长18.7%、21.3%、20.8%，轨道交通设备出口增长15.5%，汽车及零配件出口增长12.9%。上述产品的增速均大大高于传统出口产品的平均出口增速，其中像轨道交通、民用客机等大型成套设备还实现了首次对发达国家的出口，这预示着我国的出口商品结构正在发生积极的变化，同时也形成了外贸新的增长点。

第四，民营企业进出口比重继续扩大。从经营主体看，民营企业继续发挥着引领外贸增长的积极作用，进出口增速为6.2%，同期外商投资企业进出口仅增长2%，国有企业下降0.9%，民营企业在全国外贸进出口总值中的比重是37.5%。

第五，区域结构进一步优化。在外贸弱势增长的情况下，数据显示2016年我国中西部地区仍维持着较高的增长局面，其中中部六省出口增长14.5%，西部地区增长25.7%，中西部地区在全国外贸中的比重继续攀升至14.5%，比2015年同期又上升了1.8个百分点，这充分说明我国中西部地区仍具有潜在的发展优势。

当前中国外贸依旧面临着复杂的国内外环境，外贸增长难以出现大幅度的回升，制约和影响外贸发展的主要因素将由外部因素转为内部因素，以下几个方面的变化将对今后外贸增长产生重大影响。

第一，企业质量效益型的发展路径及环境决定了外贸增长的速度和空间。目前更多的企业已经适应了新常态下的外贸增长模式，已经不再期盼新的优惠政策和任何救市的政策，它们正在集中力量寻求新产品和新技术的突破，并把开拓市场、提升竞争力作为企业发展的突破口。在这种形势下，政府应继续转变观念，减少对企业的干预，尽量减轻企业的税费负担，把工作重点放在维护公平的市场竞争秩序方面，为企业走高质量效益型的发展路径提供制度上的保证。

第二，采取有效措施，切实支持实体经济发展。外贸的竞争力是制造业内在竞争力的外在表现。目前我国外贸反映的竞争力不强，同我国实体经济发展困难是紧密相关的。目前我国外贸出口和制造业总量在世界上均名列第一，这也是支撑我国国际影响力的两大重要指标。所以要切实解决好实体经济发展环境问题，应从设备更新、投资、银行信贷以及对制造业技术工人的培训和配套的服务业发展等方面入手，创造一个有利于制造业发展、宽松的环境，保证制造业合理的投资回报率，确保实体经济健康可持续地发展。

第三，加快实施自贸区战略，形成以开放促改革的新局面。加快实施自贸区战略已成为我国改革开放的重点任务之一，无论是以周边为主的自贸区战略，还是国内推动的自贸园区的试点工作，都将对扩大开放和引进外资发挥积极的作用。随着中日韩自贸区和RCEP自贸区的落实，我们相信这一定会带动我国外贸形成新的增长点。而国内上海自贸区的扩围和新推出的自贸园区定将形成新的开放吸引力，从而有利于我国扩大吸引外资，并将形成对外贸易出口的一个新的增长点。

第四，加快培育外贸竞争新优势，鼓励企业开拓国际市场。从外贸本身的发展看，关键是要加快培育外贸竞争新优势。外贸企业应集中精力在产品的质量、品牌、技术服务方面下功夫，不断提高产品的附加值，不断形成新产品和新技术，不断掌握新的竞争手段和商业模式，努力提高开拓国际市场的能力，真正形成外贸企业竞争的新优势。

第五，积极参与全球产业链合作，巩固跨境电商的发展成果。全球产业链的研究和发展已经引起了各国的普遍重视。中国外贸企业特别是制造业企业应高度关注全球价值链发展变化趋势，跟踪研究并争取参与到全球价值链的合作中去，从中学会并掌握竞争的新模式，不断提升我国在全球价值链中的竞争地位。中国要培育并形成一批在国际上有竞争力的跨国公司，以此来提高中国的国际竞争力和影响力。

从发展路径看，这一过程的关键是要培育企业参与国际经济合作和竞争的新优势。

第四节 把握好开放的重点和节奏

自党的十八大以来，我国的改革开放进入了新的历史阶段，我国面临的国际环境发生了巨大的变化，随着中国经济的快速发展，我国的经济总量已稳居全球第二的水平。中国的发展模式和路径日益受到世人的关注，并引起国际上主要发展大国的焦虑和不安，中美贸易摩擦的尖锐性和复杂性恰恰是这一历史条件下的必然反映，在此环境下我国坚定地选择了继续扩大开放的发展道路。在国际上我们坚定地支持多边贸易体制，反对贸易保护主义，并迎难而上果断地推出了一系列高水平开放的新举措。例如，放宽市场准入，实行负面清单的管理模式，加强知识产权保护，营造公平法治国际化的营商环境，大幅度降低进口关税，积极扩大进口等一系列扩大开放的重大措施，并取得了良好的效果。在扩大开放的同时，如何做好事中事后的监管工作，不断提高对开放型经济的管理水平和对国民经济的宏观调控水平，保持国民经济的平衡、稳定和可持续发展是我们面前的艰巨任务。

为此，我们应重点加强以下几方面工作：

一是加快市场开放的制度性建设。在推进高水平开放的过程中，应注意加强各类开放安排的制度性建设。例如在扩大利用外资方面，应抓紧修改和完善并尽早出台新的外商投资企业法，有些新的开放安排和举措最好以法律的形式予以明确公布，以增强企业对扩大开放的预期和信心；继续抓紧修改放宽外商投资产业指导目录，创造条件加快修订并公布统一的更加精简的负面产品清单目录；进一步减少行政审批和下放审批权限，全面放开一般制造业的市场准入，降低部分中高端制造业的投资准入，允许外资在大部分领域自由登记开办企业。在融资体制方面，加快金融体制改革，在放开外资准入条件的同时，应进一步规范和放宽对民间金融机构资质的审批，形成内外资统一管理、竞争有序的金融体系，分阶段推进资本项下的可兑换和继续稳步推进人民币国际化，积极支持互联网金融的发展，充分发挥金融对实体经济和企业技术创新、服务升级的支持作用。

二是把握好对外开放的顺序和节奏。我国经济正处于新旧动能转换的关键阶段，虽经济仍面临一定的下行压力，但也要看到新动能的积蓄和新的增长活力是与日俱增的。加快推进全面开放新格局建设，形成新的对外开放红利仍是当前面临的主要任务。为确保经济长期可持续增长，把握好开放的顺序和节奏至关重要，要注重处理好对内对外开放的结合，选择有利于增添经济增长活力的领域，率先实行开放，例如要进一步加大制造业开放力度，加快已明确的服务业开放内容的落地过程。对于压力较大的行业可采取分阶段、分步骤的开放措施，将开放的力度与开放后的事中和事后监管能力和风险防控能力统筹结合起来，要加大工业品关税的降税力度。在服务业开放方面，要全面落实中央多次提出的放开商贸流通、育幼养老、建筑设计、会计审计和电子商务等领域的开放安排，以及党的十九大后提出的放开电信、教育、医疗、养老以及新能源汽车的开放举措。在开放举措落地过程中，宜早不宜迟、宜快不宜慢。

三是积极主动参与多边体制建设和全球经济治理。更加深入全面地参与国际经济事务，提出新的治理理念和新的维护世界经济公平公正的制度性安排建设意见，不断发挥我国在国际组织和机构中的影响力；坚定支持多边贸易体制，积极参与新一轮针对WTO的改革与完善工作，抓紧研究明确我国应坚持的原则与在改革方面的灵活性，不断加大和提高我国在制定国际贸易规则中的参与力度和影响力；继续拓展我国同主要贸易伙伴自贸区的发展空间，树立中国的良好形象。

四是加强国际风险防范，提高我国在国际竞争和贸易摩擦中的应变能力。随着中国的综合国力增长和国际影响力的上升，我们需要更多考虑如何进一步加强保护我国的海外经济利益，这是当前大国竞争首先要考虑的问题。当前我国面临的国际环境日趋复杂，大国竞争、贸易摩擦、金融市场动荡、商品市场震荡、地缘政治矛盾、地区冲突风险日益复杂多变，因此我们要把握好外部发展环境的变化和突发事件可能产生的影响，提高对各类风险的防范意识，加强战略态势评判研究和预警分析，努力提高驾驭国际经济风险的能力，维护处理好我国海外利益的发展格局同国家总体安全观的平衡发展，不断提高维护国家经济利益安全的能力和水平。

第八章　积极稳妥推进"一带一路"建设

2013年9月,习近平主席在哈萨克斯坦讲演时提出了"共建丝绸之路经济带"的倡议,同时提出了"政策沟通、道路联通、贸易畅通、货币流通、民心相通"(简称"五通")的建设路径。在顶层设计层面,2015年3月,发改委、外交部和商务部三部委联合发布《推动共建丝绸之路经济带和21世纪海上丝绸之路的愿景与行动》,针对性地提出经贸合作的具体原则、框架思路、合作重点和合作机制,为国内四大区域(西北、东北部地区,西南地区,沿海和港澳台地区以及内陆地区)深化与沿线国家的合作提出具体开放要求与举措。在国际共识层面,"一带一路"倡议得到沿线国家和世界其他国家的广泛支持,截至2017年,全世界已有100多个国家和国际组织参与其中,中国已同40个沿线国家签署了共建"一带一路"的合作协议。2017年3月,在李克强总理出访期间,新西兰与我国签署"一带一路"合作协议,成为首个签署相关协议的西方发达国家。在经贸合作层面,我国充分利用双边经贸联委会、混委会等现有机制以及区域和次区域合作平台,发挥我国驻外使领馆和经商机构的作用,加强与沿线国家的交流对话,积极推动政策沟通和战略对接。成功就"一带一路"倡议同欧盟倡导的"容克投资计划"、俄罗斯实施的"欧亚联盟"、蒙古的"草原之路"、柬埔寨的"四角战略"、老挝的"变陆锁国为陆联国"等战略实现对接并达成发展共识,推动"一带一路"倡议同捷克、波兰、乌兹别克斯坦、文莱等国以及欧亚经济联盟的发展战略对接。此外,我国还与30多个国家开展了国际产能合作,以亚投行、丝路基金为代表的金融合作不断深入,一批有影响力的标志性项目逐步落地。

第一节 "一带一路"建设已取得突出成效

一、回顾"一带一路"建设所取得的成就

自2015年3月中国公布了愿景与行动文件后,中国倡议的"一带一路"建设即进入了全面实施阶段,其主要工作可概括为以下几个方面:一是本着共商共建共享的原则,加强同沿线国家的沟通协商,尊重沿线国家的发展思路和有关重大战略构想,尽可能地与相关国家的发展战略进行对接,以促进形成利益共同体和命运共同体;二是以基础设施为重点,以六大走廊建设为突破口,优先研究带动作用大、有示范效果的重大项目先行启动,以形成良好的示范效应;三是以国际产能合作为重点,加强双边贸易投资合作,通过探索建立产业合作园区和边境合作区来扩大双边贸易投资发展规模;四是加强海关质检的边境合作,促进贸易便利化发展,创造便捷高效的通关效率;五是加强同沿线国家的金融合作和文化交流,促进人文交流深入发展,增强相互间的友谊与合作。从五年来的进展情况看,各方面的进度还是比较理想的,大多数沿线国家都显示出了积极的热情,一些重大项目和协议已经签署,有的项目已经开始施工建设,特别是高铁项目进展最为突出。主要成果体现在以下几方面:

1. 高层互访频繁且取得广泛共识

近几年,习近平主席先后出访了"一带一路"沿线的众多国家,包括欧洲的荷兰、法国、德国及俄罗斯,亚洲的印度、巴基斯坦,以及东盟的印尼等国家。李克强总理也先后出访了"一带一路"沿线的众多国家,包括东南亚、非洲以及欧洲若干主要国家等。领导人在出访期间积极宣传介绍中国倡导的"一带一路"概念,并主动与各国的发展战略相对接,形成了广泛的共识,并签署了众多的双边协议以及合作谅解备忘录及行动纲要文件。同时,中国还接待了大量"一带一路"沿线和周边国家元首或总理来访。通过领导人的互访,"一带一路"概念已深入人心,引起强烈共

鸣。不仅沿线国家高度重视、积极参与，还有中非和西非国家、阿拉伯国家以及拉丁美洲国家均表示了较高的热情。欧美国家也对"一带一路"进展予以高度关注。

2. 基础设施互联互通已全面启动

规划中的六大走廊建设，除孟中印缅走廊建设有些滞后外，其余的五大走廊建设已陆续启动，并产生了积极的效果。从2012年开始，国内陆续开通了中欧、中亚班列，并逐步实现常态化运营。自2014年8月中铁总公司首届中欧班列国内协调会在重庆召开后，截至2017年底，各省市已开通的中欧班列据不完全统计已超过2000趟，大大带动了丝绸之路沿线的贸易投资发展。此外，在中俄油气管道设施建设、电力基础设施建设等方面也取得了快速发展。

3. 境外产业园区建设持续发展

据中国商务部数据显示，截至2017年，中国正在运营和建设的各类境外经贸合作区已达118个，其中涉及"一带一路"沿线国家的经贸合作区有77个，35个处于丝绸之路经济带沿线国家，42个处于21世纪海上丝绸之路沿线国家。其中较受人关注的有柬埔寨西哈努克港经济特区、哈萨克斯坦霍尔果斯边境合作区、马来西亚关丹产业园区、白俄罗斯中白工业园等。这些园区有的在"一带一路"倡议提出前就已建设并运营了，有的是在"一带一路"倡议提出后才正式启动建设的。总之，目前已初步覆盖了沿线主要国家，并正在发挥积极的作用。

4. 融资平台建设发展迅速

新设立或拟设立的融资平台包括亚洲基础设施投资银行、丝路基金、中国欧亚经济合作基金、中欧共同投资基金。此外，根据中国的改革设计，人民币国际化进程正在逐步加速，中国已同很多国家签署了双边货币互换协定，2016年10月人民币被成功地接纳为国际货币基金组织的篮子货币。目前，中国的主要银行和有关金融机构已经行动起来，积极参与"一带一路"建设，并正在抓紧研究制定相关政策予以推动。国家开发银行、中国进出口银行以及中国信保银行还为"一带一路"设立项目储备库，重点对"一带一路"项目投资予以支持。

二、我国同沿线国家的经贸合作情况

截至2017年,我国与沿线国家贸易已突破1万亿美元,占我国对外贸易总额的1/3。自2013年以来,我国对沿线国家贸易额保持平稳增长,对沿线国家的出口额占我国出口总额的27%,进口额占我国出口总额的24%。我国对沿线国家贸易总体处于顺差状态,顺差额占我国对外贸易顺差总额的四成。受全球贸易不景气的影响,2015年和2016年我国对沿线国家贸易额一度出现下滑,但表现仍好于我国对外贸易的总体情况。2017年,中国对沿线国家的进出口总额达到14403.2亿美元,同比增长13.4%,高于我国整体外贸增速5.9个百分点,占中国进出口贸易总额的36.2%(超过1/3)。其中,中国对沿线国家的出口额达到7742.6亿美元,同比增长8.5%,占中国总出口额的34.1%;对沿线国家的进口额达到6660.5亿美元,同比增长19.8%,占中国总进口额的39.0%(见图8-1)。2017年,中国对沿线国家的进口额首次超过对沿线国家的出口额,这对当地经济产业发展和外汇积累贡献了重要的力量。

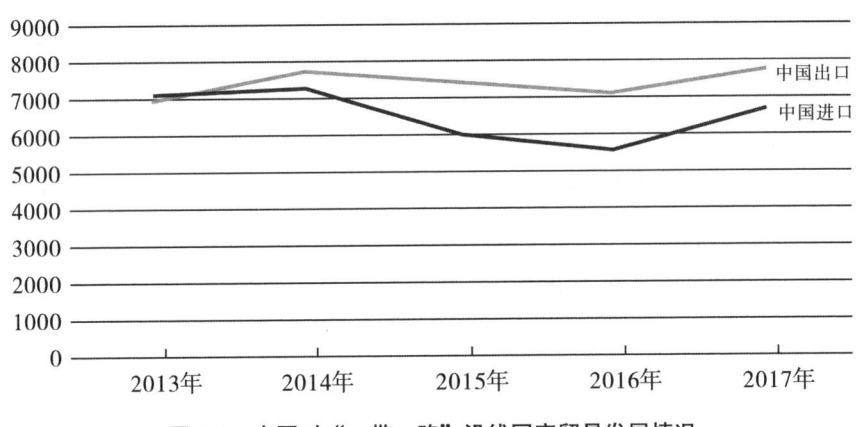

图8-1 中国对"一带一路"沿线国家贸易发展情况

资料来源:中国海关统计。

与沿线国家贸易的互补性强,对部分沿线国家的出口快速增长。从国别分布情况来看,2017年中国对"一带一路"沿线国家贸易额前5位的国家分别是越南、马来西亚、印度、俄罗斯、泰国(见表8-1)。从产品结构看,我国对沿线国家出口额最高的产品为"电机、电气设备及其零件",达1165.9亿美元,属于技术密集型产品。"锅炉、机器、机械器具及零件""钢铁和塑料及其制品"排名第二和第三。我国对沿线国家进口额最高的产品为"矿物燃料、矿油及其蒸馏制品",达1109.9亿美元,属资源产品。2016年,我国对巴基斯坦、俄罗斯、波兰、孟加拉国和印度等国出口分别增长11%、14.1%、11.8%、9%和6.5%。同期,我国对欧盟出口增长1.2%、对美国出口微增0.1%、对东盟出口下降2%。越南成为我国在沿线国家中最大的贸易伙伴。

表8-1　2017年中国对沿线国家贸易额排名前5位的国家

排名	国家	贸易额/亿美元	出口额/亿美元	进口额/亿美元
1	越南	1218.7	714.1	504.7
2	马来西亚	962.4	420.2	542.2
3	印度	847.2	683.8	163.4
4	俄罗斯	841.9	430.2	411.7
5	泰国	806.0	388.1	417.9

资料来源：中国海关。

加快推进自贸区建设,不断提升贸易便利化水平。自贸区是我国与沿线国家合作的重要内容。近三年来,我国先后完成中国—东盟自贸区的升级谈判、与格鲁吉亚自贸区的谈判,《区域全面经济伙伴关系协定》(RCEP)谈判取得积极效果,推进与马尔代夫自贸区谈判,启动与海合会、以色列等自贸区谈判,积极与沿线有关国家和地区发展新的自由贸易关系,努力构建高标准自由贸易区网络,推动区域经济一体化发展。在此基础上,我国还采取有力措施扩大相互市场开放,利用出口信贷、出口信用保险等政策支持大型成套设备出口。先后举办中国—东盟博览会、中国—亚欧博览会、广交会等大型综合性展会,取得了良好的效果。

三、我国同沿线国家的投资合作情况

2017年,中国对沿线国家非金融类直接投资达143.6亿美元,占同期我国对外投资总额的12%,比2016年同期增加3.5个百分点;承包工程新签合同额1443.2亿美元,同比增长14.5%,占比上升至54.4%。一批重大项目积极推进,亚吉铁路正式开通运营,中老铁路、斯里兰卡科伦坡港口城等项目有序实施,大项目的积极示范效应不断增强。

投资增长迅猛,企业表现活跃。2003—2015年,我国对沿线63个国家(不包括不丹,未建交且无投资)进行了直接投资,投资额从2003年的2亿美元上升至2015年的189.3亿美元,年均复合增长率达141.8%,截至2015年底,投资存量达1156.8亿美元。2013年"一带一路"倡议提出后,我国的企业积极响应,2014年对沿线国家投资流量增长8.1%,2015年增幅达38.6%。美国传统基金会统计数据显示,2005—2015年,我国对沿线国家直接投资近六成通过并购实现。随着"一带一路"倡议的深入推进,未来投资项目将发展更快、规模更大。

区域分布集中,大项目示范效应突出,有四成投资流向新加坡、俄罗斯、印度尼西亚和哈萨克斯坦,主要集中在资源能源领域。从区域分布看,我国对东南亚、中亚和独联体相关国家的投资排名前三,与我国和沿线国家贸易往来排名基本相符,投资与贸易显现出较强的互补性。中国移动收购巴基斯坦辛姆巴科公司,为当地通信产业注入中国技术,提升服务能力。中哈天然气管道项目满足了哈萨克斯坦南部地区居民的用气需求。招商局和中远集团联合收购土耳其第三大码头Kumport,进一步提高了土耳其与我国贸易往来的便利水平。

沿线国家成为中国工程承包项目最大的海外市场。自2004年以来,非洲地区基础设施工程承包项目营业额长期稳居40%左右的比重,非洲是中国相关企业最大且最重要的海外区域市场,其中阿尔及利亚东西公路项目和尼日利亚现代化铁路项目连续创下中国企业在海外工程单项规模最大的纪录。自"一带一路"倡议提出以来,"一带一路"沿线国家工程承包市场超过非洲成为中国基础设施企业工程项目的最大海外区域市场,项目营业额占比近五成。2015年,中国企业在"一带一路"沿线国家完成营业额692.6亿美元,占同期中国对外承包工程行业完成营业总额的45%,同比增长7.6%;2016年,中国企业在沿线国家完成营业额759.7亿美元,占同期中国对外承包工程行业完成营业总额的47.7%,同比增长9.7%。

沿线国家工程项目新签合同额增速大大超过营业额增速,区域市场呈现扩张态势。基础设施工程承包项目周期为1~5年,当年新签合同额是未来1~5年完成营业额的先行指标。2016年，中国基础设施企业在沿线国家新签合同额为1260.3亿美元，较上年增长36.0%；完成营业额为759.7亿美元，较上年增长9.7%。新签合同额增速较完成营业额增速高出近30个百分点，可预计未来几年海外基础设施承包项目营业额还将快速增长。作为基础设施工程承包的先行指标，2015年企业新签合同额比当年完成营业额高出33.8%，2016年高出65.9%，这表明随着中国"一带一路"倡议的不断推进，沿线国家的工程项目市场呈现扩张状态。

经贸合作区快速发展，在当地产生积极效应。"一带一路"沿线国家大多处于工业化进程初期阶段，内部市场潜力较大，吸引外资意愿强烈。目前，我国在20个"一带一路"沿线国家建设合作区（见表8-2），其中正在建设的有56个合作区，占在建合作区总数的72.72%，累计投资185.5亿美元，入区企业1082家，总产值506.9亿美元（占境外经贸合作区总产值的57.9%），上缴东道国税费10.7亿美元（占境外纳税总额的40%），为当地创造就业岗位17.7万个（占境外创造就业总数的83.5%）。

表8-2 "一带一路"沿线国家主要合作区名录

序号	名称	投资主体	序号	名称	投资主体
1	柬埔寨西哈努克港经济特区	江苏太湖柬埔寨国际经济合作区投资有限公司	10	匈牙利中欧商贸物流园	山东帝豪国际投资有限公司
2	泰国泰中罗勇工业园	华立产业集团有限公司	11	吉尔吉斯斯坦亚洲之星农业产业合作区	商丘贵友食品有限公司
3	越南龙江工业园	前江投资管理有限责任公司	12	老挝万象赛色塔综合开发区	云南省海外投资有限公司
4	巴基斯坦海尔—鲁巴经济区	海尔集团电器产业有限公司	13	乌兹别克斯坦鹏盛工业园	温州市金盛贸易有限公司
5	埃及苏伊士经贸合作区	中非泰达投资股份有限公司	14	中匈宝思德经贸合作区	烟台新益投资有限公司
6	俄罗斯乌苏里斯克经贸合作区	康吉国际投资有限公司	15	中国·印尼经贸合作区	广西农垦集团有限责任公司

(续表)

序号	名称	投资主体	序号	名称	投资主体
7	俄罗斯中俄托木斯克木材工贸合作区	中航林业有限公司	16	中国印尼综合产业园区青山园区	上海鼎信投资（集团）有限公司
8	中俄（滨海边疆区）农业产业合作区	黑龙江东宁华信经济贸易有限责任公司	17	中国·印度尼西亚聚龙农业产业合作区	天津聚龙集团
9	俄罗斯龙跃林业经贸合作区	黑龙江省牡丹江龙跃经贸有限公司			

资料来源：商务部数据。

四、我国对沿线国家的金融合作情况

我国对沿线国家基础设施投资的开发性基金总规模超过500亿美元。自2014年以来，我国政府和相关机构先后成立丝路基金、中国—欧亚经济合作基金和中国—中东欧基金等开发性投资基金，主要对沿线国家进行投资。加上中国—东盟投资合作基金（2009年）、中国—东盟海上合作基金（2011年），开发性基金总规模超过500亿美元。此外，2015年成立的多边开发性金融机构——亚洲基础设施投资银行，投资总规模达到1000亿美元；金砖五国组建的金砖银行已宣布成立，1000亿美元的应急储备安排也已签署文件。通过亚投行、丝路基金、人民币跨境支付系统的务实、高效运作，积极与国际资本合作，不断引领国际资本参与支持"一带一路"重大项目建设，增强人民币在"一带一路"沿线国家的使用安排。这对进一步促进人民币国际化发挥了积极的作用。

政府间金融合作安排保障了我国与沿线国家资金结算的便利化。

第一，近年来我国与沿线国家不断开展双边本币互换。2014—2016年，中国人民银行先后与超过20个"一带一路"沿线国家签署货币互换协议（总金额超1.6万亿元），这有利于促进国家间资本流动，便利双边贸易和投资，规避汇兑风险。第二，与沿线国家建立人民币清算安排。中国人民银行先后与匈牙利、阿联酋和泰国央行签署关于建立人民币清算安排的合作备忘录,促进离岸人民币业务的开展,满足沿线国家与我国企业贸易和投资结算的需求。第三,与沿线国家推进人民币直接交易。截至2016年第三季度,人民币与新加坡元、马来西亚吉特、俄罗斯卢布、阿联酋迪拉姆和沙特里亚尔在银行间货币市场开展直接交易,这在极大程度上降低了市场主体的汇兑成本。

人民币国际化产生积极的溢出效应。人民币的跨境使用正从贸易领域向金融领域延伸,人民币已经连续5年成为中国第二大跨境收付货币,人民币在双向投资中的占比不断上升,并且以人民币计价的债券市场规模也逐步扩大,人民币在双边货币互换协议中成为支付货币。在中国香港、新加坡、英国和卢森堡等地设立的人民币离岸交易市场进一步为我国企业融资、在沿线国家投资建设提供了便利,进一步加快了人民币的国际化进程。

第二节 与沿线国家经贸合作需注意的有关问题

"一带一路"沿线国家多属发展中国家,经济发展水平处于起步阶段,国家治理能力和社会管理水平有待进一步提高,因此沿线国家的政治风险、社会风险、法律风险和商业风险是当前深度开展经贸合作需注意的主要问题。

一、沿线国家潜在的政治风险

"一带一路"沿线国家容易因政治动乱影响企业参与沿线经贸合作进程。美国社会学家亨廷顿在《文明的冲突》一书中指出一国政治风险产生的根源在于政治制度化与政治参与两个方面,提出政治动乱公式:政治参与程度÷政治制度化水平=政治动乱指数。长期以来,"一带一路"沿线国家的政治制度化稳定性不够,政治参与方众多,国内不同政见的党派团体、民族、宗教矛盾以及外国势力严重影响外国资金流入。与此同时，沿线国家政治制度化水平相对较低，政局动荡、政府更迭、政府毁约等因素给我国企业参与经贸合作建设带来了潜在的不确定性风险。

部分沿线国家内部政治势力间矛盾隔阂较深，政局较易产生动荡。"三股势力"——恐怖主义、极端民族主义和分裂主义在部分沿线国家，特别是中亚地区肆虐。近年沿线国家和地区秩序动乱、地缘政治冲突不断，中东乱局、欧洲及周边国家的难民危机、一些国家和地区的恐怖袭击等问题出现的根源在于东道国内部不同部族、宗教派别之间的矛盾难以调和，我国企业需要支付更高的成本应对各种突发矛盾和冲突。2013年利比亚政局内乱，中国在利比亚的75家企业、3万余人的撤离造成的经济损失高达数百亿美元，其中包括人员撤离的巨额费用，也包括固定资产、原材料的损失及相关应收账款的损失。此外，巴基斯坦恐怖分子和宗教极端势力不断向大中城市渗透，教派、党派和种族之间的流血冲突时有发生；沙特阿拉伯受恐怖主义威胁和国内政治变革的因素影响，政治仍然存在一定的风险；泰国曼谷、普吉岛等地成为恐怖主义袭击的高发地区。

沿线国家制度化水平有限，大型项目易受政权更迭冲击。部分沿线国家政府当局的一些决策并未受到国内各种派别的广泛认同，政治体制运行的稳定性较弱，政策的连贯性不强。新任政府对前任决策的否定，给持续周期较长的投资型经贸合作建设带来较大的不确定性。2013年末至今，乌克兰政权更迭后该国的法律法规和经济政策正在进行大幅调整，经贸合作项目受到严重影响。泰国近年来其政权更迭频繁，对外合作连续性不强，已达成的合作意向屡遭变故，一些合作大项目受多重势力影响，决策和建设周期缓慢。斯里兰卡新政府上台，多个项目前景不明，我国投资者的合法权益受到威胁。

国家间关系的稳定性也影响企业参与当地经贸合作。由于历史遗留问题，越南、菲律宾等国与我国互信不足，尽管两国政府在经贸合作和吸引投资方面有较多积极举措，但企业在当地投资经营的经贸合作项目进展缓慢。越南在2014年发生排华事件，印度惧华、戒华、防华的心理仍然较为普遍，马里、吉尔吉斯斯坦等地近一年来先后有数起针对中国人的恐怖袭击发生；一些沿线国家与中国由于战争历史、边境和发展差距等原因，彼此互信度不够，给企业在这些国家推进经贸合作带来困难。

二、普遍存在的社会风险

社会系统不稳定往往给经贸合作长期性建设造成一定压力，容易产生危机事件。沿线国家国情差异较大、宗教文化和社会习俗与国内存在较大不同，我国企业的经营理念和行为模式受到误解，经济低迷造成保护主义情绪上升等问题导致我国企业在当地投资、建设经贸合作项目中面临着诸多挑战。我国企业与当地社会文化风俗的差异导致属地化经营困难，长期性经营面临诸多不确定性因素，常常被所在国的政府、投资者、媒体、雇员所怀疑。

文化习俗差异大，企业行为经常遭到误解。我国企业开展海外经贸合作始终面临着陷入"跨文化休克症"的风险。特别是沿线国家覆盖四大文明古国和世界四大宗教发源地，与中国的宗教信仰、语言文化、风俗习惯、思维方式、价值观等存在巨大差异。联合国开发计划署（UNDP）、国资委和商务部研究院联合发布的《中国企业海外可持续发展报告2015》指出，中国企业海外经营面临的劳资冲突，近三成是由文化差异造成的；社区矛盾，近半数也是因与当地文化习俗融合不足导致的。

信息披露不足，与利益相关方沟通不足。我国企业对利益相关方的重视程度，主要还是取决于与核心业务的关联程度。《中国企业海外可持续发展报告2015》显示，我国企业在海外最为重视的排名前五位的利益相关方分别为客户、股东（投资者）、投资国政府、中国政府当地常驻机构以及供应商；位于末五位的利益相关方分别为当地社区、行业协会、新闻媒体、国际组织以及非政府组织（NGO）（见图8-2）。我国企业参与沿线国家基建项目往往忽略与当地社会及民众进行沟通，造成民众对我国企业的误解、曲解、歪曲和夸大事实，有时我国企业尚未进入便受到抵制，其根源就在于沟通不足。

沿线国家生态环境系统脆弱，参与企业要提高可持续发展意识。陆上丝绸之路所经过的欧亚大陆，主要是内陆的亚洲地区，其地理特征是气候异常干燥、降雨量稀少、土地荒漠化严重。其中，哈萨克斯坦66%的土地（近1.8万亿公顷）逐步退化，面临沙漠化的风险。而海上丝绸之路面临着气候变暖的风险，沿线岛国土地面积不断被大海侵蚀。一方面，企业参与沿线国家投

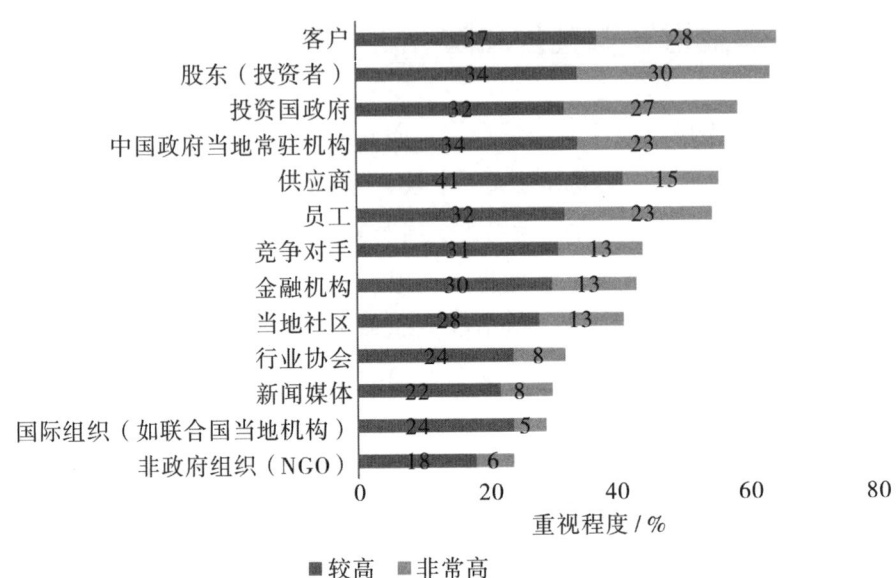

图8-2 我国企业海外经营对利益相关方重视情况的调查

数据来源：UNDP、国资委和商务部研究院发布的《中国企业海外可持续发展报告2015》。

资要遵守环境标准严苛于国内的法律法规，如俄罗斯饮用水标准、大湄公河流域国家关于排放水体重金属的要求；另一方面，企业规划沿线国家基建项目要重视生态治理，保护当地生物多样性，在当地国家工业化、城镇化快速发展的进程中构建绿色经贸合作体系，提供绿色产品和服务。

三、方方面面的法律风险

沿线国家法律制度相互差异较大，中东国家法律规定与当地习俗密切相关；而中东欧国家制度和标准与欧盟相近，呈现准高端市场特征，法律制度复杂、风险较大。企业在承担项目和进行投资前，需做好预案，进行详细的尽职调查和充分的事前准备。

沿线国家有的宗教色彩浓厚，法律上存在"双轨制"。沿线国家有22个以伊斯兰教作为国教，14个属于伊斯兰法系国家，主要以伊斯兰教经典作为立法依据。传统伊斯兰国家不承认公法私法的分别，不存在宪法、刑法和民商法等部门。一些国家在人身和婚姻领域实施伊斯兰教法，而在民商法领域采用西方法律制度，存在法律上的"双轨制"。其中，阿联酋等国家宗教法庭和现代法庭并存。而在沙特、伊朗等国，一旦合同条款违反古兰经教义，则该条款自然失效。

沿线国家营商环境排名分化，中亚地区、西亚北非国家排名普遍靠后。世界银行发布的《2016年营商环境报告》数据显示，"一带一路"沿线国家营商环境居全球前50位的有23个，多为中东欧国家；新加坡营商环境位居全球第二，中东欧国家中仅波黑、乌克兰、土耳其、阿塞拜疆、阿尔巴尼亚和黑山排名在全球前50名之外；中亚地区及西亚北非国家营商环境排名普遍偏后，孟加拉国、也门和阿富汗的营商环境排名位于最后三位（见表8-3）。

表8-3　2016年度沿线国家营商环境情况

东北亚国家	营商便利度排名	竞争力指数排名
蒙古国	64	102
东南亚国家	营商便利度排名	竞争力指数排名
文莱	72	58
柬埔寨	131	89
印度尼西亚	91	41
老挝	139	93
马来西亚	23	25
东南亚国家	营商便利度排名	竞争力指数排名
缅甸	170	
菲律宾	99	57
新加坡	2	2
泰国	46	34
越南	82	60
东帝汶	175	—
南亚国家	营商便利度排名	竞争力指数排名
巴基斯坦	144	122
不丹	73	97
马尔代夫	135	未排名
孟加拉国	176	106
尼泊尔	107	98

（续表）

斯里兰卡	110	71
印度	130	39
西亚北非国家	营商便利度排名	竞争力指数排名
阿富汗	183	未排名
阿联酋	26	16
阿曼	66	66
埃及	112	115
巴勒斯坦	未排名	未排名
巴林	63	48
卡塔尔	83	18
科威特	102	38
黎巴嫩	126	101
沙特阿拉伯	94	29
土耳其	69	55
叙利亚	173	—
也门	179	138
伊拉克	165	—
伊朗	120	76
西亚北非国家	营商便利度排名	竞争力指数排名
以色列	52	24
约旦	118	63
中亚地区	营商便利度排名	竞争力指数排名
哈萨克斯坦	35	53
吉尔吉斯斯坦	75	111
塔吉克斯坦	128	77
土库曼斯坦	未排名	未排名
乌兹别克斯坦	87	未排名
欧亚地区	营商便利度排名	竞争力指数排名
俄罗斯	40	43
亚美尼亚	38	79
格鲁吉亚	16	59

(续表)

阿塞拜疆	65	37
乌克兰	80	85
白俄罗斯	37	未排名
摩尔多瓦	135	100
中东欧国家	**营商便利度排名**	**竞争力指数排名**
阿尔巴尼亚	58	80
爱沙尼亚	12	30
保加利亚	39	50
波黑	81	107
波兰	24	36
黑山	51	82
捷克	27	31
克罗地亚	43	74
拉脱维亚	14	49
立陶宛	21	35
罗马尼亚	36	62
马其顿	10	68
塞尔维亚	47	90
中东欧国家	**营商便利度排名**	**竞争力指数排名**
斯洛伐克	33	65
斯洛文尼亚	30	56
匈牙利	41	69

资料来源：世界银行发布的《2016年营商环境报告》。

沿线国家对外开放意愿有限，全球四成投资者—东道国争端案件集中在该区域。据商务部统计，中国与56个沿线国家签署《双边投资保护协定》，与51个国家签署《避免双重征税协定》，与20个国家签署《司法互助协定》。沿线国家在全球产业链分工、贸易结构以及全球经贸规则的制定上地位不高，对经济全球化以及外国投资者的热情有限，对外开放意愿有限。2014年印尼政府宣布将终止67项BIT（《双边投资协定》），严重打击当地外国投资者的信心。截至2016年底，全球共有562个投资者—东道国投资争端案件提交到ICSID（投资争端解决国际中心),389个案件完结;210个争端案件涉及"一带一路"沿线国家,埃及(28件)为被诉案件最多的国家,乌克兰(15件)、哈萨克斯坦(12件)、匈牙利(10件)被诉次数均超过10件。

四、错综复杂的商业风险

改革开放以来,我国劳动力人口快速增长、工业制造能力不断提高,早期我国企业参与国际经贸合作的核心竞争力来源于成本相对较低的劳工和国内生产的材料、设备。随着当前国际经贸合作市场竞争日趋激烈,我国企业在内部竞争、资源整合、经营模式以及环保等方面较国际巨头还有差距。

内部竞争严重,缺乏合作意识。当前,我国企业在"一带一路"沿线国家开展经贸合作项目竞标的过程中,竞争对手主要是国内同行。内部恶性竞争导致的标价降低、质量风险是中企海外承包工程遇到的最大问题和挑战。根据商务部中国服务外包研究中心发布的《2016年中资海外工程企业调研报告》显示,在海外工程业务主要竞争对手方面,90.91%的受访中资企业认为是国内同行(见表8-4);在针对有关海外经贸合作建设的14个问题和挑战的选项中,参与调查的中资企业将"来自同行的恶性竞争"视为最大的问题和挑战。

表8-4 中资海外工程企业国际市场主要竞争对手

选项	比例
发达国家同行	44.16%
发展中国家同行	35.06%
国内同行	90.91%
没有竞争对手	2.6%

数据来源:中国对外承包工程企业(经贸合作建设类)调查问卷。

不熟悉仲裁条款,丧失保障机制。一些企业不重视、不熟悉纠纷解决方式,有时把国际仲裁条款当作谈判筹码从业主处获得短期实惠,却丧失保障性机制。另外,还有一些中资企业对特殊的市场环境了解不够,对以概念性设计招标为主的中东市场及其索赔要求不适应,从商务谈判、中标文件签署到施工过程中细节性证据的积累等,都没有做好相应的准备,导致在工程索赔环节缺乏支持性文件和证据,造成严重亏损。

经营手段传统,科技水平不足。我国企业经营模式仍基本停留在传统方式,智能化管理水平有限,现代化手段不足。在电力方面,当前新能源技术和电力供应整合不断加强,企业在智能电表、及时应答系统等先进领域表现不足。在交通运输方面,企业运用电子收费、智能检测以及流量数据预测等新技术能力较差。在油气管网方面,企业仍有较大的运输损耗、生产低效问题。在施工方面,国际经贸合作企业开始采用无人机、3D打印等技术不断提高工程进度、保障施工安全,而我国企业表现仍显不足。

第三节 与沿线国家经贸合作的前景展望

一、与沿线国家开展经贸合作前景广阔

沿线国家经济增长潜力对基础设施的引进建设需求巨大,处于外国资本净流入阶段。沿线国家经济发展大多处于起步阶段,工业增加值占GDP比重平均值仅为32.2%,落后于中国8个百分点,工业化水平不高。长期来看,对基础设施的需求与经济增长存在双向关系,经济增长会拉动对基础设施的需求,增加对基础设施的供给。同超过1万美元的世界人均GDP相比,"一带一路"沿线国家的人均GDP仅为世界平均水平的46.4%。按照邓宁的外国直接投资周期理论,这些国家正处于外国资本净流入阶段。总体来看,随着经济的发展和人均收入的提高,当地人民对高质量生活的追求,将进一步引发对基础设施建设的强烈需求,要采取措施更加积极地吸引外国投资者参与基础设施建设。

沿线国家外汇储备较为平稳,平均覆盖6个月的进口,有利于外国资金进入。总体而言,沿线国家外汇储备较为合理,根据世界银行最新数据显示,沿线国家2015年外汇储备占外债比重均值为99.8%,中东欧较富裕国家和西亚北非国家的外汇储备比较丰富,占外债比重均值分别为121.7%和

125.5%；南亚、东南亚以及中亚地区国家的外汇储备占外债比重均值低于100%，分别为78.4%、60.7%和29.9%。从外汇储备覆盖进口月份数来看，"一带一路"沿线国家外汇储备平均可覆盖6.2个月的进口，西亚北非资源型国家覆盖值最高，达10个月；东南亚、南亚、中东欧和中亚地区覆盖值分别为6.0个月、5.9个月、4.3个月和3.5个月。总体来看，沿线国家外汇储备处于合理区间，短期内不会发生突然性国际支付风险。

沿线国家具备支持经济发展的人口红利，人口抚养比均值达50%，过半数劳动力集中在农村地区。沿线国家人口总数超过40亿人，占全球总人口数的63%，人口增长率平均值达1.1%。其中，西亚北非国家人口增长率普遍达2个百分点。沿线国家大多处于支持经济发展的红利时期，南亚国家（44.7%）和中东欧国家（47.7%）人口抚养比最低；西亚北非、东南亚和中亚地区人口抚养比均值超过50%，但最高值（中亚地区）不超过52.9%。从国别看，东帝汶（17.8%）、巴基斯坦（20.1%）等37个国家人口抚养比均值在50%以下，人口红利优势明显，经济发展潜力巨大。从人口分布看，沿线国家中52.6%的人口分布在农村地区，其中，斯里兰卡（81.6%）、尼泊尔（81.4%）、柬埔寨（79.3%）等22个国家农村劳动力占人口比重超过50%。沿线国家劳动力供给充足，社会负担相对较轻，有利于经济的快速发展；也有利于我国企业属地化开展项目运营，降低投资成本。

二、"一带一路"建设需要特别关注的问题

"一带一路"建设的重点是以习近平主席提出的"五通"要求为基本内涵，逐步形成以点带线、从线到片的格局，最终形成大区域大合作的发展格局，所以应把解决"五通"问题放到重要的位置。第一，加强政策沟通。各国可以就经济发展战略和政策进行充分交流，本着求同存异的原则，协商制定推进区域合作的规划和措施，在政策和法律上支持区域经济融合。第二，加强道路连通。上海合作组织正在协商交通便利化协定，尽快签署并落实这一文件，将打通我国太平洋沿岸连云港到波罗的海的运输大通道。在此基础上，我们应同沿途各方积极探讨完善跨境交通基础设施建设，逐步形成连接东南亚、西亚、南亚的交通运输网络，为各国经济发展和人员往来提供便

利。第三，加强贸易畅通。2015年，我国与东盟各国的贸易总额已达4720亿美元，占我国外贸总额的11.9%，近年来，一直保持了高速增长的局面；中国企业对东盟各国的非金融类投资持续上升，发展潜力巨大；中国企业在中亚各国承包工程营业额近400亿美元，是我国主要的对外承包业务地区。中亚各国的市场规模和潜力独一无二。各国在贸易和投资领域合作机会潜力巨大。各方面应该就贸易和投资便利化问题进行探讨并做出适当安排，消除贸易壁垒，降低贸易和投资成本，提高区域经济循环速度和质量，实现互利共赢。第四，加强货币流通。中国和新加坡、俄罗斯等国在本币结算方面已开展了良好的合作，取得了可喜成果，并积累了丰富经验，这一做法有必要加以推广。如果各国在经常项下和资本项目下逐步实现本币兑换和结算，就可以大大降低流通成本，增强抵御金融风险的能力，提高本地区经济的国际竞争力。第五，加强民心相通。"国之交在于民相亲"，当前中国同"一带一路"沿线国家民间各领域、各层级的交流还有必要进一步加强，逐步巩固好民间各项交流活动，夯实同沿线国家的友好关系，形成坚实的民间友好往来基础。

搞好上述领域合作，必须得到各国人民的支持，必须加强人民之间的友好往来，增进相互了解和传统友谊，为开展区域合作奠定坚实的民意基础和社会基础。特别要注意处理好以下各方面关系。

1. 要处理好与沿线国家共商共建共享问题

"一带一路"是习近平主席提出的发展倡议，中国在多个场合一再强调"一带一路"建设不是中国一家的独唱，而是沿线众多国家的大合唱，只有调动沿线各国的参与和合作才能真正落实，但"一带一路"沿线各国资源禀赋、社会制度、经济基础差异较大，甚至宗教文化也不尽相同，我国在推动建设进程时，需要对沿线国家有深入的研究和把握，要充分考虑不同国家的发展水平和承受力，避免出台由中国单方面主导的政策措施。要采取灵活的、符合沿线各国意愿的举措，避免因我国过度主导而影响沿线国家的参与热情。关键要本着与沿线国家共商共建共享的原则，一方面要尽量满足沿线国家的一些要求，另一方面要注意引导沿线国家积极参与，真正形成共建的格局，巩固利益共同体。

由于"一带一路"建设涉及多方利益，在设定实施路径时要充分考虑地理环境、政治协调和经济效益,既要处理好国内区域间的关系,也要考量沿线国家间的竞争与需求,要按照确定的目标和任务,持之以恒,逐步推进。

2. 要处理好基础设施建设融资贷款和招投标问题

基础设施建设的特点是前期投资大,融资难且回收期较长,风险较高。要想顺利推进沿线国家的基础设施建设,仅靠目前的亚投行和丝路基金肯定是不够的,还必须善于开拓新的融资渠道,探索新的融资合作方式。当然,一方面我们要不断寻求新的投融资渠道,加大融资支持力度;另一方面我们也应把握好现有的投资项目,做到高效、节约,达到少花钱多办事的目的。要本着先易后难、由近及远、因势利导、顺势而为的原则,在现有的发展基础上,能干的先干起来。第一,国家层面应尽量做到信息公开,让社会更多企业了解"一带一路"建设项目及进展情况,吸引社会资金积极参与项目投标建设;第二,要确定重点领域优先推动;第三,选择参与热情高、与中国经贸合作基础好、对中国依赖性和互补性强的国家先行启动,并使先期加入的国家能够获得明显的收益,使这些国家成为样板和示范,吸引其他国家主动参与;第四,为企业提供相关国家的投资合作指南,使企业自行选择适宜的贸易和投资地区;第五,要面向欧美及国际金融机构加强交流与沟通,调动国际资本参与"一带一路"建设的积极性。

3. 要充分调动企业参与的积极性

由于"一带一路"涉及沿线国家众多,向东涉及亚太经济圈,向西紧连欧洲经济圈,人口占世界人口约60%,而"五通"包含了国家政策、基础设施、贸易投资、金融体系及民俗文化等多方面内容,时空范围广、跨度大、周期长,甚至可能伴随中国新一轮开放型经济发展的全过程。"一带一路"建设参与主体应是企业,是企业在把握经济全球化的前提下积极走出国门,参与国际经济竞争合作的一次尝试过程。在推动"一带一路"建设过程中企业也应该是投资主体,"一带一路"的建设过程同时也是中国企业国际化的实践过程。"一带一路"建设的成功同中国企业国际竞争力水平的提升是直接相关的,所以推动"一带一路"建设要从战略高度进行统筹谋划,国家应避免聚焦具体的项目规划。项目过于具体,时间、节点过于清晰,一方面增加了推进的难度,同时也会削弱市场主体参与的主动性;另一方面则会给外界以中国主导的感觉,使规划最终难以真正落实,影响倡议发挥积极作用。

因此,要坚持"顶层设计和摸着石头过河相结合,整体推进和重点突破相结合",要严格按照国家确定的框架内容和合作重点开展,要留下足够的空间"让市场做主、让企业参与"。

4. 要发挥好已建成的跨国产业合作园区的重要作用

在边境和"一带一路"沿线有条件的国家选几个点,建立边境经贸合作区和境外产业园区,将我国成熟的有竞争力的产业向外延伸,建立跨境产业链合作机制,既有助于释放我国的经济发展能量,拓展产业和贸易发展空间,巩固我国产业链竞争优势,又可以增强对"一带一路"沿线国家的吸引力和影响力,"润物细无声"地推动"一带一路"建设。具体而言,一是提升我国现有边境经济合作区的发展水平,赋予更为积极灵活的便利化措施;二是进一步推动大湄公河经济圈、两廊一圈及泛北部湾经济圈等地的边境经济合作区建设;三是完善境外经济合作区的政策支持;四是在"一带一路"国家中选择与我国关系比较好、政局稳定、资源优势比较突出的国家建立境外经济合作示范区。

5. 积极做好法律制度的安排

建立经济合作机制是中国发展与"一带一路"沿线国家经贸关系的基础和保障。要加快发展与部分经贸合作关系基础好、有条件的国家商签相关的合作协定,包括共建丝绸之路合作协议、双边投资保护协定、避免双重征税协定、政府间经贸合作协定、司法协助协定、交通运输协定等。对于条件比较成熟的国家,可以进一步商签双边自由贸易协定,将"一带一路"建设同自贸区建设有机结合起来,并扩大示范效应。自由贸易协定的签署未必严格按照传统模式,可秉持开放性、多元化的原则,采取先易后难、灵活多样的方式,如先签署框架协定、早期收获计划,只要符合互利互惠原则,双方都能够接受、能够促进贸易投资便利化、削弱贸易投资成本和壁垒的协定都可以签署。关键是起步,再逐渐深化和加强,从而编织紧密的共同利益网络,将各方利益融合提升到更高水平,最终形成"五通"的经济共同体。

6. 要务实推动继续落实好先行先试举措

要使"一带一路"建设从构想落到实处,不应等到所有的设计规划都完成之后再行动,应从能做的先行务实做起来,重点还是要推动产业和经贸合作,基建、金融、人文、交流相配合,最终实现物流、人流、资金流、信息流的自由流动与畅通。要有针对性地研究和启动同"一带一路"沿线不同国家和地区的贸易投资合作重点，如对于中亚地区，要加强与其在能源、原材料、机械、农业等领域的经贸合作；对于中东欧地区，要特别加强与其在机械装备、农业、能源、金融等方面的产业内贸易和双向投资；对于南亚国家，可加大对其基础设施方面的投资力度。充分发挥亚欧博览会和欧亚论坛等平台的作用，创造条件打造一批新的交流合作平台。待条件成熟时，推动建立通关一体化标准、产业行业标准、物流运输标准等，以标准的统一来实现政策的沟通和市场的衔接。

7. 充分发挥新亚欧大陆桥的作用

东起我国连云港、西至荷兰鹿特丹的新亚欧大陆桥，被称为"新丝绸之路的陆路交通大动脉"；中亚的哈萨克斯坦已在我国连云港建立了物流中转分拨基地，将连云港作为其出海口。从目前中国的地缘政治及现有的基础看，应充分发挥中国已建好的欧亚大陆桥的作用。当务之急，需加强协调和统筹，发挥各地已建成的欧亚铁路运输线的作用。关键是降低成本，发挥综合优势，提高竞争力，实现欧亚大陆桥通关便利化。同时，要加强基础设施建设，充分发挥好已设立的亚洲基础设施投资银行和思路基金的作用，优先实现与中亚及周边邻国的互联互通，共享便利。最终，根据我们的海洋实力考虑打通从太平洋到波罗的海的运输大通道，形成连接东亚、西亚、南亚的交通运输网络。

总体来说，要使"一带一路"建设达到良好效果，重要的是要深刻领会中央的战略意图，以开放的精神和体制机制创新的举措加快发展，国内各省市可根据本地区特点和竞争优势，创造性地发挥作用。亚欧国家需要的是中国的市场、中国的开放红利，相信通过稳步推进"一带一路"建设，巩固和发展与亚欧国家的经贸关系，最终将使开放红利更多地惠及民生。

三、严格按照五大发展理念积极开展与沿线国家的经贸合作

注意体现大国责任和企业社会责任，通过金融、财政、援外、税收等政策，引导我国企业参与"一带一路"经贸合作，积极践行"创新、协调、

绿色、开放、共享"五大发展理念,站在道义的制高点引领国际合作。一是贯彻创新发展理念,按照东道国市场需求积极进行产业技术创新、发展模式创新、管理手段创新;二是处理好协调发展的关系,兼顾不同类型国家的需求,包容最不发达国家的发展,全方位参与并引领经贸合作;三是坚持绿色发展,在项目规划、设计、投资等各环节最大限度地减少对生态环境造成的负面影响;四是强调开放发展模式,倡导中资企业以开放的胸怀、开放的模式引领与沿线国家的经贸合作,欢迎东道国和第三方企业加入中国企业发起的经贸合作项目中;五是努力实现共享发展,鼓励中资企业、东道国企业和第三方企业在国际经贸合作中相互整合资源,共享发展成果。

通过整合国内外资源,引领与沿线国家的经贸合作。通过经济外交创新、金融政策创新,鼓励中资企业与发达国家企业合作,共同开发第三国市场,尤其是在高端市场、高端产业加强合作,实现优势互补,向国际市场提供优质的产品、服务和投资。鼓励企业深化与东道国企业的合作,提升东道国企业参与我国主导的经贸合作项目的能力,逐步实现从直接雇佣当地员工转向与当地施工企业开展分工合作,从雇佣当地非技能型工人向雇用高级管理人员转变,进一步提高属地化能力。鼓励企业实现管理人才国际化,从国际市场特别是高端市场招聘国际商务人才、财务管理人才、法律和税务人才,加速与高端市场、高端产业、高端业务的对接,实现融合发展。

妥善处理好与沿线国家的政府关系,高度关注大选和可能的政策变动。中国企业要关心所在国各级政府的换届和议会选举工作,特别是关注一些政局动荡、政府更迭较为频繁的国家(如泰国、印尼)。关心当地政府最新经济政策的走向,及时调整投资方向,切实维护企业利益。深入了解和掌握所在国政府部门和地方政府的相关职责。与所在国各级政府保持紧密联系,尤其是对当地经济、产业和就业事务有影响力的官员保持沟通和良好的工作关系,宣传企业为当地经济社会所做的贡献,适时反映困难,请求当地政府协助解决。除此之外,对于一些特殊政体的国家,中国企业还需与其他利益相关方保持密切的联系。

企业要妥善处理好与工会之间的关系。除一些国家无工会组织外(如沙特、阿联酋、科威特等国),工会在其他"一带一路"沿线国家具有一定的影响力,尤其是在欧盟国家,工会的作用更是举足轻重。妥善处理好与工会的关系,是企业应对劳资摩擦、控制工薪成本、维护正常经营的关键。因此,中国企业应全面了解所在国的劳动(工)法和工会法,依法与当地雇员订立合同,按时足额发放工资及补贴,按规定为员工缴纳养老金、社会保障基金等。企业投入运营后可依法建立自己的工会组织,通过工会及时与雇员沟通,了解雇员的诉求和思想动态,避免有些矛盾扩大化。

注重保护当地风俗习惯,营造良好的企业形象。"一带一路"覆盖四大文明古国和世界三大宗教发源地,沿线各国在宗教信仰、语言文化、风俗习惯、思维方式、价值观等诸多方面存在巨大差异。中国人多受儒家文化影响,有集体主义倾向,喜欢定性分析;沿线许多国家受西方文化影响,独立自我,喜欢定量分析。这些差异使得中国企业在东道国开展投资合作时,不可避免地会产生摩擦、误解。中国企业应在求同存异的原则下,做到文明礼貌、不卑不亢、举止得体、落落大方。要关注有关媒体的宣传报道动向,主动做好对外宣传工作,不断树立并保持中国企业的良好形象。

第四节 积极探索"一带一路"建设中的金融服务功能

一、金融服务是沿线国家的迫切需要

"一带一路"建设是一项庞大的工程,外界一般都认为"一带一路"建设主要涉及基础设施建设和产业投资合作,其实随着"一带一路"建设的深入推进,还关系到文化、信息、金融、商贸服务及人文交流等众多领域的融会贯通。第一,最艰巨的当然是基础设施建设,如铁路、公路、机场、港口等交通基础设施建设,勘探开发、管道铺设、冶炼加工等资源基础设施,电线固网、宽带改造、智能电网等线网基础设施。上述这些领域均属于基础设施建设的范围。第二,"一带一路"建设对跨境人民币使用需求旺盛。中国经济的健康稳定发展和沿线各国对资金的强烈需求,势必推动对人民币需求

的持续上升。所以从长远看，人民币会越来越受到周边国家的欢迎，并将日益成为各国贸易结算的首选货币。第三，"一带一路"贸易融资需求日益扩大。中国金融机构在提供出口买方信贷、服务贸易项下融资、跨境供应链金融、成套设备信保融资等方面具有丰富经验、优势明显，最终中国必将逐渐成为各国青睐的金融服务供应商。第四，"一带一路"项目保险服务需求暴涨。中国企业"走出去"，面临当地经济动荡，金融危机引发的资产贬值、汇兑限制、地缘冲突等不确定性挑战，亟须政策性保险、商业性保险来维护投资安全。此外，中国金融的国际化需求、沿线各国的财富管理需求，以及金融机构提高风险管理水平的需求都十分紧迫。总之，沿线国家对资金和金融的需求是客观存在的，并且是个巨大的市场，关键看中国金融业的发展和服务能力的提升是否能适应沿线国家经济发展的需要，同时也取决于人民币国际化的进程及中国金融业经营能力和竞争力水平的提升。

二、人民币国际化将开拓国际金融合作的新局面

人民币完成国际化路径应遵循两步走的策略：一是在功能上要加快实现人民币作为结算货币的功能；二是逐步加快实现人民币作为区域化货币的功能转换。为了实现这两个目标，有必要做好以下几个方面的工作：一是继续扩大双边本币互换。自2008年以来，中国人民银行已签署了20多个双边本币互换协议，互换总规模已超过2万亿人民币。在此基础上，加快与"一带一路"沿线国家签订双边本币互换协议，更好地维护金融稳定和推动双边贸易投资，是继续推动人民币作为国际结算货币的重要途径。二是促进双边本币结算。全面开展与沿线国家的贸易本币结算，由边境贸易扩大到一般贸易，进一步扩大与沿线国家双边本币互换协议的规模，在扩大人民币经常项目自由兑换和结算使用范围的前提下，积极探索实现人民币资本项目可兑换的多种途径。鼓励人民币"走出去"，探索开展跨境个人人民币结算试点，推动境内银行为境外项目提供人民币贷款业务等。研究探索人民币回流机制，允许符合条件的合格机构以人民币为计价货币，募集海外人民币资金，依法发起设立公募或私募证券基金并投资国内。推进人民币与周边国家货币的直接挂牌、兑换和交易。研究建立中亚地区的人民币清算中心，加快扩大代理行

数量。发行中国与相关国家通用的银行卡，扩大银联卡在沿线国家的使用范围。三是创新和扩大人民币在跨境投资和贸易中的使用范围。首先，全面推进跨境人民币业务范围覆盖所有经常项目、对外直接投资、外商来华直接投资等，境内所有从事进出口货物贸易、服务贸易及对外直接投资、外商直接投资的企业均可自主选择以人民币进行计价、结算和收付。其次，在扩大跨境贸易人民币结算业务、跨境投资人民币结算业务、境外机构在境内开立人民币账户等主要业务的基础上，拓展境外机构投资银行间债券市场、境外项目人民币贷款以及人民币合格境外机构投资者（RQFII）境内证券投资、人民币和非主要国际储备货币的挂牌等业务，推动人民币跨境循环使用。再次，加快推进人民币"走出去"的一揽子创新安排。签署跨境抵押安排，为"一带一路"沿线国家金融机构提供流动性。开展货币直接交易或挂牌交易，实现人民币与沿线其他本币在"一带一路"沿线国家或"一带一路"区域内银行间外汇市场挂牌交易。统筹考虑建立人民币清算行，同时加快建设人民币跨境支付系统（CIPS），在条件成熟时开展人民币合格境内机构投资者（RQDII）投资市场。促进人民币离岸市场发展，并为有需要的周边国家相关机构进入中国银行间债券市场提供便利。建立人民币合作基金，即通过完善相关配套措施鼓励以人民币出资来扩容现有基金规模或新设合作基金，促进人民币境外投资的发展，便利人民币"走出去"。加强金融基础设施建设，充分利用上海、天津、广东、福建四个自由贸易实验区、沿边金融综合改革试验区等推动跨境人民币业务创新。

三、充分发挥好亚投行信贷支持作用

亚投行的顺利组建和成功运行标志着"一带一路"沿线国家对金融机构内在的迫切需求，成立亚投行不容易，要使其平稳运行发挥好国际金融机构的作用，仍存在众多的困难和挑战。客观上不仅"一带一路"沿线国家对亚投行寄予厚望，甚至部分欧洲国家也对亚投行有着浓厚的兴趣并希望同亚投行展开全面的合作。而亚投行当然将义不容辞地承担起对"一带一路"建设的融资贷款任务。坦率地讲，亚投行并不是一家政策性银行，它将按照国际金融机构的运行模式发挥作用，简单而言它更像是一家商业银行，所以在融资贷款的过程中它必须要考虑资本的使用效率和投入产出的效益。亚投行只有在经营中不断地树立成功的典范，才能够巩固其形象，提升其影响力，最终才有资格、有能力成功发行债券，达到扩大其资本运营能力的目的。所以现阶段，针对"一带一路"建设的金融需求，仅依靠新成立的亚洲基础设施投资银行肯定是不够的，同时还应创造条件继续发挥好国家开发银行、进出口银行等国家政策性金融机构的作用，引导它们积极参与"一带一路"项目。此外，还要鼓励各种类型的控股银行、股份制银行、城市商业银行等各类金融机构参与一些融资贷款业务，特别要大力发挥好国开行等开发性金融机构的作用。其中包括：鼓励在上合组织银联体框架下扩大信贷融资规模和服务范围，鼓励加强与国际开发性机构（如亚洲开发银行、欧洲复兴银行、世界银行等）以及国际知名商业银行开展合作，借助其他合作机制实现多渠道融资，并积极考虑参加国际银团招标，借助辛迪加贷款方式降低风险，扩大贷款规模。丰富业务品种，积极开展国际并购融资贷款、工程项目贷款、国际保理等创新型业务。建立援外金融支持体系，创建独立的中国对外援助银行，不断充实中国对外援助基金，探索建立中国援外项目保险体系，构建剩余外汇援外战略机制，援助建设新金融机构和已有国际金融机构，加强与国际组织合作开展发展援助。推进国际气候金融体系建设，推广"资源换项目"的一揽子合作模式。我们希望亚投行最终将去掉"亚洲"二字，更名为"基础设施投资银行"，面向更为广阔的"一带一路"领域，服务于世界各国各地区。

四、建立以丝路基金为主的信托投资体系

借鉴亚投行成功吸引创始员国的经验，吸引更多的外国资本和国内民间资本参与扩大丝路基金。在中巴经济走廊旗舰项目建设过程中，要更加有效地联合相关企业、各类金融机构，利用其他市场主体的人才、资源、资金等优势，共同对合适的基础设施建设、资源开发、产业合作等有关项目提供投融资支持。只有以开放的形式不断扩大丝路基金的合作范围，不断拓展新的合作业务，才有可能使其在"一带一路"建设过程中不断发展壮大，才可以保证"一带一路"项目的顺利推进。因此，要加强丝路基金与亚投行、亚开

行、世界银行、国开行、中投、进出口银行等金融机构的协同配合与互利合作。根据行业和区域特点，发展多种形式的境外股权投资基金，设立产能基金、外贸促进基金和援助基金等各类子基金，丝路基金顶层主要偏重融资结构、财务管理、战略布局和风险总控等综合问题，子基金则注重组建专门团队，做好激励考核，更专业、更高效地推进项目进展。并通过发行债券、概念股、公募、保险、援助，甚至是信贷资产证券化等金融创新方式，来扩充和稳健运作丝路基金，可以让400亿美元基金最终发挥万亿美元甚至更大的功效。甚至可以考虑发行以人民币计价的丝路基金债券，用以补充丝路基金的资本金。在具体的债券发行和资金运用中，可根据具体项目投融资需求，有针对性地发行，更要防控国别风险、地缘政治风险、经营风险、市场风险等各种风险。在风险控制的具体操作中，可以考虑以特殊目的实体等为具体的运作方式，做好风险隔离，并吸引更多的国际金融机构参与，尤其是"一带一路"具体项目所在国的金融机构参与运作和实施更为重要。作为国际金融和国际经济技术合作政策工具，丝路基金不仅要重视对接项目，加快"一带一路"建设，更要对接人民币资本项目可兑换等各项金融改革，同时要注意亚洲债券基金市场建设，引导亚洲债券市场的开放和发展。中国出资400亿美元成立丝路基金不仅是为了推动"一带一路"建设，而且也是在探索如何运用金融手段，通过金融创新实现对"一带一路"沿线国家的有效服务，并且可以促进人民币资本账户开放和人民币国际化。

五、探索"一带一路"债券和股票市场体系

首先，要积极探索设立"一带一路"银行间债券市场。获批投资中国银行间债券市场的境外银行应主要来自"一带一路"沿线国家和地区，要在推动中国债券市场对外开放的同时，不断提升人民币的美誉度和信任度，逐步形成以人民币为主的债券市场。其次，建立"一带一路"债券市场。继续推进亚洲债券市场开放，促进亚洲储蓄投资于本地区，为本地区经济发展服务。特别是要继续推动亚洲债券基金和"10+3"金融合作机制下的亚洲债券市场开放，分别从债券需求角度和供给角度尝试推动亚洲债券市场的发展，从而更好地在推动区域债券市场发展、促进债券品种和投资主体多元化、加

强债券市场监管合作、完善债券市场基础设施等方面发挥积极作用。再次，加快建立人民币债券市场。鼓励更多的沿线国家政府和机构在香港等离岸市场发行人民币债券；优先允许重点拓展的沿线国家在中国境内发行人民币债券，即熊猫债券；根据沿线国家的特点探索国内债券市场的新品种，如伊斯兰债券、丝绸之路大型合作项目特种债券等；研究将沿线国家更多的重要机构纳入BQFII试点范围。此外，还应积极探索进一步发挥好股市的融资作用。

目前，中国内地股市和香港股市已经成为世界第二大和世界第三大股票市场，应该在股市建设、资金投向、监督管理等方面推动"一带一路"金融体系建设，进一步加快中国股市国际化进程，创造条件支持和鼓励符合条件的沿线国家的企业到中国上市，推动中国股市"走出去"，推动中国证券交易市场到"一带一路"沿线主要国家设立分支机构，推动中国券商国际化，推动中国证券金融机构"走出去"，并结合互联网实现属地化发展。全面加快推进A股走向世界。另外，也可以考虑在上海、深圳、香港之外，按照现代资本市场标准建立新的证券交易所，加快推进沪伦通，全面实现中国股市与国际股市的互联互通，真正实现中国股市的统一规范依法运行，并使之成为为社会主义市场健康发展服务的金融机构。在规范建设新的证券交易所的基础上，推动建立"一带一路"股票交易体系。具体建设过程可以借鉴亚投行，由"一带一路"沿线国家或世界上其他国家参与入股，作为创始员国或者观察员国，共同做大做强合资的证券交易所或"一带一路"证券交易所，推进全球资本市场的健康稳定发展。

六、探索保险体系对"一带一路"建设的保驾护航作用

"一带一路"沿线国家多属发展中国家或转型经济体国家，其法制建设和制度性建设有待进一步完善，因此对"一带一路"沿线国家的投资不可避免会遇到多种风险，有政治、经济、法律的风险，也有税收及劳工的风险以及人力不可抗力的自然灾害及政治动荡的风险。保险机构的参与和介入是非常有必要的，不仅中国的保险机构要参与"一带一路"建设，而且应鼓励

全球有能力的大型保险公司积极参与"一带一路"建设的保险业务，共同为"一带一路"保驾护航。第一，应强化保险机构体系建设。推动政策性、商业性保险机构和养老基金加大对境外投资的支持力度，有意识、有倾向性地把国家出口信用保险政策和资源投向"一带一路"建设的重点合作领域。支持中国加快同周边国家基础设施互联互通建设，加大对交通运输、电力、电信、建筑等对外工程承包重点行业的承保力度。支持优势产业和产能输出，积极推动高铁、核电等高端行业向外发展，促进钢铁、水泥、船舶等行业有竞争力的产能转移。积极推进境外农业合作。第二，建立保险合作体系。鼓励银行与保险公司开展合作。在银行发挥积极作用的地区，保险机构都要介入，提供相应服务，以充分满足多样化的金融需求。鼓励中资金融机构与国外金融机构在保险领域开展合作，推进中国混业经营改革发展，同时更好地满足"一带一路"沿线项目工程的各种保障需求。第三，创新保险产品体系。要深入调研并了解"一带一路"建设中可能存在的各类风险，及时推出新的保险业务，坚持为企业服务，坚持以商业性经营为主的方针。特别要大力发展贸易信用保险和海外投资保险。拓展贸易信用保险的业务范围，特别是大力发展中长期业务。改善现有海外投资保险的制度设计和运行，开发外汇保险、海外无捆绑贷款保险等新产品。针对"一带一路"沿线国家的项目应该提高保额并基本可以做到应保尽保。鼓励中国商业保险公司开展各类与海外投资活动有关的人身和财产保险业务，通过在沿线国家建立分支机构或者与本地保险公司开展合作等方式，为中国海外合作项目提供财产保险、责任保险等保障。第四，构建严格的风险防范体系。中国信保目前做的国家风险评价模型已发挥了重要的作用，应进一步加强其覆盖范围和影响力，坚持做好有关政治风险、经济风险、商业环境风险和法律风险四个维度的分析和评估工作，尽量覆盖各种类型的国家风险事件。企业应当积极借助中国信保等专业信用管理机构，提高识别、防范、化解风险的能力。

第九章　加强贸易强国建设

自2008年金融危机以来，中国外贸发展遇到了前所未有的困难，进出口贸易发展进入波动阶段，其原因是多方面的。有的分析认为是外部需求下降造成的，有的认为中国实体经济发展不振是主要原因，有的解释为历史上的外贸高增长水分过大，有的归结为是由人民币汇率自2005年开始大幅升值造成的，也有的分析认为是贸易政策调整不稳定导致的短期内波动过大。应该说上述分析评论都有一定的道理，但上述原因都是外部因素，而决定事物发展变化的主要是内部因素。中国外贸内在结构变化及阶段性竞争力状况才是形成进出口波动的主要原因，所以避免经济的脱实向虚，坚持振兴制造业，不断促进制造业结构升级，提高出口产品的质量和效益，促进外贸经营主体经营能力和水平的提高，才是摆脱当前困境，实现良性发展的关键所在。

第一节　外贸竞争力下降的原因分析

第一，历史基数虚高是导致外贸竞争力下降的原因之一，但并非主要原因，若剔除内地对香港的贸易，或根据内地对香港进出口增长20%的贡献率计算，与历史同期比仍是偏弱的。外贸竞争力下降的主要原因是国内经济发展环境已发生了巨大的变化，土地和劳动力成本大幅上升助推了外贸成本的上升，特别是2006年全国开始实施的《中华人民共和国劳动法》，在保护劳动者权益方面发挥了积极的作用，但同时也增加了外贸加工企业的负担。随着我国加入世贸组织之后，经济进入了快速发展阶段，东部沿海地区生活水平的提高，促使该地区形成了新一轮工资上涨的趋势。不到10年的时间，东部沿海地区的平均劳动工资水平几乎上升了一倍，即从月薪1500元上升到3000元左右，但即使这样企业也仍伴随着招工难的困扰。

第二，中国制造业自主研发能力薄弱。我国外贸出口的竞争力是建立在我国制造业发展水平和竞争力之上的。近年来我国外贸出口结构转型升级缓慢，高附加值产品出口比例低，出口新产品研发能力长期滞后是导致我国出口竞争力不强的主要原因，而其反映的是我国制造业整体自主研发设计能力薄弱，先进制造技术的研究和应用水平低。到目前为止，大部分工业行业的关键核心技术仍掌握在国外厂商手中，主要依赖发达国家的跨国公司提供的关键技术进行加工生产或出口。比如，中国的制药工业主要以合资企业的生产和供应为主，自主研发能力和新产品生产能力极其薄弱；虽然2016年我国汽车产销双双超过2700万辆，但仍然需要用高价从国外购买发动机等关键部件的核心技术和专利；我国现在已经是全球最大的空调生产国，但是压缩机和制冷剂等核心技术仍掌握在国外发达国家手中；我国IT产业的产量虽然处在全球前列，可是芯片技术、操作系统等仍严重依赖于国外。在中美贸易冲突中，美方以各种借口再次对中兴公司实施制裁措施，责令美国高通公司停止向中兴公司供应芯片，其结果是中兴公司的生产经营几乎瘫痪。

第三，我国外贸转型升级正面临国内外双重压力。中国是世界第一贸易大国，但仍不是贸易强国，我国的制造业竞争力主要集中在中低端产业，面临艰巨的转型升级的压力，当前越来越多的发展中国家正在走向出口导向的发展路径并以低成本出口对我国形成压力。迫使我国出口产品必须向价值链高端提升以保持我出口产品在国际市场的竞争优势，但是，我国出口产品的价值链升级不仅受制于我国企业的技术和研发能力、管理水平、人力资源和体制机制，而且面临发达经济体更加激烈的竞争，形象地说我国在国际市场上后有追兵、前有堵截。

第四，大国竞争激烈，外部经贸环境严峻。金融危机以来，发达经济体已进入到恢复增长阶段，全球竞争进一步加剧，我国面临的外部需求与我国加入世贸后全球经济繁荣发展时期已明显不同。我们不仅面临来自多边贸易投资自由化，不进则退的境地，而且同时还面临贸易失衡、摩擦加剧的发展阶段。近年来，针对我国的贸易摩擦持续增加，我国已经成为贸易摩擦最多的国家。尽管我国整体贸易平衡状况有所改善，但是我们同欧美发达国家仍存在较高的顺差，而且同大多数发展中国家相比也存在贸易不平衡的状况。随着我国出口结构向高附加值升级，我国与发达国家的分工关系正在从垂直型分工向水平分工过渡，从互补型转为正面竞争。从当年日美贸易摩擦的历史看，美国对我国的打压将长期存在，需要我们认真做好各种应对。

第五，外贸企业融资难问题一直未能得到妥善解决。特别是金融危机以后，贷款难一直是困扰企业的一大难题，迫使部分企业不得不从市场上进行高成本融资，大大增加了企业的财务成本，严重影响了企业扩大出口的积极性。

第六，出口退税政策频繁调整，退税手续复杂拖延时间较长，也是影响企业出口效率的原因之一。鉴于出口产品输出后是在国外消费，所以出口企业享受出口退税是符合国际惯例的，但是我国实行的出口退税政策经常根据外贸发展形势的变化而不断调整，致使企业很难适应。2001—2010年，国家先后四次调整企业的出口退税率，致使企业疲于应付，难以贯彻长期稳定的出口策略。

第七，民营企业出口比例持续上升，国有企业出口比例持续下降。自2001年加入世贸组织后，中国放开了外贸经营权的管制，越来越多的民营企业加入出口队伍中，大量的劳动密集型产品和轻工业出口产品主要靠民营企业出口为主。2001年的民营企业出口仅占全国出口的10%，到2017年该比例已占到全国出口总额的48%，而同期国有企业的出口比例已下降到11%。民营企业出口主要是以轻纺劳动密集型产品为主，而大型的机械设备和成套设备的出口则主要由国有企业承担。由于近年来国企的发展处于扩张阶段，在国内各领域的市场准入方面享有一定的优势地位，从而导致大部分国有企业频繁拓展业务，追逐高盈利发展，特别是在房地产领域和物流领域发展十分迅速。与此同时，在制造业主业的技术进步方面和扩大高新技术出口方面并没有形成有效的突破，应该说这也是出口结构升级缓慢的原因之一。

第八，加工贸易进入加速下行期。近年来我国的一般贸易出口比例持续上升，加工贸易比例则处于快速下降阶段。2017年加工贸易出口所占比重已降至28%，较金融危机前的40%减少了12个百分点，其原因并非在于基数高，而是加工贸易新增项目缓慢导致的结果。加工贸易比例的下降，一方面说明我国自主加工能力和配套出口能力比以前有所增强，另一方面说明外资在制造业方面的投资后劲不足，暴露了我国制造业发展环境存在的困难和压力，以及我国在利用外资方面存在的问题和不足。

第九，东部沿海地区进出口贸易发展面临艰难调整的压力。近年来东部沿海11个省市占全国进出口比重呈持续下降趋势，截至2017年，东部沿海占全国进出口总值约为83.6%。与此同时，中西部的出口份额则大幅上升且增幅大大超过东部地区。随着传统产业向中西部及海外转移增多，从中长期看，沿海地区货物进出口贸易仍将面临持续下降的压力，东部地区急需扩大市场开放，加快服务贸易发展。通过提高服务贸易竞争力或出口能力来缓解我国货物贸易出口困难的状况，或通过努力提高出口产品附加值以弥补增长的不足。

从上述原因分析看，我国进出口的表现有一定的政策影响因素，但结构性问题仍是主要矛盾，其中有些趋势性的动向更应引起我们的高度重视，外贸的波动并非完全是由短期因素所致。当然，我们也应该承认，随着全球经济格局及贸易竞争格局的变化，预期今后进出口回归高增长年代的可能性已不大，说明保持外贸竞争力的提升，不断提升外贸的质量和效益已成为当前的主要任务。

第二节　中国新时期贸易政策的定位

党的十九大提出构建全面开放新格局的要求，其中重要的任务之一就是积极推进贸易强国建设，随后在"两会"期间的政府工作报告中又一次对贸易政策进行了重申，强调了在保持进出口平衡的前提下，努力提高出口产品的竞争力和附加值，积极扩大进口。把这句话视为当前我国对外贸易政策的总体定位较为合适。

中国开放型经济的基本特征决定了外贸、外资以及海外投资的重要性，特别是在经济面临下行压力的时候，稳定外贸出口和稳定引资政策是一个问题的两个方面，发挥净出口对经济增长的贡献仍应视同稳增长的重要方面，同时也说明对外贸易在国民经济中占有重要位置。在当前经济下行压力尚未全面缓解之际，仅通过投资和消费拉动经济增长是不充分的，因为消费的扩大一般是建立在经济发展活力上升、工资收入水平不断改善的前提下的。从目前我国经济运行态势看，短期仍难彻底摆脱经济下行的压力，所以消费的增长将受到一定的制约，从投资的效果看，目前大规模的投资仍难以为继，在大规模的基础设施建设已基本完成、房地产投资受到约束和限制的情况下，短期内再次启动大规模投资来拉动经济增长的发展模式是难以奏效的。从目前我国的国情看，唯有提高出口竞争力，保持国际市场份额，才可以进一步发挥外贸在拉动经济增长方面的潜能，只要政策倾向更加关注中、小、微企业，尽快解决这些企业发展所面临的实际困难，它们自然会努力开拓国际市场，积极扩大出口。所以从政策角度讲，重视和稳定出口仍不失为稳增长的重要一环。可考虑重点采取以下四个方面的措施，稳定国际市场份额，积极培育对外贸易新的增长点。

一是按照党的十九大提出的构建全面开放新格局的要求，加快推进一般制造业与服务业的开放进程。一般制造业的全面开放和高端服务业的开放有利于进一步树立我国改革开放的形象，进一步扩大吸引制造业和服务领域的国际资本的流入，增强我国的经济发展动能。特别是加大中西部在招商引资方面对一般制造业的放开力度，同时加快落实东部地区服务业开放的新举措。继续鼓励中西部地区创造条件承接东部地区的产业转移项目，同时推动东部地区产业结构升级。在一般制造业项目转移的同时，加快东部地区第三产业和国际服务贸易的发展，在结构调整中实现平稳增长。

二是进一步对加工贸易采取分类管理。加工贸易转型升级政策的重点应是鼓励加工贸易企业提高产品附加值和拥有定价话语权，而非只是更改加工贸易禁止类目录来推动数量型增长。应继续推动加工贸易分类管理，对不同类别采取不同的管理模式和政策措施，引导加工贸易企业同外方不断加强全产业链合作。实施"劳工技术支持计划"，加大对高端产业加工制造业的劳动力培训、员工保险等支持力度。加工贸易是产业内价值链合作的一种重要形式，随着我国创新能力的提升和加工技术水平的提高，自主制造和自主出口的比例会越来越高，但加工贸易作为一种贸易形式仍会继续存在并发展，特别是对贫困地区经济的起步和发展仍不失为一种重要形式。对此，我们要有清醒的认识。

三是加快培育外贸新的竞争优势。外贸企业的竞争优势来自三个方面：

第一，由制造业发展水平决定的产品竞争力状况也可以说是最主要的竞争力；第二，企业的研发能力和新产品的开发能力决定了企业持久的竞争力；第三，企业开拓市场的能力和对外合作和竞争的能力。上述三种能力构成了企业在国际市场中的竞争能力，而外贸竞争新优势重点讲的是企业开拓国际市场的能力。鼓励企业加强对主销市场的了解和分析，把握市场波动的规律及价格变化的特点，树立企业的产品战略意识及提高经营能力；鼓励企业维护或稳定在传统市场中的竞争优势，并不断加大对新兴市场的开拓力度，逐步构建海外营销网络。

四是实质性推动贸易便利化。扎实转变政府职能，提高为企业服务的能力，进一步开创公平竞争的市场环境，为企业的发展提供有利的环境支撑。通过减少检验检疫费用、手续、环节等降低企业成本，节省通关时间。建立贸易便利化试验区和示范区，加快推动"单一窗口"试点。进一步加强监管，尤其是对海关进出境中出现的虚报产品编码和产品金额的行为，要加强审核，规范经营秩序，维护公平公正的市场环境。

第三节 中国制造业的现状及存在的问题

工业的发展是贸易发展的先决条件，制造业是一个国家工业的主导力量，在国民经济中发挥着重要的支撑作用。2010年中国制造业产出占全球的19.8%，首次超过美国成为全球第一大工业制造国，中国凭借其全面发展的工业门类及巨大的制造业总量成为名副其实的"世界工厂"。我国制造业在取得巨大成绩的同时，也面临着诸多亟待解决的问题。近年来我国贸易竞争力的下降同制造业转型升级滞后有着密切的关系，所以要想实现贸易强国，就迫切需要实现我国由"制造业大国"向"制造业强国"的转变，实现制造产业的全面升级。

一、中国制造业融入全球价值链的现状

全球价值链分工是一种特殊的经济全球化发展过程。目前，越来越多

的国家参与到了最终产品的生产过程中，不同中间环节的生产或服务活动，形成了以价值链为基础的新型国际分工格局。学者们从经济学、管理学、社会经济学、经济地理学等不同学科的角度用不同的概念来诠释全球价值链（global value chain）（Gereffi，1994）分工现象，其中包括产品内分工、垂直专业化分工、水平专业化分工，零散化生产、全球生产共享、全球生产非一体化等。其中"垂直专业化分工"（Hummels，Rapoport&Yi，1998）是最具有解释力和代表性的概念，它为准确量度一国参与全球价值链分工的程度提供了有效工具。赫迈尔斯（Hummels，2001）建立了VS（vertical specialization）指标，计算出口中包含的进口中间投入价值（VS值）及其占总出口的比重（VS比重），在实践中被广泛采用。北京大学中国经济研究中心课题组（2006）采用赫迈尔斯（Hummels）等学者建立的VS指标，计算了1992—2003年中国的出口贸易中垂直专业化的价值比率，以此说明中国参与全球价值链国际分工的程度，为我们认识和改进中国参与全球价值链的竞争提供了积极的参考价值。

中国制造业在参与垂直专业化分工的进程中，绝大部分行业的VS份额长期保持在一个较高的水平。平新乔曾经分析了美国各产业垂直专业化程度较低的原因，并且指出美国的主要产业都处在价值链高端，技术水平较高，所需的进口中间投入品较少。因而，2001—2007年中国制造业各行业垂直专业化的整体趋势说明中国出口产品中含有较多的国外进口中间品和附加值，中国对进口中间产品投入的依赖有所增加，中国参与全球价值链分工的程度正在加深。这主要是因为中国制造业承接了大量发达国家的产业转移，大量进口中间产品，利用中国劳动力禀赋进行加工或组装之后，再出口到发达国家。所以，中国制造业总体上的垂直专业化程度非常高，所有行业的平均垂直专业化水平都超过了20%。其中，电子通信设备的垂直专业化率最高，达到了60%，这反映了我国近年来电子通信设备加工贸易迅猛发展的事实，说明我国电子通信设备行业主要依赖于从国外进口大量技术含量较高的关键零部件，该产业本身自主研发能力匮乏。同时，通用专用设备制造、电气机械、仪表和其他制造业的垂直专业化率都超过40%。我国技术密集型行业的垂直专业化水平普遍较高，进口产品中的技术含量较高，相对而言，在本国进行生产加工过程的技术含量较低。我国制造业垂直专业化水平较高，在一定程度上说明了我国在全球价值链分工中所处区段技术含量较低的现状。

二、中国制造业存在的问题

发展中国家制造业自主创新能力的提高，必然会经历从技术引进到消化吸收再到自主发展的过程，对引进技术的吸收能力越强，越有可能使制造业在模仿的基础上实现自主创新。由于我国市场经济发展的时间较短且不够充分，企业家精神不足等造成我国制造业的引进、消化、吸收和学习能力都不够强，外资溢出效应未能充分发挥，技术引进和自主开发结合不够紧密，制造业技术引进仍停留在原有水平，没能形成自主创新能力，始终对国外技术存在严重依赖，陷入了"引进、落后、再引进、再落后"的恶性循环，导致制造业水平与国外差距不断加大，企业自主创新能力严重滞后，只能被动处于全球价值链低端。其主要原因体现在以下三个方面。

（一）自主研发能力薄弱

我国制造业整体自主研发设计能力薄弱，先进制造技术的研究和应用水平低，几乎所有工业行业的关键核心技术都掌握在国外厂商手中，依赖于发达国家的跨国公司提供的关键技术，受制于人。比如，中国的制药工业有90%以上的产品几乎完全依靠仿制国外产品；虽然2010年我国汽车产销双双超过1800万辆，分别达到1826.47万辆和1806.19万辆，稳居全球产销第一，但是仍然需要用高价从国外购买发动机等关键部件的核心技术和专利；我国现在已经是全球最大的空调生产国，2010年空调产量突破1亿台，但是压缩机和制冷剂等核心技术仍掌握在国外发达国家手中；我国IT产业的产量虽然处在全球前列，可是芯片技术、操作系统等仍严重依赖国外。有数据显示，中国关键技术的对外依存度达到50%，加入WTO后，虽产生了一些积极变化，但2008年仍为60%。

2015年，我国发明专利申请量首次突破100万件，达到110.2万件，连续5年居世界首位，商标注册申请量超过1000万件，连续14年保持世界第一，著作权作品登记量累计达到400万件。在知识产权数量持续增长的同时，我国知识产权法律法规也不断完善，初步建立了符合国际通行规则、门类较为齐全的知识产权保护制度，形成了一支具有一定规模的知识产权从业人员和专门人才队伍。与此同时，我们也应该承认，我国距知识产权强国仍有相当的差距，例如，在知识产权创造方面，大而不强、多而不优，在知识产权保护方面，侵权易发、多发案件尚未得到根本遏制。目前，我国正在进一步加强知识产权的保护工作，从立法司法方面加强制度性建设，创造公平的竞争环境，全力打造良好的营商环境。

（二）自主营销品牌缺乏

从全球价值链的价值分布来看，除了研发设计之外，品牌经营、市场营销及相关的生产性服务环节也是主要的增值点。树立良好的企业形象、创立驰名的品牌商标和掌控战略性的营销网络，是提高企业利润的关键。我国制造业知名品牌企业的数量及影响力与发达国家相比存在较大差距，市场营销和战略管理能力薄弱，缺乏全球营销经验，只会打"价格战"，主要依靠国外分销商或合作伙伴的营销网络开拓国际市场。相当一部分中国企业只是国际知名品牌的加工厂，为外资做零配件加工和代工生产，没有自主品牌和供销网络。虽然中国已经进入全球三大制造强国阵容，但是与美国和日本相比，不仅知名品牌屈指可数，而且中国企业无一入选世界机械500强前10名，前100名的中国企业仅有9家。

（三）高水平人力资本匮乏

人才资源是我国制造业升级中必不可少的战略资源，大力培养和广泛吸纳高级科技人才是提高企业自主创新能力的关键因素。虽然我国科技人力资源总量规模大、科技人力投入增长快，但是与发达国家相比，科技人力投入强度不高，科技人才队伍质量不高，严重缺乏创新型人才。

中国研发人员总量增长速度位居世界前列。进入21世纪以来，中国研发人员总量的年均增长率高于世界多数国家，显示了中国在科技人力投入方面具有长期增长潜力。2000—2008年，中国研发人员增加104.3万人/年，增长113.1%，年均增长率达到14.1%，每万名劳动力中研发人员数量增长了99%。同期只有少数国家的研发人员呈现高速增长的态势。2000—2007年，增加幅度超过50%的仅有捷克、土耳其、韩国、葡萄牙、西班牙和新加坡6个国家，其中增长最快的前三个国家是捷克、土耳其、韩国，分别增长了103.3%、101.6%和72.1%，年均增长率分别为10.7%、12.4%和9.5%。同期多数发达国家的研发人员总量增长缓慢。2000—2007年欧盟15国研发人员总量年均增长率只有2.2%，德国年均增长率为0.4%，每万名劳动力中R&D人员数量近年几乎未变。同样，2000—2006年日本研发人员总量年均增长率为0.7%，每万名劳动力中研发人员数量近年变化很小。

然而，按投入强度指标来衡量，中国每万名劳动力中研发人员数量在有统计数据的37个国家中，只位列第35位，仅高于墨西哥和南非。虽然中国研发人力投入强度在逐年增加，但是2007年芬兰、美国、日本、俄罗斯和韩国的每万名劳动力中的研发人员的比例分别是中国的8倍、5倍、6倍、3倍和4倍。2008年，我国研发人员的人均研发经费只有3.4万美元，仅高于俄罗斯、阿根廷、斯洛伐克等少数几个国家，在有统计数据的36个国家中位列倒数第四，日本、德国和澳大利亚等国的研发人员人均研发经费是我国的5倍以上。2008年，我国每万名研发人员人均国际科技论文数量和科学论文引证数在40个国家和地区中均位列第39位。2007年，我国企业研究人员人均发明专利授权量在38个国家和地区中位列第36位。我国研发人力投入强度，无论是每万名劳动力中研发人员数量还是研发人员人均研发经费，在国际上排名并不高，尤其是研发人员人均国际科技论文数量和企业人员人均三方专利量，在国际上均处于落后地位。

三、中国制造业升级的紧迫性

随着我国劳动力等生产要素价格不断上涨，劳动力成本优势正在逐渐丧失，面对印度、越南等其他发展中国家的低成本优势的竞争压力，产品价格提升的空间不大，制造业企业的利润面临进一步被稀释的威胁，并且我国制造业企业已经出现逐渐被取代的趋势。如果我国企业一方面丧失生产制造优势，另一方面在技术、服务等方面又始终落后于发达国家，那么，我们会在国际分工中被动地陷入"进退维谷"的两难境地。同时，我国制造业在全球价值链中处于低附加值的生产环节，高强度消耗和高密集化使用的资源给环境造成了巨大的压力。因此，我国应该充分认识到产业升级的紧迫性，坚持走振兴制造业发展之路,继续定位严守制造业发展环节,以制造业为切入点,尽快优化产品结构,提升产品附加值,推动研发创新,逐步向技术、服务等高端环节过渡。我国面临的挑战主要来自以下几个方面。

(一) 发达国家高端技术封锁与中国的后发劣势

发达国家的长期发展来源于不断地创新,出于国家利益的切身考虑,具有技术垄断地位的发达国家绝对不会轻易将具有领先水平的高端技术转让给中国。同样,跨国公司出于保持自身垄断优势的战略需要,会保持对技术、设计等关键资源与核心技术的控制,不会轻易转让自己掌握的关键核心技术。因此,如果仅依靠发达国家的技术转让,就很难跨越与它们的技术差距。虽然中国可以通过引进国外比较成熟的技术来不断提高本土产业的发展层次与水平,但是后发劣势的问题永远不可能通过提高技术引进水平的途径得到根本性解决。解决后发劣势问题的根本出路是在引进、消化、吸收的基础上,不断加强自主研发与创新。只有通过长期持续不断的技术创新和产品创新,才有可能不断实现技术突破和经济赶超,不断向前沿高端环节迈进,最终得以实现后发优势。

(二) 我国劳动力成本上升与其他新兴国家带来的竞争压力

中国制造业的"世界工厂"地位的形成,长期以来主要依靠廉价的劳动力等低成本竞争优势来支撑。近年来,各地陆续出现"民工荒"现象,这不仅仅是制度性因素引起的结构性劳动力短缺,人口结构失衡是其根源。由于人口年龄结构的变化,劳动年龄人口的增长速度逐渐减缓,人口老龄化速度加快。人口红利的变化导致了劳动力的短缺,标志着劳动力无限供给特征的完结,消除二元经济结构的刘易斯转折点正在到来。随着我国近年来工资总体水平的较快提高,从事简单加工制造工作的劳动者的工资也呈现上升趋势,各地普遍出现劳动力短缺现象,制造业企业面临着劳动力供给不足和成本不断上升的双重压力。在国际上,"中国制造"的低成本优势正面临着严峻的考验,越南等其他发展中国家正在试图通过加入全球价值链的生产活动来带动本国经济的发展,它们拥有比中国更加廉价的劳动力,对中国承接国际上劳动密集型产业的转移构成了重大威胁。同时,"金砖国家"中的其他几国也保持着强劲的市场经济增长势头,经济的繁荣发展带来了巨大的市场需求,他们越来越成为发达国家产业投资和转移的重要对象。俄罗斯丰富的自然资源、巴西廉价的劳动力资源和丰富的自然资源、印度独特的英语优势等都对中国未来的经济发展和扩大利用外资形成了较大的竞争压力。

(三)资源环境紧张与转变增长方式的需要

发达国家专注于高端价值的技术和营销环节,把大量占有和消耗资源的生产加工环节转移给发展中国家,进一步优化了发达国家自身的资源耗费结构,实现了经济增长方式的集约化。中国等发展中国家承接了大量的价值链低端的生产加工环节,现阶段中国制造业的发展是建立在高强度消耗和高密集化使用资源的基础上的,是以日益被破坏的生态环境为代价的,这种长期快速粗放型发展使中国经济发展面临着非常严重的资源和环境约束。因此,要打破发展中国家经济发展恶性循环的关键,就迫切需要提高发展中国家制造业的技术水准和附加值,摆脱长期锁定在价值链低端环节的困境,大力推进知识资本、人力资本和技术资本密集程度较高的价值链高端环节的发展。

第四节 外贸企业的应对措施

第一,要正确理解把握好转型升级与提质增效的关系。转型升级不是改行,不是放弃现有的产品去追逐热门畅销的产品,不是放弃中低端产品去全力开发高端的产品,企业关键是要在提高产品的质量和附加值上下功夫。通过不断改进产品的性能,增加产品的功能,使其在产生价值上发生变化,并由此实现出口售价的提高。如果每家企业都能够做到这一点,中国出口产品的质量和效益就会发生根本性变化。从全国范围看,这就是转型升级,就是提质增效的结果,为中国经济实现质量效益型的发展做出了贡献。

第二,作为一家企业,必须深入研究并不断调整自己的产品战略,把握好产品在市场上所处的竞争地位及竞争对手的表现,要认清自身产品的属性和消费者的认知度,据此才可以根据消费者的需求偏好及竞争对手的意图制定出自身产品的发展规划。通过产品创新和研发不断挑战产品价值链的上游,并通过稳定的产品质量和不断改进产品用途及包装实现产品附加值的提升,不断探索所经营产品的价值构成及定价体系,在经营中争取获得较高回报和利润。

第三,要制定市场拓展的战略规划,要掌握主销市场的变化和新的目标市场行情,有针对性地培养自己的客户和代理商,形成合作共赢的发展模式;不断加大主销市场的销售力度,同时又不放弃对新的目标市场的积极开拓。有条件的企业也可考虑在主销市场建立自己的海外营销网点,向产品价值链的下游拓展,最终形成产品价值链的延伸经营。

第四,要学习把握全价值链的产品发展战略及全面了解自身经营产品的上游研发动态及下游营销方式的变化。在提高制造环节竞争能力的同时,要学会向微笑曲线的两端发展,要在企业内部增强对新产品研发技术力量的配置和下游营销环节的人力资源配置,逐步提高全产业链的竞争能力。要学习把握新的商业竞争模式,要充分利用电子商务不断加强对自身产品的宣传和推广,至少要重视企业自身门户网站的建设。有条件的企业,可以不断提升网上定制和销售服务的能力,全方位地提升企业的影响力和竞争力。

第五,要树立风险防范意识,提高对经营风险的鉴别能力。要基本了解经济大环境的变化、行业的波动和调整动态,特别是主销市场的经济动态走向。此外,要提高金融风险防范意识及在汇率风险、支付和结算风险等方面的防范能力。规模较大的企业仅注意外部风险防范是不够的,还要提高内部风险的防范意识,包括人员的配置及业务程序的规范和监督。

相信随着中国改革开放的深入发展,随着公平有序、法治化营商环境的逐步建立,未来经营成败的关键将取决于经营者的能力和水平。而中国经济的希望,中国外贸的变化及最终能否实现由贸易大国到强国的转变,关键是更多的成功的企业及企业集团的发展,外贸的提质增效将最终寄希望于经营者的能力和水平的提升。

第十章　稳定外资增长的新思路

自2011年以来，我国实际利用外资一直呈现平稳增长或小幅回落态势，2017年我国实际利用外资为1343亿美元，比2016年的1337亿美元仅增长0.4%，外资的微弱增长为我国经济和贸易增长带来了新的压力。尽管外资的下降同国际经济环境和中国经济由高速度增长转向高质量发展有一定的关联，但其所隐含的问题仍需要引起我们的高度重视，特别是在当前形势下采取有效措施稳定外资增长已成为加快构建全面开放新格局的重要内容之一。

第一节　近年来外商投资微弱增长的原因分析

第一，全球直接投资放缓是我国招商引资缩小的直接原因。联合国贸发会发布的报告称，2016年，全球投资总规模预计约为1.7万亿美元，是2008年全球金融危机爆发后增长最好的一年，但是由于受美国经济复苏和美联储加息，以及欧洲经济复苏和低油价驱动的影响，全球资本流入发达国家和地区的比例大幅上升，高达9360亿美元，增长约90%，美国再次成为最大的资本流入国，欧盟外资流入量在连续3年负增长后首次出现回升。与此同时，流入发展中国家的外资则仅增长5%，为7410亿美元。由此可见，近年来发达国家和地区在外商直接投资流入金额和增速方面均占有绝对优势。

第二，美国优先的贸易保护主义政策对我国扩大引进外资产生的负面影响明显。美国总统特朗普强调的美国优先政策可简单概括为买美国货，雇美国人，把解决贸易不平衡问题放在十分突出的位置，实行奖出限入政策，把解决美国就业问题作为其执政的第一要务。特朗普抛出的减税方案的影响力更是不可低估。此次税改方案的内容，基本达到了大幅度降低企业税赋的目的，该方案自实施以来，已对美国经济产生强烈的刺激作用。可预测到的影响有：一是刺激美国资本回流享受美国低税收政策，带动美国经济进入良性增长阶段。二是方案的实施将对国际资本流动产生较大影响，甚至不排除个别国家会采取减税的方法，以进一步提升吸引国际资本的能力。国际资本市场这一新形势将对我国扩大招商引资带来一定的冲击和负面影响。

第三，亚洲新兴国家凭借其劳动力优势正在不断加大引资力度并对我国扩大引资形成新的挑战。自2008年国际金融危机爆发以来，东南亚国家由于在1998年经历了亚洲金融危机的冲击和影响，在金融领域抗风险的能力有了明显提高，所以本轮金融危机对亚洲及东南亚国家整体破坏性较小。这些国家经过产业结构调整和升级，特别是通过扩大服务业市场开放，在制造业出口市场萎缩的同时，通过加快推动服务业发展形成了新的竞争优势。像原东盟五国成员的经济增长基本维持在较理想的水平，其重要原因之一就是这些国家近几年来在招商引资方面一直保持着较高的增速，且在服务业方面又形成了新的竞争优势。而东盟十国中的第二方阵——以越南、老挝、柬埔寨为主的经济体，则依靠扩大市场开放、改善投资环境，坚持扩大招商引资，通过发展外向型经济形成了新的出口竞争优势。目前中国无论在出口贸易方面还是在扩大招商引资方面，来自上述国家的竞争是十分明显的，需引起我国的高度重视。

第四，我国东部沿海地区传统制造业优势减弱致使利用外资增量减少。东部地区占我国利用外资总量的85%，近年来，东部地区利用外资金额持续下滑。东部地区不仅承受着经济发展的资源环境约束、要素成本上升等传统优势减弱的压力，还由外商投资利润空间缩小，投资回报率减少，导致部分外商不愿再向东部地区增资或投资带来的压力。当然，东部地区的投资存量已经较大，在国际经济下行周期中，大规模地增资也不太现实。此外，历史上东部地区的外资主要以制造业为主，而目前国内制造业发展的环境压力和成本压力较大，利润较低，这也是影响外商投资积极性的重要因素。

第五，我国利用外资政策调整变化的影响。进入21世纪以来，随着我国经济的快速发展，产业竞争力和综合国力持续上升。外向型经济发展水平不断提高，我国对招商引资政策采取了必要的调整措施，更加强调提高利用外资的质量和水平,严格限制"两高一资"产业的发展,利用外资策略由数量扩张型向质量效益型转变,要求跨国公司在国内设立研发中心。特别是2014年,从创造公平的竞争环境出发,我国曾发文要求清理各地在招商引资方面的优惠政策,虽转年又发文停止执行,但这次政策调整对中西部地区还是有影响的。与此同时,由于受到国际金融危机的影响,我们过度强调了防风险的重要性,却忽略了加快金融领域的开放进程。

第六,我国服务业开放和外资市场准入突破较慢。党的十八届三中全会以来,中央明确了进一步扩大利用外资的相关政策,但相关领域开放的具体政策仍不够明确,特别是部分垄断行业利用外资相对的阻力还比较大,而且在部分领域由于外商投资的国民待遇存在一定的问题,也对外商投资的积极性产生了负面影响,尤其是在部分产业的投资股比限制方面以及在高新技术领域和产品研发等方面,还有些技术操作问题有待解决。目前外商投资企业的兴趣恰恰集中在服务业和高新技术领域的合资合作方面,所以转变观念、寻求新的突破是利用外资打破僵局的关键一环。

第二节 服务贸易与市场开放

随着全球产业分工的深度融合发展,特别是随着大数据、物联网、云计算和移动互联网等信息技术的快速发展以及各国市场开放度的提升,服务的可贸易性不断增强,服务在全球价值链中所占的地位日益凸显,服务贸易成为新一轮全球自由贸易的发展重点。所以认识和了解全球服务贸易的发展趋势,加快我国的服务贸易发展是推动我国贸易强国建设的重要内容。

一、全球服务贸易新的发展趋势

全球经济的服务化带动服务贸易进入快速发展的新阶段。2015年,尽管全球服务贸易总额出现下降,但其不断扩大的趋势仍未发生根本变化,服务贸易增速快于货物贸易增速的格局已变成国际贸易发展的新特点。未来5~10年,服务贸易仍具有巨大的发展空间和市场潜力。

稳定外资增长的新思路

1. 经济服务化驱动服务贸易较快增长

全球经济发展已进入服务型经济主导时代，服务业占世界经济的比重平均达到70%，主要发达经济体的服务业比重更是高达80%，中等收入国家服务业比重也由2012年的54%上升至目前的57%，全球服务贸易的需求不断增加。2012—2016年，在全球货物贸易持续萎靡的情况下，全球服务贸易年均增长仍达到6.6%；2015年，服务贸易占全球贸易的比重为23%左右，若按附加值计算，服务贸易占全球贸易的比重已达到50%。

2. 服务贸易规模日益增大

受国际金融危机冲击，服务贸易虽在部分年份有所波动，但整体呈增长趋势。特别是自2011年以来，在全球货物贸易持续低迷的情况下，服务贸易仍保持了较快的发展。2011—2015年，服务贸易规模由8.7万亿美元增加到9.6万亿美元，是2008年金融危机爆发前服务贸易规模的1.4倍；2015年，服务贸易占全球贸易的比重达到23%，比2011年提高了3.3个百分点。

3. 服务贸易增速高于货物贸易

2009—2015年，全球服务贸易年均名义增速约5.1%，高于同期货物贸易年均增速0.3个百分点。从年限看，2012—2015年，全球服务贸易出口增速连续4年高于全球货物贸易出口增速。

4. 服务贸易的快速发展有助于提升传统货物贸易的发展水平

（1）服务贸易主导货物贸易产业价值分配。在新工业革命时代，服务贸易不仅能显著降低货物贸易成本，提高货物贸易便利化程度，更重要的是，研发、融资、营销、技术支持等服务成为产品价值增值的主要来源。在整个价值链条中，服务定价权日益超过货物本身定价权，谁在服务贸易领域拥有竞争优势，谁就拥有了货物贸易谈判主导权的重要砝码。例如，iPhone的价值构成中，其拥有的核心技术和知识产权为苹果公司带来丰厚利润，生产环节几乎都在国外代工。与其说苹果公司生产手机，不如说其主要提供技术和服务，苹果公司长期在技术服务领域保持的优势是iPhone长久不衰的一个重要因素。

（2）服务冲破货物贸易的地域限制。在互联网技术的推动下，全球货物贸易的内容、贸易方式和贸易规则已发生深刻变化，货物贸易的地域边界逐渐淡化，全球无边界资源配置大市场和消费大市场正在形成。以跨境电商为例,亚马逊这样的跨境电商,可以在世界范围内组织产品生产和货物贸易,提高资源配置效率。跨境电商的快速发展也深刻改变着全球贸易格局。亿万消费者在电脑、手机和平板电脑上触动指尖就可以"买全球、卖全球",中小企业也可借助这一平台将自己的产品卖向全球,跨境电商正在成为全球贸易发展的重要方式与平台。例如,2016年有235个国家和地区的网民参与了中国天猫"双11"庆典;2017年1月9日,马云与特朗普会谈,表示可为美国100万个中小企业提供支持,帮助美国农民及美国的中小企业通过阿里巴巴平台接触到中国市场及亚洲其他国家的市场和消费者。

5. 货物贸易和服务贸易深度融合

(1)货物贸易与服务贸易发展边界越来越难以界定。制造业服务化和新技术发展服务带动的硬件配套平台建设使得货物贸易和服务贸易边界日益模糊,而信息技术的快速发展和广泛应用,进一步将货物贸易和服务贸易黏合在一起,呈现"你中有我、我中有你"的特征。数据显示,虽然目前全球服务贸易占贸易总额的23%左右,但在占全球贸易80%左右比重的货物贸易中,有30%是同服务贸易相关的。服务贸易与货物贸易之间的深度融合,已经成为经济全球化的重要特征之一,与服务贸易相关的贸易运输、贸易统计、贸易方式、贸易规则正在发生着深刻变革。

(2)服务贸易规则与货物贸易规则相融合。随着产品的服务化趋势日益明显,越来越多的服务被包含在货物中,并以货物贸易为载体实现跨境流动。货物贸易规则的制定不仅要考虑货物质量本身,还要考虑货物中的服务标准、服务规则与服务质量。服务贸易规则与货物贸易规则相融合成为当前国际贸易规则演进的大趋势。

(3)服务贸易规则与投资规则相融合。随着全球经济的服务化,服务业对全球投资的吸引力不断增强,服务业已成为全球投资的主导领域,并且这一趋势正在不断加强。2001—2014年,全球服务业FDI总额的比重上升了6个百分点,相应地,制造业FDI占比下降了11个百分点。2014年,服务业FI占比达到64%,约为制造业占比的2.4倍。2015年,服务业FDI占比仍在60%以上。全球外商直接投资加快向服务业集聚,进一步推动了全球服务贸易规模的不断扩大与服务贸易的快速发展,也使得服务贸易规则与投资规则进入相互影响、相互融合的发展阶段。

二、服务贸易推动全球经济增长

当前,全球服务贸易发展格局已发生重大变化,服务贸易成为拉动全球经济增长的重要动力。新一轮经济全球化和国际经济竞争的焦点将从货物贸易转向服务贸易及其规则的竞争。

1. 新兴服务成为服务贸易新的增长点

互联网经济的发展,促使信息服务、通信服务等新兴服务贸易成为服务贸易的重要内容,而新兴服务贸易巨大的技术溢出也推动了其他产业的改造升级,进而提高了全球经济全要素生产率,促进了全球经济增长。以信息服务贸易出口为例。2006—2015年,信息服务贸易出口增速在大多数年份均高于服务贸易出口增速与货物贸易出口增速。其中2012—2015年,信息服务贸易出口增速始终高于服务贸易增速2~4个百分点,高于货物贸易增速6~10百分点。

2. 新兴经济体成为服务贸易的新生力量

(1)新兴经济体服务贸易规模不断扩大。2005—2015年,除2009年、2013年外,新兴经济体服务贸易持续快速增长,服务贸易总额由1.3万亿美元增加至3.2万亿美元,增加了近1.5倍;新兴经济体服务贸易占全球服务贸易比重由25.1%提升至33.7%,提高了8.6个百分点。新兴经济体已成为全球服务贸易发展的重要组成部分。

(2)新兴经济体加快发展全球服务贸易。2006—2015年,新兴经济体、发达经济体服务贸易年均增速分别为8.4%、4.3%,新兴经济体服务贸易增速约为发达经济体的2倍。除2009年、2013年外,2006—2015年,10年间有8个年份新兴经济体服务贸易增速高于全球服务贸易平均增速,更高于发达经济体服务贸易增速,在某些年份,新兴经济体服务贸易增速高于发达经济体1倍以上。新兴经济体服务贸易不仅成为稳定全球服务贸易的重要因素,也成为扩大需求、推动世界经济增长的重要引擎。

3. 服务贸易拉动全球经济增长

(1)货物贸易对全球经济的拉动作用逐渐弱化。2008年国际金融危机爆发之后,全球货物贸易增长率虽然有所反弹,但总体来看,货物贸易增长率低于全球经济增长率,打破了过去几十年来货物贸易增速一直高于全球GDP增速的发展格局。数据显示，2009年货物贸易增速大幅下降，远远超过了当前全球经济的衰退幅度，货物贸易出口增速首次低于全球GDP增速。2010—2011年货物贸易增速虽有大幅反弹，但主要是由于2008年国际金融危机爆发贸易基数降低。2012年以来，全球货物贸易出口增速大都低于同期全球经济增长率（2013年除外）。据世界贸易组织和国际货币基金组织预测，2016年，全球货物贸易与全球经济增速分别为1.7%、3.1%，货物贸易增速仍低于全球经济增速。

（2）服务贸易推动经济增长的作用进一步强化。服务贸易较快发展对市场开放提出了新的要求，使得全球人才、资金、技术、信息等要素的自由流动变得更为迫切，需要各主要贸易国在全球资源配置，降低交易成本，提升全球经济运行效率方面加快政策调整以适应全球服务贸易发展的需要。从规模来看，2015年，全球服务贸易额为9.6万亿美元，比2009年增长了约35%，高于同期全球GDP增幅10个百分点；从增速来看，2010—2014年，服务贸易出口增速均快于全球GDP增速。

三、服务贸易成为国际贸易投资规则重构的焦点

随着服务型经济比重的提升和服务贸易的快速发展，全球国际贸易投资规则的重心正加快从货物贸易领域转向服务贸易领域。如何以服务贸易为重点重构多边、双边贸易投资规则，如何推进服务业市场的双向开放，如何打破显性和隐性服务贸易壁垒，成为全球新一轮贸易投资规则重构的重点与难点。

1. 国际贸易投资规则重构的核心是服务贸易

服务贸易的快速发展及制造业服务化进程的加快，使得国际贸易投资规则的聚焦点从货物贸易向"货物贸易—服务贸易—投资"转变。从现实情况看，现有的国际贸易规则和贸易政策仍停滞在20世纪，传统全球自贸协定往往不会将金融、娱乐、医疗、会计等中高端服务业行业列为开放部门，即使是区域性多边自由贸易区内部各国间也有诸多限制。此类贸易规则不仅无法适应以服务贸易为重点的全球自由贸易新趋势，也不适应现有的世界贸易格局。因此，在全球贸易投资关系更加复杂密切的背景下，全球贸易的主要障

碍已不是货物贸易领域内的关税，而是服务贸易与投资领域内的监管，非关税壁垒以及市场的开放度，服务贸易自由化和便利化在很大程度上决定了全球自由贸易进程。未来，服务贸易规则重构将成为全球贸易投资规则的核心与重点。

2. 服务贸易成为完善多边贸易体制的重点

在WTO多哈回合谈判受阻的背景下，占全球服务贸易的70%、年贸易规模超过4万亿美元的12个WTO成员开始进行服务贸易协定（TiSA）谈判。按照TiSA相关规定，谈判议题已从传统服务业扩大到电子商务、信息服务、环境服务和能源服务等新兴服务业。目前参与该协定谈判的WTO成员的环境产品贸易额占全球环境产品贸易总额的85%。TiSA的谈判进程不仅成为未来全球服务贸易发展的重要基础，也将对全球服务贸易的自由化进程产生重要影响。

3. 服务贸易成为双边、区域贸易投资协定谈判的焦点

从短期看，随着服务贸易在世界各国经济发展中的重要性不断提高，国际服务贸易竞争日益激烈，服务贸易在双边、多边和区域贸易投资谈判中所占的比重逐渐增大，并成为各国争论与博弈的焦点。例如：2016年11月，RCEP部长级会议期间就货物贸易、服务贸易和投资三大核心领域给予战略指导，但东亚国家由于服务业发展滞后，普遍对服务贸易的开放持谨慎态度。中欧BIT谈判的核心问题是市场准入，最大的难点是在交通、通信、医疗、物流和商务等服务业领域对等的市场准入问题。随着双边服务贸易的份额不断扩大，未来服务贸易在双边、区域贸易投资协定谈判中的分量会明显增大。

四、服务贸易自由化对全球经济治理变革有重要作用

随着服务贸易发展及其在全球自由贸易进程中的地位不断提升，服务贸易自由化水平在相当程度上影响着全球贸易的自由化进程。

1. 对全球自由贸易规则标准产生重要影响

由于服务贸易影响范围变得更加广泛以及发达国家进行了价值链的全球布局，新服务贸易规则的标准将超越WTO现有的政策领域和标准。新

一轮服务贸易规则重构,在推动市场开放、削减贸易与投资壁垒方面,增加了许多新的标准。例如TiSA等谈判不仅考虑到竞争中立、贸易便利化,还将知识产权、劳工标准、政府采购、环境产品等内容纳入新规则。这些内容将影响全球贸易规则改革的未来走向,对全球贸易规则标准产生重要影响。

2. 关键在于打破隐性壁垒

与货物贸易相比,服务贸易不仅具有无形性,还具有生产与消费同步性和跨国界等特点。与货物贸易通过关税来设置壁垒等显性壁垒不同,服务贸易更倾向于采取国内资格资质要求、参股比例限制、经营范围和形式限定、审批条件和程序严格等措施,无论是提升服务贸易自由化水平,还是消除服务贸易壁垒,都非常困难。例如,全球技术性贸易壁垒数量越来越多,WTO范围内技术性贸易壁垒(TBT)和《实施卫生与植物卫生措施协定》(SPS)通报越来越多。数据显示,2015年全球SPS通报件为1992起,是2000年的3.2倍;2015年第一季度,全球SPS通报量为507件,较上一年同期增加34.6%。此外,"购买本地服务"成为不少国家政策的优先考虑,这些国家给外国服务提供者进入本国市场设置重重障碍,而对服务出口则实行隐形补贴。未来,技术、政策等隐形壁垒仍是全球服务贸易进程中的重大挑战。

第三节 加快扩大我国服务业开放

当前,中国经济发展面临着新的国际国内环境,稳增长和保持经济竞争力的提升面临众多的困难和制约因素,客观上要求中国加大对外开放的力度,服务业的开放面临着更大的压力。如果说此前中国制造业的发展和货物贸易的迅速增长得益于对外开放,那么在中国新一轮对外开放中,与货物贸易相比,服务业的发展及竞争力的提升,也唯有扩大开放才能得以实现。服务业的扩大开放关系到中国经济的可持续发展及在全球经济中的竞争地位,需要认真把握和处理。

一、服务业开放需要有新突破

服务贸易的发展状况是见证服务业开放水平的重要标志。加入WTO以来，中国服务贸易增长进入快速通道，除了2009年受金融危机影响有所下降之外，其他时间都保持了高速增长。2001年中国服务贸易进出口额仅为719亿美元，2013年达到5396.4亿美元，增长了6.5倍。到2017年我国服务贸易总额已达6900亿美元，当年增长接近8%，是自2010年以来首次出现出口增长大于进口增长的一年，但当年逆差仍高达2600亿美元。总体分析，中国的服务贸易仍处于较低的发展水平。2017年，中国服务贸易额处于世界第二位，出口额为2125亿美元，进口额为4736亿美元，但这一规模与世界第一大服务贸易国美国相比，差距达7000亿美元。同时中国服务进出口总额占我国对外贸易总额的比重仅为12%，而美国的占比则达到22.45%。

需引起我们高度重视的是，中国服务贸易逆差呈现日益扩大的趋势，从2001年的61.3亿美元扩大到2017年的2600亿美元。逆差较大的主要集中在运输、保险、专利使用费和特许费上，顺差部分主要有工程建筑和计算机服务。2009年，旅游服务从顺差变成了逆差。高额贸易逆差表明中国服务贸易的竞争力同国际相比存在较大差距。2013年，全球服务出口占世界贸易出口的比重为20%，中国还不足9%。

此外，从结构看，现代服务业的份额虽在逐渐增加，但我国传统服务业占服务贸易的比重仍较大。2013年运输服务业和旅游业的进出口额仍占服务贸易总额的60%；从服务业外资地区结构看，主要来自中国香港、美国、欧盟、日本等发达国家和地区。2013年外商在服务领域的投资总额已超过制造业的投资规模，这说明我国经济结构正在发生积极的变化，对服务业的投资仍有巨大潜力。

二、服务业扩大开放将带来新的增长动能

党的十八届三中全会通过的《中共中央关于全面深化改革若干重大问题的决定》对构建开放型经济新体制提出了新的要求，并规定了新的服务业开放领域和进一步加快服务业开放的总体要求。其中明确提出放开育幼养老、

建筑设计、会计审计、商贸物流和电子商务等五大领域,党的十八届五中全会又进一步提出要加快推动金融、保险、电信等领域的扩大开放。由此可以看出扩大服务业开放是当前开放的主要任务,而扩大金融、保险、电信的开放又是当前最艰巨的任务。目前,中国四大自由贸易试验区的建成,扩大服务业开放试点均被列为主要内容,从而为新一轮服务业开放提供了契机。自贸区总体方案中服务业开放主要包括金融服务、航运服务、商贸服务、专业服务、文化服务、社会服务等六大领域。上海自贸区作为改革开放的重点试验区,其成熟的开放经验及管理体制创新的有效做法,无疑将逐步形成众多可复制的经验,并进一步扩大自贸区的复制范围以指导推动全国的改革开放进程。但从全国经济发展及改革开放的现状分析,完全等待上海自贸区复制经验似乎有些被动,应创造条件加快推动全国统一的的服务业开放进程,而金融业的开放更是备受关注。在扩大服务业开放进程中关键要把握好以下内容。

第一,坚持主动扩大开放,把握好节奏和顺序。

从全球范围看,服务业开放是大势所趋,中国虽然在高端服务业门类方面竞争力仍不足,但我们在传统服务业及电子商务方面具有明显的优势,服务业的发展与升级需引入竞争机制,形成公平竞争的法治化营商环境至关重要。如果不主动开放,待国际新的高标准的服务贸易规则形成后,中国的开放空间和政策选择就会相对变小。与其被动接受,不如主动适应,并在全球经济治理中获得更大的谈判筹码。从国内经济发展看,服务业的开放能够有效带动国内服务业加快发展,特别是生产性服务业的开放对产业结构升级、价值链攀升将产生积极的促进作用。当然服务业开放需要把握好开放的节奏、顺序,包括时机的选择,对不同服务领域部门,可采取区别的开放措施,随着行业竞争力的提升及开放进程的深入再做调整。

第二,继续转变政府职能,全面促进服务业发展。

"十三五"时期,坚持扩大服务业开放同加快国内服务业转型升级至关重要,对于经济发展中出现的许多新的业态及服务模式,有必要深入把握其趋势和作用,加强防范现有风险。但如果以防范风险为由,对新兴的商业模式或业态采取严格的规范限制,有可能会阻碍其发展。这是主管部门必须要把握的。

在服务业开放过程中,想要消除体制机制的障碍,关键是转变政府职能,明确政府定位,建立能够适应高标准贸易投资规则的行政管理体系,精简审批的程序,由注重事先审批转为注重事中、事后监管。建立中央政府和地方政府良性互动机制,简化按照地区行政级别审批的程序,加强中央对服务业开放的大政方针的总体战略安排,在促进发展的同时,要加强对敏感领域开放的安全审查,真正做到安全高效。

第三,保持对内开放和对外开放的一致性。

《中共中央关于全面深化改革若干重大问题的决定》指出,要把对内开放和对外开放有机结合起来,加快构建统一公平、竞争有序的大市场。在服务业对外开放方面,我国正在进行探索的负面清单管理模式是一项标志性内容,应坚持落实到位。随着中美、中欧投资谈判协定的推进,我们有可能在负面清单管理模式方面再做出重大突破性决策。即在现有版本的基础上,进一步大幅度简化负面清单,使之能够在真正意义上体现高水平的对外开放。在对内开放方面,虽然中国早在2004年就出台了《国务院关于投资体制改革的决定》,之后又有"非公36条"和"新非公36条"等规定措施,但是民营企业的市场准入问题仍没有得到根本性解决,这影响了中国私营部门参与服务业开放的积极性。而对内开放对外开放又是相互影响的,如果目前国内的行业垄断和各种显性、隐性壁垒不消除,那么建立在行业保护基础上的竞争力也是不扎实的,对外开放力度加大后,外资企业将会对国内服务业造成更大的冲击。

第四,加快体制机制创新,促进新型服务业发展。

"十三五"时期,大众创业、万众创新政策将发挥更加积极的作用,营造有利于中小型服务企业发展的政策环境,着重从税收和融资环境等方面入手,逐步建立适应服务企业发展的税收政策体系。加大对中小服务企业和公益性服务行业的支持,推动建立扶植中小型服务企业的风险投资基金,并吸引更多的社会资金进入,在规范管理各种融资平台的基础上,要进一步打开企业发展的融资通道。特别要重点为制造业升级和战略性新兴产业发展提供更高水平、更低成本的生产性服务,创造有利于服务企业集群平台发展的环境。一是要支持商业创新模式发展;二是要重视技术创新服务;三是要把握全球价值链竞争模式。企业要关心全球价值链竞争的新动向,积极参与并适应核心价值链节点的竞争。国家则需要关注本国在全球价值链竞争中的地位，转型升级本身意味着结合本国的竞争优势，寻求参与价值回报最高的产业链部分的竞争。

第五，创新监管模式，提高风险防范能力。

在服务业开放的法制保障方面，中国需要注重法律的严密性，减少执行过程中的随意性和可能产生的套利行为。保证地方法规与部门规章制度的一致性，以及国内法律与国际规则的接轨。比如，在自贸区的法律规范方面，需要在试验的基础上尽快建立适应国际贸易投资规则的法律体系，并做好区内外政策的协调。

当前服务业扩大开放不仅是对外开放中的主要内容，同时也是中国经济增长的新动力。但服务业开放的确涉及众多敏感领域，所以在推动扩大开放的同时，加强服务业开放的法律法规建设，构建服务业开放的法律保障体系。同时，需要进一步完善非现场监管，加强信息平台的建设，提高经济信息的透明度，经济主管部门应学会对人们预期心理进行正确引导，提高对经济运行的监测水平，及时发布有关风险提示，并保留宏观调控的应急手段，确保国民经济的平稳运行。

三、新形势下做好外资工作的新思路

2018年是我国改革开放的40年，中央决定举行隆重的纪念活动，并推出一系列新的改革开放的重大举措，此前党的十九大和中央经济工作会议均已对我国构建全面开放新格局做出了顶层的安排和部署，并对进一步放宽市场准入及改善投资环境提出了明确的要求。有关主管部门已决定于2018年下半年在全国实行外商投资负面清单管理模式，同时强调要加快服务业开放，扩大金融、保险、电信、医疗、教育、养老、新能源汽车等领域的开放，以及全面放开一般制造业和加快资本市场等对外资准入限制和股比限制。2018年1月3日国务院曾召开常务会议，专门部署了改善营商环境，做好招商引资工作的有关安排，加上2017年初国务院下发的《国务院关于扩大对外开放积极利用外资若干措施的通知》（国发5号文件）以及2017年8月国务院下发的《国务院关于促进外资增长若干措施的通知》（国发39号文件）均对扩大利用外资提出了新的要求。这些新的开放内容和新的开放要求是我们打造良好的营商环境，扩大招商引资工作的指导原则和具体工作策略。国家有关部门正在抓紧研究落实有关开放的具体安排，并结合各部门各地区的具体情况深入落实；同时也正在采取有力措施把打造良好的营商环境当作当前的一件大事来抓，在纪念我国改革开放40年之际，进一步加快我国的改革开放进程。

（一）打造良好的营商环境是我国构建全面开放新格局的重中之重

党的十九大报告中关于构建全面开放新格局的要求涉及多方面的内容，其中打开国门搞建设，扩大市场开放是核心要求，包括"一带一路"建设、贸易强国建设，打造良好营商环境的要求，扩大利用外资的要求，赋予自贸区更大开放自主权的要求以及关于探索对外投资新模式和探索建设自贸港的要求，文件还明确提出要实行高水平的贸易和投资自由化便利化政策，全面实行准入国民待遇加负面清单管理制度，大幅度放宽市场准入条件，扩大服务业对外开放，保护外商投资合法权益。凡是在我国境内注册的企业，都要一视同仁、平等对待。这些要求的核心是扩大市场开放，积极有效地扩大利用外资。在扩大开放的过程中，在推动构建全面开放新格局的过程中，中央特别提出要重视处理好并中西部地区的对外开放问题，发挥中西部地区在承接产业转移方面的优势，促进东部地区中西部地区协调发展。

（二）坚持扩大开放是保持经济可持续发展的关键

2020年是我国"十三五"规划完成的最后一年，也是我国完成第一个百年任务的关键之年，要想如期完成奋斗目标，我们必须保证整个"十三五"期间的平均年增长率不能低于6.5%。2016年和2017年我们已分别实现了6.7%和6.9%的实际增长率。从目前经济增长的前景分析，我国经济仍处于转型升级的关键阶段，同时我们也要看到，经济保持中高速增长仍面临众多困难，要想实现高质量发展仍需做出艰苦的努力，这一切必须引起我们的高度重视。而外资作为我国经济发展的重要因素是不容忽视的，如果外资持续下降，我国经济就将面临新的下行压力，所以我们只有通过构建良好的营商环境，放宽市场准入条件，扩大市场开放，吸引更多的外资参与我国的经济建设，才有利于保持我国经济持续稳定发展。我们要相信，通过努力一定可以改变目前我国在招商引资方面的被动局面，确保我国经济在转型升级中依然维持在中高速增长的水平。

（三）稳定利用外资有利于经济转型升级，加快形成新的增长点

目前外商投资的重点集中在服务业和高新技术领域，所以这次我国新公布的负面清单已充分结合了国际投资格局的变化，大胆放开了服务业中的众多领域包括部分高端制造业领域，同时还放开了部分产业投资的股比限制。这些新的开放政策必将对外资产生新的吸引力，而随着外资的进入必将推动部分服务业和高端制造业的快速发展并形成我国经济新的增长点。

（四）高水平开放有利于我国更主动地参与国际竞争

当前虽然全球经济已进入复苏阶段，但经济增长的深层次矛盾依然复杂。大国竞争日趋激烈，以美国为首的贸易保护主义有所抬头，中美贸易摩擦持续升级，中国在国际多个场合一再强调坚定支持国际多边体制，反对贸易保护主义，并赢得了国际社会的普遍响应与支持。在此环境下，中国有必要身体力行，坚定地走开放型经济发展道路。此举不仅有利于激发我国经济自身的发展活力，保持经济健康稳定发展，同时也有利于我国在国际竞争中获得主动权，更有利于我国在国际事务中发挥更大的作用，进一步增强我国在国际上的话语权和影响力。

四、促进外资增长的新路径

目前，我国人均吸引外商投资仅50美元左右，与世界人均110美元和发达国家人均534美元的水平相比，差距甚远。因此，我国仍需保持利用外资的持续增长。在相当长的时间内，也可以说是在中国崛起的全过程中，我国积极、主动、有效利用外资的政策仍不应改变，从现阶段来看，有必要采取一些积极有效的措施，保持利用外资的稳定增长。

一是要充分认识现阶段做好外资工作的重要性。外资在我国的国民经济

发展中至今仍发挥着重要作用，不仅在就业、税收方面占有重要比例，而且在中高端制造业、先进技术的市场份额方面仍发挥着重要影响作用，所以外资数量的增减涉及国民经济的稳定发展，关乎外贸出口的增长变化。

二是要加快营造有利于内外资公平竞争的市场环境。第一，要加大改革力度，完善法律法规，努力营造公开透明、公平法治的营商环境，加快完成外资"三法"的修改工作。从现阶段看，实现外资"三法"合一的条件已经成熟，应尽快完成"三法"的合并修改程序，力争早日公布实施。该法对维护外企权益，稳定外企预期具有十分重要的作用。第二，要进一步推进市场化改革。引入竞争机制，规范市场竞争行为，促进垄断性行业的改革，创造公平、公正的市场竞争环境，以良好的投资环境吸引外资。第三，要特别注意维护市场公平竞争和执法方面的稳定性和连续性，避免使用选择性执法以及破坏市场稳定性的集中整顿等手段，全力保护市场的稳定性及市场主体预期心理的稳定。

三是要采取积极有效措施引导外资流向。鉴于东部地区和中西部地区经济发展的不平衡格局，我国对东部地区和中西部地区实行的外资促进政策应有所区分。东部地区应更加注重服务业扩大招商引资，适当开放具有投资价值的服务领域，积极稳妥扩大金融、证券、保险等各类服务业的对外开放；中西部地区仍需注重制造业利用外资，放宽中高端制造业外资准入条件，尽快出台更加开放的中西部地区产业投资指导目录，鼓励中西部有条件的地区建立产业转移承接基地。

四是要进一步改善投资的软环境，认真落实外商投资管理登记制。目前，我国对部分领域是否继续鼓励外资进入存在认识上的分歧，需统一思想，形成共识，确立新形势下保持利用外资稳定增长的战略举措。创造条件尽快落实负面清单的管理模式，同时要高度重视改善投资的软环境，即在外商落户、办理手续等方面提高服务意识，加快政府职能的转变，落实投资便利化措施，使外商在各项业务中都能感受到周到的服务及公平的竞争环境。

五是要加快研究出台利用外资的新政策。要加快研究和制定鼓励战略性新兴产业、节能环保产业、现代服务业、现代农业等与我国转变发展方式相适应的产业引资政策。要加快研究制定高端制造业和新兴产业的开放政策，鼓励企业创新利用外资方式，多途径、多渠道推动高端制造业和新兴产业的国际合作。要进一步落实好重点产业和机械制造业外商参与兼并收购的政策，解决好外商投资企业的国民待遇问题，确保外商投资企业享受国内相关技术创新和研发的产业支持政策。

当前，发展中国家都在不断地加大实施招商引资的优惠政策，使我国利用外资面临激烈竞争，我们必须果断采取利用外资的积极促进政策，将扩大利用外资同我国转变经济发展方式有机结合起来，坚定地贯彻振兴制造业的重大决策，努力加快提高产业竞争力，保持和巩固中国在国际市场上的影响力。

第四节　加快推进我国高水平开放进程

2018年是中国开启改革开放进程40周年的历史节点，中国经济发展所取得的巨大成就和当今中国在国际上的地位和影响力足以证明改革开放的历史贡献和现实魅力。简要回顾40年改革开放的历程，中国大致经历了4个发展阶段，即改革开放的探索期、突破期、全面发展期和党的十八大之后高水平开放的提速阶段。近来全国正在开展纪念改革开放40周年的一列活动，全面总结改革开放以来的历史经验和取得的伟大成就，以激励我国继续前行，为此正确认识和理解党的十八大以来我国改革开放的顶层设计和高水平开放实践对于我国进一步参与和推进改革开放进程是十分重要的。

一、我国的高水平开放进入全面发展阶段

党的十八大以来我国的外向型经济发展进入了一个新的提速阶段，概括地讲基本上沿着两条线展开，对外以"一带一路"建设为主线大力度展开，形成了共商共建共享的国际合作新平台；对内则以推动上海自由贸易试验区建设为主线，形成了高水平开放新的突破，自贸区建设的启动形成了以开放促改革的新的实践活动。从这两条线的发展进程看，可以说通过5年的努力，已取得了重大的突破和明显的成效。

从"一带一路"的发展看其成效主要体现在以下几方面：一是"一带

一路"倡议受到了全世界100多个国家的积极响应和参与，中国已与沿线40多个国家签署了共建"一带一路"的政府间的合作协议，共商共建共享的原则深入人心，这在中国现代发展史上是绝无仅有的一次成功的尝试，标志着中国参与国际经贸合作能力的提升和影响力的上升；二是"一带一路"基础设施建设取得重大突破，六大走廊建设相继起步，有的已取得突破性进展，高铁、核电、高压输变电设备以及电子商务的快速发展已成为中国靓丽的名片；三是同沿线国家建立贸易关系的发展速度远远快于其他贸易伙伴，为推动沿线国国经济发展发挥了积极作用；四是境外合作园区和产业合作项目平稳起步，已取得明显效果；五是金融支持已基本到位，亚投行、丝路基金的成立对"一带一路"项目建设发挥了巨大的作用。此外随着"一带一路"的深入发展，其作用和意义远超过原有的构想，其互利共赢的发展模式正在成为全球经济贸易合作发展的新模式、新路径，成为探索构建人类命运共同体的主要途径，受到世人瞩目。

二、国内自贸区建设在引领高水平开放方面发挥了重要的试验田作用

党的十八大之后，中央迅速决定在上海建立自由贸易试验区并明确指出，自贸区建设的重点是探讨体制机制方面的改革，实现制度创新引领，突破体制机制改革存在的障碍和藩篱，尽快形成可复制经验，在全国进行复制推广。上海果然没有辜负中央的期望，在不到2年的时间里，总结形成了100多条行之有效并且可复制的成功经验。在这一前提下，中央决定在广东、天津和福建再批准设立3个自贸试验区并将各自贸区的试验面积均扩大到120平方公里，从而使自贸区建设可以发挥出更大的引领作用。各地的自贸区建设根据当地的经济特点和优势，在制度创新方面进行了大胆的改革探索，在放宽市场准入和招商引资方面实现了明显的突破，在服务业扩大开放特别是金融开放方面进行了积极大胆的探索并取得了显著效果。2017年后，根据形势发展和已具备的自贸区发展形成的一系列可复制的经验，中央再次决定将自贸区扩大开放的经验在更多省市进行复制推广，批复浙江、河南、辽宁、武汉、重庆、成都和陕西7个省市再建7个自贸试验区，鼓励各地大胆

闯、大胆试、错了改,发挥好自贸区建设试验田的作用,自此在全国形成了"1+3+7"的自贸区改革发展的新局面。自贸区建设不仅进行了体制机制的创新而且形成了经济增长的新亮点,可以说自贸试验区的发展是党的十八大后我国改革开放的一条主线,形成了我国在新时期改革开放的新模式和新路经,为探索我国高水平对外开放总结了有效的可复制经验。

三、高水平开放进入全面提速阶段

党的十九大提出要加快构建全面开放新格局并提出了6个方面的开放要求:稳步推进"一带一路"建设;加快贸易强国建设;扩大市场准入,全面实行负面清单管理模式;打造良好的营商环境,保护外商投资的合法权益;扩大区域开放,赋予自贸区更大的改革开放自主权,探索自贸港建设;探索海外投资的新模式,培育企业参与国际竞争的新优势。2018年4月,习近平主席在海南博鳌论坛上又提出了扩大开放的4点要求,并强调要尽快落实,宜快不宜慢,宜早不宜迟。这4点要求是放宽市场准入,打造良好的营商环境,保护外资企业的知识产权,降低关税扩大进口。至今各项改革举措已落实兑现,与此同时中央决定在海南岛全岛实行自贸区政策并决定在海南探索建立自贸港。除此之外,我们在服务业开放方面也陆续推出了一系列新的开放内容,在营商环境方面也发生了积极的变化,根据世界银行公布的营商环境评价报告显示,2018年我国已由2017年的第78位提升到第46位,说明我国的营商环境已发生了明显的改观。

2018年是我国改革开放40周年,我国选择了以高水平开放,加快打造良好的营商环境为突破口,积极主动地应对当前国际形势的复杂变化。坚定不移地推进高水平开放已成为当前我国面临的首要任务,习近平主席在多个场合的讲话都反复强调了我国开放的大门只会越开越大,开放是为了引入竞争机制,开放是为了推动国内经济体制改革。同时我们要认识到,我国经济的高质量发展是离不开高水平开放的,只有加快落实中央确定的各项改革任务与举措才可以使国内经济发展更具活力,才可以使我国在国际竞争中更加主动。

第十一章　提高海外投资的质量和效益

商务部数据显示，2016年我国境内企业全年共对全球164个国家和地区的7961家境外企业进行了非金融类投资，累计投资金额为1.12万亿元；折合美元为1701.1亿美元，同比增长44%。而2017年的数据显示，我国实际对外投资降为1400亿美元，同比下降28%。是什么因素导致海外投资的大起大落，是市场变了还是政策变了，中企的海外投资之路应如何走，企业应如何在新的形势下把握好海外投资的发展机会，管理层又应如何根据当前海外投资的新特点、新变化，在防范风险的同时，继续支持海外投资的健康稳定发展，这是摆在我们面前的一个个重要的研究课题。随着国内外形势的变化，企业可能会考虑做出新的调整和选择，同时政府主管部门也需要认真考虑如何适应新的形势变化，进一步调整规范监管政策，确保政策实施的公开透明，为我国企业的转型升级，进一步提升国际竞争力创造良好的政策环境。本章内容拟通过对我国企业海外投资的复杂动因及风险进行分析，对企业应采取的应对措施提出积极的建议。

第一节　海外投资动因日趋复杂

在此我们需要分析一下2016年海外投资快速增长的主要动因。从积极的因素看，应该承认海外投资的快速增长是符合一般规律的，随着中国经济的快速发展及经济总量的不断提升，中国已经进入海外投资的高增长阶段。根据英国经济学家邓宁的投资理论，人均收入在超过8000美元之后，一国的资本流出将超过资本净流入并将进入快速发展阶段。2015年中国人均收入已达到8000美元，说明中国已进入大规模海外投资的发展阶段。此外从投资结构看，中国企业的海外投资领域正在由矿山能源开采逐步向制造业和服务业转变，而近期更呈现了多元化发展趋势。中国目前在美国的投资主要集中在八大领域，包括酒店度假村、名牌豪华酒店、洗碗机和咖啡机生产领域、重型机械、好莱坞制作领域、软件分销领域、证券交易所及网络游戏领域等，这些在美国市场发展十分成熟的服务业已经成为中国企业海外投资的主要标的。鉴于中国目前正处于转型升级的艰难阶段，从中国企业发展的需要看，企业正常的海外兼并主要包括以下几种类型：

一是兼并收购海外发展成熟的服务业。中国企业可以直接进入该行业的经营领域，继承并沿用原有的销售渠道和网络并能保持一定的盈利水平。

二是兼并收购生产型企业。这样可以学习掌握原有企业的产品研发技术和管理经验，提高中国企业在国际市场上的竞争能力，并可以掌握该企业现有的技术和研发能力，借用原有的销售渠道和网络，扩大企业的规模和提高盈利水平。

三是兼并收购可以和国内企业的发展融会贯通的企业。通过市场的双向传导作用或把国外成熟的经营理念和模式引入国内，拓展新的盈利模式，同时可以发挥国内企业的制造、组装能力，扩大生产规模和提高市场销售份额。

四是兼并收购可以促进企业经营管理水平提升的企业。提高企业国际化经营的能力和水平，对做大做强企业、加快形成企业参与国际竞争的新优势有积极的促进作用。

当然从2016年中国企业海外并购快速发展的动因分析来看，不排除存在以下潜在的多种复杂动因。

第一，多数企业认为美国经济已进入强势复苏阶段，认为此时收购美国的一些具有成熟商业模式的服务行业肯定可以带来稳定的投资回报。通过对美国经济进行分析和判断，应该指出的是多数企业缺乏对美国经济深层次矛盾的理解和把握，盲目乐观。此外，对于中美文化的差异缺乏感性认识且并未引起高度重视。从潜在风险看，可能会遇到两种可能：一是一旦遇到新的经济萧条或市场震荡，企业经营会遇到困难或亏损。二是由于存在中外文化差异可能会在经营理念和发展模式上产生分歧或矛盾，或将影响企业的经营效益。

第二，企业对目前金融信贷高杠杆的风险认识不足。大多数兼并收购的案例从外方看都是中方以海外融资支付方式进行的，但实际上投资者一般都是以大量的银行贷款或通过投资基金来完成支付的，很多企业的融资贷款投入高达90%。这对于经营效益好的企业来说应该是没问题的，但对于本已负债较重的企业来说风险就比较高了。其中投资公司和基金的积极参与，导致有的企业对高杠杆收购的风险认识不足，认为只要有银行贷款就没问题了，有的企业对投入产出的测算也不够严谨，有的企业甚至对银行还款的方案都没有概念，这些行为都将构成潜在的企业债务风险。

第三，受到人民币贬值的预期心理驱动。自2015年8月11日人民币汇改以来，由于受到国内经济下行压力和美元快速升值的双重影响和冲击，人们的预期心理发生了巨大变化，人民币一度面临明显的贬值压力，而大多数企业对人民币未来的发展心有疑虑，担心人民币会持续贬值，所以抢在人民币贬值之前大规模投资海外市场以期获取汇率波动带来的好处或更高的投资回报率。

第四，企业盲目投资，非理性投资激增。这类企业一般以大型企业为主，为了响应国家鼓励"走出去"的号召，这些企业都在国际市场上积极寻求投资机会。因为这些企业在国内较容易获得银行贷款，通过海外兼并收购还可以进一步将资产规模做大，以更大的资产规模做抵押，再进一步提高融资贷款额度。以此发展，其结果是企业的资产负债越来越大，一旦遇到经营风险，就可能导致企业的发展遇到巨大的困难，甚至引起银行不良贷款的出现，由此也构成了当前海外投资潜在的风险之一。

第五，部分上市公司或民营企业由于盲目轻信国际上对中国经济的负面分析，一方面认为中国经济将长期面临下行压力，另一方面则相信人民币资产将面临持续缩水压力。所以这些企业以加强全球资产配置为由，防范资产的缩水，即通过大规模海外兼并收购的方式和手段，实现其大规模转移资产的目的。这些企业的海外投资收购大都采取了在海外融资贷款的形式，不仅逃避了国内监管，形成了新的负债，同时也造成了国内外汇储备在短时间内大规模外流，反之又形成对人民币汇率的贬值压力，给国民经济运行带来负面影响。其结果很可能是随着美元的持续加息及国际贷款利率的上升，这些企业会面临偿还海外借贷的压力，有些极可能触发企业债务风险。

第二节　防范风险同提高服务质量并举

针对中国企业海外投资并购快速发展中存在的问题和风险，自2017年12月以来，有关主管部门已加强了海外投资的风险防范工作，一方面加强了对海外投资的跟踪监管，另一方面对海外投资的外汇支出实施了严格的审查限制。中国人民银行和国家外汇管理局都对企业对外放款提出了新的要求，商务部则发出通知明确要求对外投资和兼并项目，企业需提交额外的备案和核准申请材料，要求企业填写境外并购事项前期报告表。国资委也颁布了中央企业境外投资监督管理办法，特别加强了对央企境外投资风险的管理和监督。通过各有关部门的齐抓共管，确实取得了明显的效果。企业非理性投资受到坚决遏制，国家外汇储备出现稳步回升迹象，当然这一加强监管的过程不可避免地也会对理性投资者产生一定的影响。

为进一步规范海外投资管理，确保有效投资的持续发展，构建健康有序的投资发展态势，在此建议管理层和投资企业共同努力做好海外投资中的风险防范工作。希望管理层能进一步完善监管办法，确立明确的监管条件，并应做到监管条件和程序的公开透明。

一要进一步研究完善海外投资新的监管审批办法和机制，明确规定海外投资鼓励和支持的项目清单，对于禁止的和限制的项目应纳入负面清单进行管理，以便于企业遵照执行。

二要明确海外投资分级管理制度，对投资规模较大的项目如何审核应明确程序，使企业心中有数，避免企业在投资过程中把握不准政策，导致投资项目的拖累和延误并造成损失。

三要在防控企业风险方面设置明确的界限，对已经负债过高的企业加强监管是必要的，但应明确界限。例如，能否明确规定企业负债率在100%以上的，银行将拒绝贷款，以避免企业在无序扩张中形成新的风险。

四要确保高质量高效益的投资项目正常进行。针对中国快速发展的海外并购浪潮，一方面应要求有关主管部门加强监管，同时还要强调对于支持鼓励类的项目，有关主管部门仍有责任继续为其提供必要的便利化服务和政策支持；另一方面应加大多方面的信息发布与服务，及时向企业发布风险提示和引导，提醒企业树立风险意识，确保投资的安全性和可持续性。

第三节 企业应注重投资质量和效益

一、建议企业要关注并学会把握和驾驭国内外经济形势的复杂变化

目前全球经济仍处于不均衡复苏阶段，市场波动和震荡十分剧烈，发达国家仍未最终摆脱危机的束缚，美国经济虽率先复苏，但也存在众多深层次的矛盾，金融资产泡沫和政府债务风险仍是困扰美国经济的主要矛盾。特别是美国现任总统特朗普推行的美国优先的极端保护主义政策将带来新的政策上的不确定性，投资环境将更加复杂，中国的投资企业一定要全面了解投资目的国的政治、法律、经济状况，并对这些发展变化有一个准确的判断把握以避免大规模投资后一旦政治经济形势恶化，将带来不必要的经济损失。

二、企业必须学会制订完整的投资计划

中国企业一旦决定参与海外投资项目，就必须要有一个统筹的考虑。首先要有明确的企业发展定位和思路，把握好自己的核心竞争力和经营主业。在进入市场前，应制定详尽的产品战略和市场战略，并要经过充分的论证。其次在具体项目启动前一定要写好可行性研究报告，如有困难应委托专业咨询机构完成。企业在这方面支出的费用同在项目上交学费比起来还是微乎其微的。针对服务领域的投资关键是要把握好经营理念和商业模式。

三、要学会控股经营或以较少的投资参股实现控股的目的

按照《中华人民共和国公司法》的规定，由最大的股东控股是很正常的情况。所以我们在海外兼并收购的过程中，应尽量避免全额收购，可以采取分步兼并收购的方法，如先入股一定的比例，待经营的前景比较明朗时再进行增资控股是较明智的。对此中国改革开放的实践提供了有效的经验，数据显示，在中国加入世贸组织前，外商在华投资的70%是以合资的形式进行的，此后控股和独资所占的比重才逐渐有所上升。而且在投资进入市场的初始阶段，当地合作方的选择也是十分重要的。

四、要学会与当地企业密切合作

海外投资在起步阶段最好先以合资的形式为主，学会与当地企业分工合作，并且要慎重选择合作伙伴，特别是在一些敏感领域的投资若没有当地有影响力的合作伙伴的配合将是十分复杂和艰难的，有时甚至会付出较大的代价。此外无论在海外经营独资企业还是合资企业，都要深入了解当地的法律法规和文化风俗习惯，并且要遵守当地的法律法规，严格依法合规经营，不能有侥幸心理。在这一点上要与当地的合作伙伴进行密切沟通，尽量采取属地化管理的模式，加快融入当地社会，逐步树立良好的中国企业形象。

五、企业要加强风险防范意识

在海外投资兼并收购的过程中，应注意两方面的风险，即外部风险和内部风险。由于不了解所在国的法律法规和财税制度所导致的经营困难或财产损失属于外部风险；由于人员安排不当或主要负责人水平和能力有限所导致的经营亏损属于内部风险。此外在当前形势下，在海外兼并收购的过程中应尽量避免杠杆过大操作，特别是对于负债很高的一些企业，要严格限制其超规模贷款收购的做法，应鼓励其采取多渠道融资的方法，避免在企业遇到债

务问题后直接对银行造成影响。

总之，我们已经看到中国企业在实践中不断发展壮大，竞争力不断提升。当前中国企业参与海外投资兼并收购仍是企业国际化发展的必然趋势，我们相信在企业普遍提高风险防范意识的前提下，在管理层不断改进完善监管制度了提高服务水平的背景下，我国企业的海外投资定将行稳致远，尽快形成企业参与国际竞争的新优势，为国民经济发展做出更大的贡献。

第四节 国际产能合作的发展历程

中国有世界上规模最大的制造业，有规模庞大、行业齐全的工业体系，这成为中国进一步推动高质量对外经贸合作的重要源泉。目前，中国制造业占全球制造业的比重已超过25%。在500种主要工业产品中，中国有220多种产量位居世界第一。在广度上，中国拥有39个工业大类，191个中类和525个小类，是全世界唯一拥有联合国产业分类中全部工业门类的国家。自2010年以来，我国装备制造产业规模已经连续多年位居世界第一，强大的加工制造能力成为推动中国开展国际产能合作的重要基础。

一、装备制造业平均投资增速高于对外投资整体增速，国际产能合作迅速推进

自2014年起，商务部进一步简政放权，简化企业对外投资审批监管程序，实现备案制管理。企业对外投资的活力不断增加，开展国际产能合作的意愿随之增强。从年度投资统计数据来看，装备制造业对外投资增速在2015—2016年显著高于制造业对外投资增速，但由于2017年初的阶段性管控，企业对外投资出现下滑，影响装备制造业海外投资增速。从月度投资统计数据来看，装备制造业投资平均增速一般要快于装备制造业海外投资增速，这表明企业开展国际产能合作的热情程度较高（见图11-1）。商务部最新统计数据显示，2017年中国企业对外投资流量达1358亿美元，其中制造业

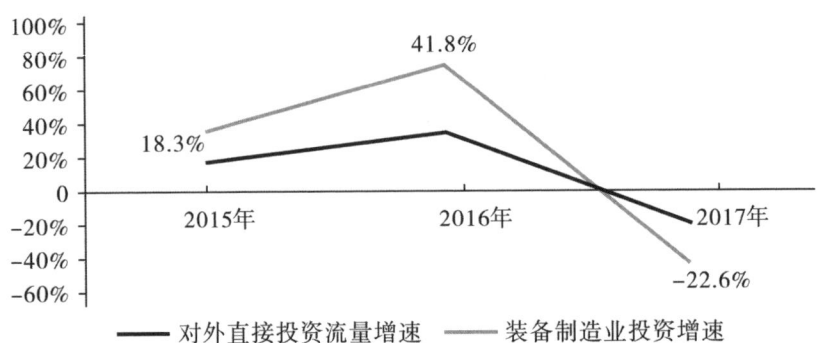

图11-1 中国对外直接投资流量增速与当年装备制造业投资增速

资料来源：商务部数据。

对外投资流量为295.1亿美元，在当年阶段性管控的背景下实现逆势增长；装备制造业投资流量为110.3亿美元，同比下滑22.6%（见图11-2）。

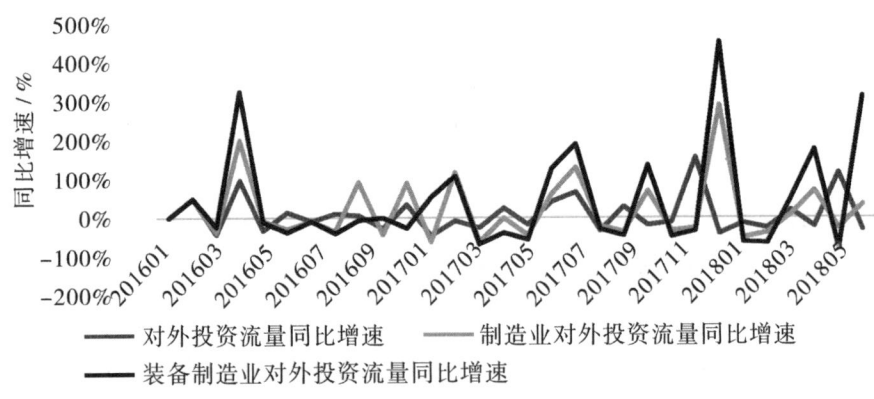

图11-2 中国月度非金融类、制造业、装备制造业对外投资流量同比增速

资料来源：商务部数据。

二、对外承包工程带动设备出口，推动国际产能合作成效显著

自2006年以来，对外承包带动的设备、材料出口成为中国企业开展国际产能合作的重要方式。一方面，所带动的设备、材料出口直接在当地加工成最终产品，直接服务于当地基础设施建设；另一方面，设备、材料出口在东

道国进行最终加工、组装,促进了中国的装备技术、标准对外输出,为当地技术发展和经济能力建设贡献了重要力量。从商务部统计数据来看,对外承包工程带动的设备、材料出口增长较为显著。2005—2016年,对外承包工程完成营业额中平均23.8%的份额用于带动设备、材料出口,并在2008年达到峰值水平37%(见图11-3)。据商务部最新统计数据显示,2017年对外承包工程带动设备、材料出口153.9亿美元,同比增长15.7%,高于同期货物贸易出口增幅。

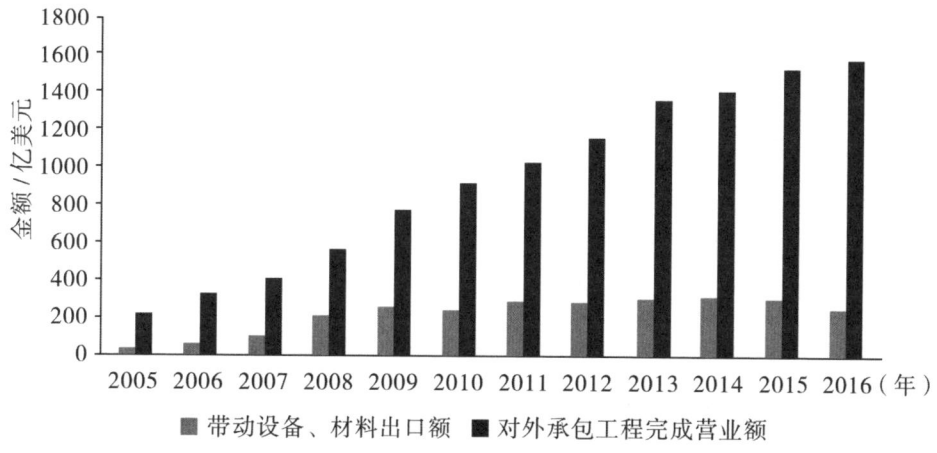

图11-3 中国对外承包工程完成营业额与带动设备、材料出口额对比

资料来源:商务部数据。

三、境外经贸合作园区投资规模直接服务国际产能合作

各类经贸合作园区不仅为中国企业"走出去"提供了平台,也为东道国发展带来了规模化的产业链以及相关的资金、技术和经验。经贸合作园区成为当地重要的经济增长点,带动产业链、物流链、价值链的共同发展,起到了明显的示范作用。商务部最新统计数据表明,截至2017年底,我国企业在建初具规模的境外经贸合作园区有99家,累计投资307亿美元,入区企业4364家,上缴东道国税费24.2亿美元,为当地创造就业岗位25.8万个。2017年新增投资57.9亿美元,创造产值186.9亿美元。其中,加工制造型和资源利用型园区累计投资额为231亿美元,占75.2%,直接服务于中国企业对外开展的国际

产能合作。境外经贸合作园区为企业开展国际产能合作提供了重要的平台，通过经济集聚降低了跨国生产经营成本，及时规避个别产业的贸易壁垒和国际贸易摩擦，有助于国际产能合作企业共同发展、抱团取暖。

第五节　国际产能合作的发展成就与经验

自2014年以来，在多项政策措施的积极鼓励下，我国企业开展国际产能合作意愿强烈，多个重点项目持续推进，有力支持了"一带一路"建设。国际产能合作适应了国内发展速度变化、产业结构优化以及经济增速换挡的新时期的新要求，有助于进一步推动开放型经济新体制发展，服务"一带一路"建设，支持企业拓展国际市场，体现大国责任与担当，让世界各国共享中国经济发展红利。总体来看，中国企业开展国际产能合作首先应借鉴一些产业在中国国内发展的成功经验，同时有效对接当地不同的资源禀赋，及时对接差异化需求，帮助"一带一路"沿线国家解决制约经济发展和工业化建设的根本性、关键性问题。

一、立足行业特性有序推进，支持东道国经济能力建设

为进一步促进钢铁、有色、建材以及纺织等传统产业持续健康长期发展，中国出台多项措施，一方面积极鼓励企业推进国际产能合作，鼓励优势产能对外转移；另一方面加强对国内富裕产能的监管，坚持按照世贸组织原则禁止不合规的出口补贴和进口替代补贴，加强不符合环保、能耗、质量、安全、技术等标准的产能退出和"僵尸企业"出清，禁止水泥、平板玻璃等行业新增产能，加强"去产能"工作。通过打出严格监管和积极鼓励等政策和措施的"组合拳"，增强了企业开展国际产能合作的意愿，取得了一系列积极的成果。

抓住钢铁、有色、建材等规模和劳动生产率具有较强的国际竞争力的周期性行业，有力推动国际产能合作业务的开展。改革开放40年以来，钢铁、有色和建材等周期性行业市场开放程度较高，国内实现了充分的市场竞争，

第十一章
提高海外投资的质量和效益

企业竞争力快速增强。2018年《财富》世界500强统计结果显示，中国有中国宝武钢铁集团、河钢集团、江苏沙钢集团、新兴际华集团、鞍钢集团、首钢集团等11家企业上榜，其中中国宝武钢铁集团位居第162名，为全球钢铁业第二大企业，营业收入为安赛乐米塔尔集团的86.3%。从劳动生产率指标来看，江苏沙钢集团人均营业收入达到94万美元，人均产钢量达1107吨，位居全球钢铁业第2位。有色、建材行业上榜的中国企业数量也逐年增多，这为钢铁、有色以及建材等周期性行业参与国际产能合作打下了坚实基础。近几年，河钢集团收购瑞士德高集团，为钢铁业国际产能合作拓展了营销网络和合作空间。中国有色集团海外收购铜矿等项目，促进了我国与相关东道国在资源与生产方面的交流和合作。中国建材等企业在"一带一路"沿线国家通过投资等方式提升了生产能力，直接服务当地市场，形成一体化生产线，推动当地产业转型升级，也主导了绿色建材、绿色金融业的开展，积极履行了企业社会责任。2018年，浙江红狮集团在尼泊尔投资水泥生产项目近4亿美元，成为该国最大的投资项目，有力地支持了当地的基础设施建设。

轻纺等劳动密集型产业有效利用沿线国家成本优势，抱团出海，形成海外集聚优势。随着国内劳动力价格的上升，轻纺加工行业在国内生产的成本优势不断被削弱，企业"走出去"开展国际产能合作可以进一步降低成本、提升产品竞争力，同时可在一定程度上规避贸易摩擦。轻纺企业开展国际产能合作的内生动力较强，2017年上海纺织、山东如意等88家骨干企业成立中国纺织国际产能合作企业联盟，形成产业集群"走出去"，主动在海外打造规模化轻纺产品加工基地。柬埔寨太湖国际经济合作区形成了以轻纺服装为主导的产业结构，充分利用当地劳动力红利和东盟成员国货物贸易自由化政策，降低生产成本。值得注意的是，轻工纺织行业属于出口导向型的产业，这对于促进东道国参与国际生产合作网络、增加外汇收入具有积极的意义。截至目前，我国企业已经逐步形成对"一带一路"沿线国家的资源合作优势，接下来将进一步加强资源合作整合，探索纺织品生产出口合作的新模式，打造纺织品出口品牌，同时还要防止在资源整合中形成垂直化发展倾向。

石化等资本密集型产业则积极利用沿线国家资源禀赋优势，国际产能合作坚持共商、共建、共享原则。随着我国工业化进程的快速开展，产业结构逐步从劳动密集型产业向资本密集型产业转移。中国石化产业发展严重受制于能源对外依存度问题，其中石油对外依存度在2014年超过60%，预计2020年将超过70%。与此同时，国内经济结构调整导致一部分炼油产业富裕产能问题突出。2017年，我国炼油能力达到8亿吨/年，开工率为70%；预计到2020年，我国炼油能力达到9亿吨/年，富裕产能达到1.1亿~1.3亿吨/年。富裕产能导致行业竞争加剧、企业开工率下降、盈利能力走低，并制约企业投资研发的能力。近十几年来，中国石油、中国石化等公司加大对"一带一路"建设的投资，先后在沙特阿拉伯、哈萨克斯坦等国建立一系列石油炼化公司，带动当地石化产业的转型发展。"一带一路"沿线国家资源禀赋优势突出，有力地支持了石化产业开展国际产能合作，既能够确保解决资源能源进口供应问题，也调节了国内结构性的富裕产能，支持东道国工业结构的转型升级，有力地支持当地经济能力建设。

二、大力推动基础设施产业合作，服务"一带一路"互联互通建设

基础设施是一国基础性、先导性的产业，是一国经济发展"起飞"的关键因素。改革开放40年来，中国经济发展的重要因素在于政府主导的基础设施建设，为市场要素自由流动降低了交易成本、提升了交换效率，支持了中国市场经济的建设。在此背景下，中国愿同沿线各国分享这一发展经验，推动基础设施产业开展国际产能合作，有效地服务"一带一路"建设，方便沿线国家共享中国经济发展红利。

铁路、电力等产业国际产能合作步伐加快，促进基础设施互联互通。中国高速铁路、核能发电、特高压直流输电、水电/火电建设等产业已经成为中国基础设施发展的重要成就，也是中国主动分享发展经验、促进"一带一路"建设的关键抓手。在铁路国际产能合作方面，中老铁路、中泰铁路、匈塞铁路及雅万高铁全面开工建设，中欧班列快速发展。截至2017年底，中欧班列累计开行数量已经超过9000列，班列到达了欧洲14个国家42个城市，促进了高效畅通的国际大通道建设。在电力国际产能合作方面，中国企业在东

南亚地区相继建设了多个水电站，弥补当地供电发展不足的问题，解决了制约当地电力发展的根本性难题。

通信及相关设备产业已经成为中国企业开展国际产能合作的靓丽名片。信息化是一国经济现代化发展的关键引擎，是经济提速升级的重要动力。改革开放40年来，我国通信及相关设备产业快速发展。1978年，全国邮电业务总量仅为11.7亿元，电话普及率为0.38部/百人；2017年，全国电信业务总量达到2.8万亿元，移动电话普及率达到102.5部/百人。依靠国内市场的发展形成核心竞争力，中国移动、中国联通、中国电信、华为、中兴、烽火集团等企业的国际知名度迅速提升，海外竞争力不断加强。中国通信及相关设备产业已继高铁、核电之后成为中国"走出去"的第三张名片。在企业开展国际产能合作中，中国通信及相关设备产业通过加强与当地主要机构的合作，不断为"一带一路"沿线国家注入发展红利。中国移动通过并购巴基斯坦电信公司，为当地电信业发展带去技术和动力；华为等企业在海外扩大电信基础设施建设，服务当地社会民生。

工程机械产业随着基础设施产业国际产能合作发展"走出去"，积极服务"一带一路"建设。随着国内基础设施产业国际产能合作的快速发展，工程机械产业随之"走出去"，服务沿线国家基础设施互联互通建设。从国内情况来看，工程机械产业在40年发展中取得了一些积极的成效和经验。随着开放程度不断加大，工程机械产业形成龙头带动、中小品牌积极参与的市场格局。当前，中国已经成为世界上工程机械产品门类和型号最齐全的国家，工程机械的自给率长期维持在90%以上。工程机械产业关联度高、吸纳就业能力强、技术资金密集，能够有力推动相关配套产业和制造技术的发展，是部分"一带一路"沿线国家重点引进、对接的关键行业。2015年来，徐工机械、三一重工以及中联重科等长期进入世界工程机械500强行列的企业积极开展"一带一路"建设，服务当地经济社会发展。工程机械协会挖掘机分会最新数据显示，2018年5月国内挖掘机总销量为19313台，其中出口销量为1523台，同比增长高达95.3%。三一重工全年海外销售额达到25亿美元，同比增长30%，其中70%的收益来自"一带一路"沿线国家和地区；徐工机械海外出口同比增长90%，其中"一带一路"沿线产品销售占比达72%；中联重科海外营收较2016年增长超三成，有7个国家销售过亿元，有16个国家增长超过100%；柳工机械在"一带一路"沿线国家的销量同比增长41%，收入增长35%。

三、积极推进高技术产业国际产能合作，努力实现互利共赢的合作格局

汽车、船舶以及航空航天产业是一国经济高质量发展的重要体现，是一国经济核心竞争力的关键组成部分。改革开放40年来，中国在汽车、船舶以及航空航天等产业的发展中取得了一系列积极的经验。

汽车产业进一步加大海外组装配件工厂建设，支持沿线国家经济发展。汽车产业是一国经济产业综合竞争力的关键体现，是核心竞争力的重要组成部分。经过40年的发展，中国汽车产业产能位居世界第一，庞大的国内消费需求带动了汽车产业的快速发展，其组装加工能力处于世界领先地位。在此背景下，我国企业加大了对沿线国家的投资投入，帮助以中东欧国家为代表的区域汽车加工组装产业的发展，为当地提供技术和必要服务。汽车产业的产能合作既能帮助中国消解部分富裕产能，支持新能源汽车、自动驾驶等汽车新产业的发展；也能够为当地国家带来必要的技术和能力支持，成为推动沿线国家共享中国发展红利的关键举措。

船舶以及航空航天产业与相关国家需求和产业进行有效对接。2016年，我国造船产能降至6500万载重吨左右，比最高年份下降了近20%；同年新需求订单达到1600万载重吨，供需矛盾成为制约国内船舶产业进一步转型升级的关键因素。为此我国积极开展船舶产业国际产能合作，促进富裕产能的对外转移，形成了新的合作发展方向。2017年上半年，中国船舶工业集团与嘉年华集团、芬坎蒂尼集团、英国劳氏船级社等签署大型邮轮建造备忘录协议；中国船舶重工集团推动巴基斯坦电站项目建设，5兆瓦海上风电机组装备成功布局英国市场；中远海运重工有限公司成功交付用于北海作业的"希望6号"圆筒型浮式生产储油平台，收购希腊比雷埃弗斯船厂完成签约；烟台中集来福士海洋工程有限公司总包设计建造的高端海工平台在北海及里海投入运营，并与挪威签署渔业养殖高端装备协议。

第六节 国际产能合作的前景与展望

"一带一路"倡议将成为我国当前及今后一段时期内加强对外开放和国际经济合作的重要内容,国际产能合作则是推进"一带一路"建设的重要平台和有力抓手。随着国内企业国际竞争力的不断提升,"走出去"内生动力不断增强,企业在"一带一路"沿线国家开展国际产能合作的意愿随之加强。对此,政府应在政策上给予倾斜,形成政策叠加合力,拓展企业的发展空间,通过国际产能合作倒逼国内经济结构转型,推动相关产业向价值链中高端地位迈进,进一步提升开放型经济新体制建设水平。

未来有望进一步创新国际产能合作管理机制,为企业国际化发展搭建高效安全的政府服务体制。随着国内政府管理改革的进一步推进,在国际产能合作的建设过程中,政府部门会创新国际产能合作管理机制,简政放权,强化政策支撑,建立统一的协调机制。按照转变政府职能的要求,以市场为先导、以推动便利化为核心,最大限度地缩小核准的范围,实行以备案制为主的管理机制,加大宏观指导和监督力度,提升各类企业的投资效率和应变能力。

完善国内投融资环境,为企业开展国际产能合作提供金融服务。随着国内银行业"走出去"步伐加快,在海外投资合作相对比较集中或具有发展潜力的地域设立银行分支机构、海外开发基金或其他促进机构,加大与国际金融机构、海外银行的相互联动,为对外经济合作事业的新一轮发展创造有利的条件,更好地为企业开拓国际市场提供信贷及参考意见,有效预防经营风险和信贷风险。企业应积极利用国际国内两种资源,充分利用国际融资平台进行项目融资。传统国际经济合作公司应充分利用中国政府的政策性融资和对外贷款的优势,在专门领域开展有效的并购活动。

推动建立信息服务平台,进一步降低信息壁垒。政府部门将为各类所有制企业"走出去"提供公共信息服务,引导企业规避风险。政府主管部门及其各驻外机构可以提供东道国的宏观经济状况、企业背景以及与直接投资相关的法律治理程序等资料,定期发布相关指引和报告等。要充分发挥行业组织的功能和作用,努力对国内外经济信息进行搜集、整理、传递和发布,提供对外经济技术合作咨询服务及公司资信调查服务;组织联系中外经贸界的技术交流活动。

加强风险管理和预防体系建设，为海外重大项目提供必要的安全保障。建立决策、管理、执行及监督的风险管理工作体系，健全应急预案和防范措施，实施有限授权管理，开展包括法律、财务、技术、商务等专业调查，注重相关投资信息的搜集、筛选、分析和判断，分析投资可行性、风险、收益和成功概率。加强对当地政局、经济环境、行业发展、公共安全、种族构成、外交关系等的分析，规范投资行为。完善境外突发事件处置机制，指导企业做好安全风险应对工作。建立对外投资合作海外经济利益协调保障机制。完善境外国有资产监管机制和责任追究制度，实现境外资产保值增值。

第十二章 中国参与国际多边合作的成功经验

中国改革开放40年所取得的伟大成就同中国不断深度参与国际多边和区域合作的历程是分不开的,早在20世纪80年代初中国就恢复了同世界银行和国际货币基金组织的联系和往来,世界银行的有关代表曾多次访华并同我国高层领导和经济主管部门的负责人频繁沟通,探讨中国改革开放的方法和路径,对推动我国早期的改革开放进程发挥了积极的作用。我国加入世贸组织15年漫长的谈判以及中国加入世贸组织后在国际多边贸易体制下的优异表现,形成了我国以开放促改革、以改革促开放成功发展的重要经验。以习近平同志为核心的党中央,审时度势,在全面把握国内外形势的前提下,在党的十九大上明确提出了构建全面开放新格局的要求,标志着中国经济进入了开放发展的新阶段。为此,认真总结中国参与多边国际组织的主要历程、成功经验是十分必要的,在此基础上,有利于我们深刻认识我国在国际多双边合作中所处的历史发展阶段,有利于进一步明确我国未来在参与国际经济治理中的政策定位和路径选择,更有利于推动中国经济加快走向高水平开放的进程,推动中国更加积极地参与全球经济治理,积极发挥中国的智慧和影响力。

第一节 中国加入WTO的历程及贡献

党的十一届三中全会确立了我国改革开放的基本国策,为我国参与国际多边和区域合作奠定了思想和理论基础。我国通过参与和支持WTO多边贸易体制,通过构建金砖机制和上合机制以及高标准的自贸区网络,为我国经济营造了良好的外部环境，同时也提高了我国参与全球经济治理的能力和水平。正如习近平主席在党的十九大报告中指出的，我国始终做世界和平的建设者，全球发展的贡献者，国际秩序的维护者。回顾我国参与国际多边和区域合作的历程，主要有以下几个方面的经历。

一、积极参与WTO多边贸易体制

三大国际经济组织，即国际货币基金组织（IMF）、世界银行和关税及贸易总协定（GATT），是"二战"后国际经济秩序的重要组成部分。众所周知，我国与它们的关系一度中断。随着改革开放及经济的发展，1980年我国先后恢复了与国际货币基金组织和世界银行的关系。

不同的是，即便我国争取到以"恢复关税与贸易总协定缔约方地位"的方式重续与GATT的关系，也依然需要与缔约方谈判新的税率和其他减让。因此，我国经历了漫长而复杂的复关/入世谈判历程。同时，也正是由于在谈判过程中我国不断地调整对外经贸政策，不断地深化改革开放，一步步完成对经济体制改革目标的认识转变，才最终确立社会主义市场经济体制改革的正确方向。这为我国入世后运用规则、抓住机遇加快发展，全面取得国民经济建设的辉煌成就奠定了扎实的基础。

入世后，我国全面履行了中国加入世贸组织议定书的全部承诺，并积极参与推进贸易与投资自由化和便利化。入世16年来，中央政府共清理各类法律法规和部门规章数千件，地方政府共清理地方性政策和法规近20万件，初步建立了全国统一、透明，既符合WTO规则又适合中国国情的法律体系。我国还逐步取消了400多项非关税措施，开放了金融、保险、法律、电信、分销、速递等上百个服务贸易部门。2010年，我国降税承诺提前履行完毕，关税总水平从加入时的15.3%降至9.8%。2011年，WTO对我国为期10年的过渡期审议结束，我国以优异的答卷向世界展示了恪守承诺、坚持开放的良好形象。

入世为我国经济发展营造了制度化的国际环境，恪守承诺为我国经济走向高水平开放奠定了基础。入世后我国经济迅速崛起，人民生活水平大幅提高。我国已从入世初的全球第六大经济体跃升为第二大经济体，货物贸易额的全球排名由第六位上升到第一位,出口额和进口额分别位居世界第一和第二。在国际上我国被誉为"世界工厂","中国制造"行销全球。在国家逐渐富强的同时,入世对提高和改善人民生活水平和质量发挥了积极的作用,家电、手机、电脑、汽车、通信资费等价格大幅下调,昔日的奢侈品已变成今日的必需品。

我国充分享受成员权利,先后多次拒绝发达国家对我们提出的扩大农产品关税配额、削减农产品国内支持、取消化工和制药等行业关税、取消对跨境数据流动限制等要求,切实维护了国家利益。我国在世贸组织内就农业、工业品、服务贸易等领域单独或联合提出200多项提案,不断发出中国声音,主动引领多哈发展回合谈判进程。更多的中国籍职员进入WTO秘书处,WTO现有一名副总干事和10多名不同级别的中国籍职员。

入世后,我国逐渐成长为WTO重要谈判议题的核心决策方。2008年,我国首次作为"核心七国"[①]之一参加贸易部长小范围磋商。2015年,我国作为"核心五国"之一参加内罗毕部长级会议磋商。

目前,我国已成为WTO多边贸易体制的坚定支持者。入世以来,我国努力帮助其他发展中国家特别是最不发达国家参与多边贸易体制并从中受益,推动多边贸易体制朝着更加公平、开放、包容的方向发展。我国高度关注贸易保护主义对WTO谈判、争端解决、贸易政策监督等基本功能的影响,习近平主席多次在重要国际场合深刻阐述了我国坚定支持经济全球化、维护自由贸易的主张。我国积极推动多边贸易体制恢复谈判功能,为《贸易便利化协定》的达成和落实、《信息技术协议》扩围谈判的达成做出重大贡献。

二、我国外向型经济的发展

加入世贸组织后我国的外向型经济得到了长足的发展,中国经济快速融入世界经济体系。我国通过参与国际竞争和分工,发挥本国的比较优势,

---

① "核心七国"是指在WTO成员中,特别是在贸易部长会期间,当有些议题难以平衡时,美国、欧盟、日本、澳大利亚、巴西、印度和中国的贸易部长会安排小型会议,协调立场促进达成协议。

全面提升了中国经济在全球的竞争地位，增强了中国在国际事务中的影响力和话语权。在外向型经济的发展中，首先是对外贸易得到了快速发展。2001年，即入世当年中国的进出口贸易总额为5100亿美元，仅占世界贸易总额的4.4%，排名世界第六，其中出口额为2661亿美元，进口额为2436亿美元；而到2017年底，中国的进出口贸易总额已达4.2万亿美元，占世界贸易总额的14%，成为世界第一贸易大国，其中出口额为2.2万亿美元，进口额为1.9万亿美元。这一巨变主要得益于外贸进出口体制的改革，特别是外贸经营权的放开和进出口配额的取消，此外国内良好的投资环境和公开透明的营商环境也发挥了巨大的作用，其结果是促使中国形成了国企、民营、外资企业三股势力大发展的蓬勃局面，这不仅支撑了中国外向型经济的快速发展，而且为中国国民经济的高速增长奠定了坚实的基础。其次是中国双向投资进入快速增长阶段。加入世贸组织前，随着中国市场开放步伐的加快和经济体制改革的不断深化，外资进入的领域不断扩大，特别是在汽车、电子、医药等领域也出现了大规模的合资企业，这些合资企业的进入和建立大大带动了我国产业结构的升级，助推了中国工业化的进程。入世后，随着我国经济环境的改善和产业竞争力的提升，我们又进入了对外投资发展的新阶段，这是一个积极的变化，标志着我国企业利用国际国内两个市场两种资源的能力有了新的起步，这种变化有利于企业不断提高参与国际经济竞争的能力。对于这种积极性，我们应该给予充分的肯定和支持。

三、增加自贸区合作伙伴

进入21世纪以来，以世贸组织为首的多边贸易体制发展受阻，市场开放水平更高、灵活性更强的区域贸易安排蓬勃发展，成为驱动经济全球化的主引擎。区域合作已成为入世后我国对外开放的新形式。

我国的自由贸易区建设从一开始就是在党中央和国务院的部署领导下稳定推进的。党的十七大把自由贸易区建设上升为国家战略，党的十八大提出要加快实施自由贸易区战略。党的十八届三中全会提出要以周边为基础加快实施自由贸易区战略，形成面向全球的高标准自由贸易区网络。

严格来说，我国在2001年前尚未签署任何一个自由贸易协定[①]。2002年至今，我国已与24个国家和地区签署了16个自由贸易协定，正在谈判中的自贸区有11个，正在研究的也有11个。我国的自由贸易伙伴无论是经济发展水平，还是政治、宗教均有不同，其中既有发展中国家和地区，如智利、秘鲁等，又有发达国家如澳大利亚、新西兰等，还有最不发达国家，如东盟成员缅甸、柬埔寨和老挝等。除了主权国家，还有与单独关税区签署的FTA，如中国香港、澳门以及台北。

2014年，习近平总书记在主持中央政治局第十九次集体学习时指出，加快实施自由贸易区战略是一项复杂的系统工程。要加强顶层设计、谋划大棋局，既要谋子更要谋势，逐步构筑起立足周边、辐射"一带一路"、面向全球的自由贸易区网络，积极同"一带一路"沿线国家和地区商建自由贸易区，使我国与沿线国家合作更加紧密、往来更加便利、利益更加融合。

2008年9月27日，商务部门户网站下的中国自由贸易区服务网开通，正式启动运行。其宗旨是向社会各界提供中国自由贸易区的建设进展和实施情况，推动社会各界对FTA谈判的认识和参与，促进中国已签FTA的宣传和实施，供国内外企业和消费者查询和使用FTA带来的各种贸易、投资优惠和便利。

四、坚决维护发展中国家利益

我国不仅积极参与国际多边体制活动，而且还积极拓展同发展中国家的合作关系，先后发起一系列以发展中国家为主体的国际组织及合作机制，实现了多边机制在发展中国家的全覆盖，努力补齐全球治理体系中的南方短板，推动金砖国家、上海合作组织等机制在区域和全球治理中发挥更大作用。我国推动建立金砖国家新开发银行及应急储备安排，扩大人文交流，探索"金砖+"合作模式，举行新兴市场国家与发展中国家对话会和中非合

[①] 我国对地缘经济关系的考虑最早可溯至1994年4月，我国申请加入《曼谷协定》。2001年5月23日，我国正式成为《曼谷协定》第6个成员国。《曼谷协定》于2005年更名为《亚太贸易协定》，属于优惠贸易安排。

作论坛等，引领构建全方位、多层次的区域合作架构，将一系列合作机制打造为新兴市场国家和发展中国家参与全球治理的重要平台。目前金砖国家合作的影响已经超越五国范畴，金砖国家成为促进世界经济增长、完善全球治理、促进国际关系民主化的建设性力量。

五、不断贡献中国智慧和力量

在全球经济治理体系亟待变革的关键时期，我国改革开放不断深化，参与多边、区域合作获得巨大红利，对全球经济的辐射和带动作用不断增强。我国有责任、有能力、有担当为全球经济体系改革贡献我们的智慧和力量。

2013年习近平总书记提出"共建丝绸之路经济带"和"21世纪海上丝绸之路"重大倡议。这是习近平总书记深刻思考人类前途命运以及中国和世界发展大势，为促进全球共同繁荣，打造人类命运共同体所提出的宏伟构想和中国方案，开辟了我国参与和引领全球开放合作的新路径和新境界。2016年11月17日，"一带一路"倡议首次写入第71届联合国大会决议。

党的十八大以来，我国向世界提供了越来越多打着中国烙印的公共产品。在"一带一路"倡议下，我国成功主办首届"一带一路"国际合作高峰论坛，"一带一路"沿线国家积极参与，由30多个国家的元首或政府首脑率政府代表团出席会议，有接近100个国家派代表出席，标志着"一带一路"倡议正在由构想阶段进入落实建设阶段。2016年我国主办的二十国集团（G20）领导人杭州峰会，充分发挥了中国作为负责任的大国应有的积极作用，我们不仅发出了加强全球治理的号召和理念，而且推动制定了世界范围内首个多边投资规则框架——《二十国集团全球投资指导原则》。我国主办的APEC第二十二次领导人非正式会议成功就《亚太经合组织推动实现亚太自贸区北京路线图》达成共识，中国对全面、系统地推动亚太自贸区进程，对亚太经济一体化、可持续增长和共同繁荣发挥了重要作用，做出了重大贡献。

第二节　金砖国家经贸合作现状及前景

在全球经济缓慢复苏的大环境下，金砖各国经济发展亦发生了积极的变化。同发达国家相比，金砖国家各自仍面临着不同的困难和矛盾，致使国际上"金砖褪色"的论调不时出现。而实际情况是，金砖国家经历了一个较为艰难的转型发展阶段。虽仍未达到重现的辉煌，但已出现质的变化，特别是中印经济保持中高速增长，对金砖概念起到了稳定全局的作用。此外，俄罗斯、巴西经济已显现复苏苗头，南非经济仍具有一定的活力。总之，各国经济基础较好，市场发展潜力巨大，合作空间广阔。在制造业领域，金砖国家互补性强，产业间合作范围较大，成为促进金砖国家进一步开展合作、克服产业结构性问题、恢复发展动力的重要手段。中国目前已经是全球经济发展的重要推动力量，在制造业领域拥有举足轻重的影响力。2017年金砖首脑会议在中国举办，中国积极承担推动金砖国家加强经贸合作的重任，通过贸易和投资促进各国经济发展和制造业转型升级，推动金砖合作与"一带一路"倡议有效对接，探索南南合作的新机制。

2017年，金砖国家合作机制已进入第二个10年。经过10年的发展，金砖国家经济总量占世界经济的比重已由13%（2007年）上升到22%（2016年），成为世界经济重要的增长极。金砖五国国土面积占世界26%，人口占24%，虽分布于亚洲、非洲、欧洲、美洲的不同地域，但这些国家均为区域或次区域经济发展的领头羊，也都是二十国集团成员、世贸组织多哈回合谈判核心参与方以及全球金融标准制定机构——金融稳定理事会重要成员。《国际货币基金组织报告（2017）》指出，过去10年，金砖国家对世界经济增长的贡献超过50%。

一、金砖国家的共同特点

一是经济总量持续上升，影响力不断扩大。

金砖国家的重要性不断上升，增长率一度领跑全球。2016年，全球GDP

达到75.6万亿美元，其中中国GDP11.2万亿美元、印度GDP2.3万亿美元、巴西GDP1.8万亿美元、俄罗斯GDP1.3万亿美元、南非GDP0.3万亿美元。金砖五国合计占全球GDP比重为22.4%，在2007年这一比重仅为13.4%，10年间增长近1倍。其中，中国GDP占全球GDP比重已达14.8%，占金砖五国GDP比重达66.3%。其中贸易总量从11%上升到16%，投资比重从7%上升到12%，对全球经济增长贡献率达52%[①]。

据IMF测算，未来5年金砖五国GDP占比将达全球的1/4，成为国际舞台的重要一极。IMF发布的《世界经济展望（2017）》预测，未来几年，金砖五国经济体量将继续上升。中国和印度将成为金砖五国经济增长的重要驱动力量，GDP体量将增长50%以上。到2022年，金砖五国经济总量预计达26.5万亿美元，超过美国（23.8万亿美元）11.3%，超过欧盟（15.9万亿美元）近七成份额（69.9%）。

二是宏观经济普遍遭遇困难，结构调整已成共同任务。

全球金融危机后，金砖各国经济陆续受到不同程度的影响，中国经济继续保持新常态发展特征，但经济增速仍保持在中高速水平。2016年中国GDP实现6.7%的增速，2017年和2018年基本保持在6.5%以上。印度经济增速不断上升，发展潜力较大。印度是世界上第二人口大国，但经济总量仅相当于中国的1/5，市场发展潜力还未得到充分释放。2016年印度GDP增速达7.3%，延续2015年（7.7%）的增长势头；2017年经济增速达到7.2%，2018年达到7.7%。俄罗斯、巴西和南非受制于大宗商品价格波动影响，其中俄罗斯由于继续面临西方经济制裁，宏观经济发展面临较多困难。俄罗斯GDP增速在2016年下降0.2%，但较2015年已收窄2.6个百分点。巴西GDP下降3.6%，但2017年实现小幅回升0.4%。南非2016年GDP增速仅为0.3%，与上年基本持平，但2017年GDP增速回升至1.3%。

由于部分国家失业率、通胀率高企，政府多倾向于保障国内发展。印度失业率较高，主要是由于自身工业基础较为薄弱，劳动密集型产业尚不发达，大多数民众从事第一产业和第三产业。通胀率在2016年底为3.4%，较

---

① 中国国家开发银行研究院：《开放包容　行稳致远"金融+智库"服务金砖国家发展——金砖国家可持续发展报告（2017）》。

2015年下降近2个百分点；2017年继续保持下降趋势。俄罗斯、巴西和南非受制于宏观经济走低，失业率处于较高水平，分别为5.3%、12%、26.5%，通胀率分别为5.4%、6.3%、6.8%。高企的国内失业率和通胀率导致政府更有意愿推出内向型改革政策。

当前金砖各国改革力度不断加大，未来经济发展潜力将进一步释放。中国对内改革和对外开放都进入新的阶段，政策效果显著，目前开放力度不断加强。在国际经济交往方面，中国先后缩小外商投资产业指导目录范围，限制性措施大幅减少，进一步放宽服务业、部分高端制造业的外资准入条件。2017年版自贸区负面清单推出，限制性措施进一步减少。而印度莫迪政府正在加大税制改革、加大地区开放力度。巴西新政府上台后，局势已有所趋稳，国会先后上调联邦政府举债限制、放开油气产业外商投资限制，同时还对社会保险法案进行探讨，帮助政府开源节流。俄罗斯政府则实施"向东看"策略，在中亚和东北亚等地加强区域经贸合作。

二、金砖各国制造业发展情况和存在问题

（一）受国际大宗商品价格波动影响，资源型国家受冲击较大

金砖国家主要分为两类，即资源出口型和加工品出口型。从制造规模看，中国制造业水平在金砖五国中排名靠前，其中制造业占GDP比重达三成以上，远高于印度、俄罗斯、南非和巴西。从人均制造业增加值来看，中国制造业的人均生产率远高于其他金砖国家。德勤的《2016年世界制造业竞争力指数》报告显示，从制造业竞争力情况看，中国位居全球第3名，俄罗斯、巴西和印度分别位列第32名、第36名和第39名。

俄巴两国制造业发展受外部因素影响较大。德勤公司的调查数据显示，在金砖五国中，只有中国被企业高管看作排名靠前的制造业国家，其他四个国家在过去几年内排名显著下降。由于政治不确定和经济改革步伐的推迟，巴西的制造业竞争力水平从2013年的全球第8位一路下滑到2016年的全球第29位；俄罗斯由于受到西方制裁和全球大宗商品价格下降的影响，制造业竞争力水平从2013年的全球第28位下滑至2016年的全球第32位。

但各国制造业细类产业分布具有一定相似度,产业主要分布在金属、化工以及煤/石油产品上。印度与中国制造业发展水平具有一定相似性,但产业规模相对较小。巴西、俄罗斯和南非在自然资源及粗加工产业方面相互间具有一定竞争性。

从国别层面看,2016年中国、俄罗斯、南非和巴西制造业产品出口占比高于世界平均水平。其中,南非制造业产品出口占比迅速上升,主要得益于南非政府近年来对经济的支持。

(二)金砖国家贸易依存度下降,低于世界平均水平

金砖国家整体出口增速放缓,主要受近年来中国贸易下滑影响。2016年,金砖国家商品出口总额达2.8万亿美元,占全球商品总出口额1/6;服务出口总额达0.47万美元,占全球服务总出口额的1/10。相比于2001年,商品出口总额上涨7倍,服务出口总额上涨2.5倍。相比于10年前(2007年),商品出口总额上涨50.4%,服务出口总额上涨58.8%。2016年,金砖国家商品出口总额下降0.23万亿美元,其中中国商品出口总额下降0.15万亿美元,占65.2%。(见图12-1)

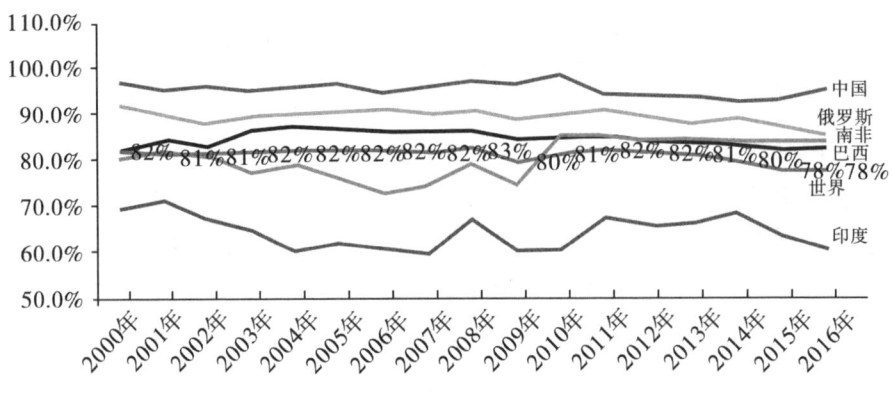

图12-1 金砖国家制造业产品出口占比

资料来源:世界银行资料。

此外,近年来金砖国家国内市场重要性上升。总体来看,近10年(2007—2016年)金砖国家对外贸易依存度下降,对国际市场依赖度下降,对国内市场依存度上升,经济向内转。其中,中国贸易依存度由峰值60.09%降至

2016年的37.04%；但南非贸易依存度由51.21%上升到60.59%。2016年，在金砖五国中，贸易依存度由高到低的顺序依次为南非、俄罗斯、印度、中国和巴西。值得注意的是，巴西经济体量位列金砖国家第3位，但对外贸易依存度位列最后一位，其参与全球价值链的程度有限。（见表12-1、图12-2）

表12-1 金砖国家贸易依存度

国家	2004年	2008年	2012年	2016年
巴西	28.35%	26.52%	24.03%	23.80%
中国	60.09%	56.96%	48.11%	37.04%
印度	36.77%	56.24%	56.26%	40.92%
俄罗斯	56.16%	53.36%	47.87%	46.45%
南非	51.21%	73.27%	60.90%	60.59%

资料来源：世界银行。

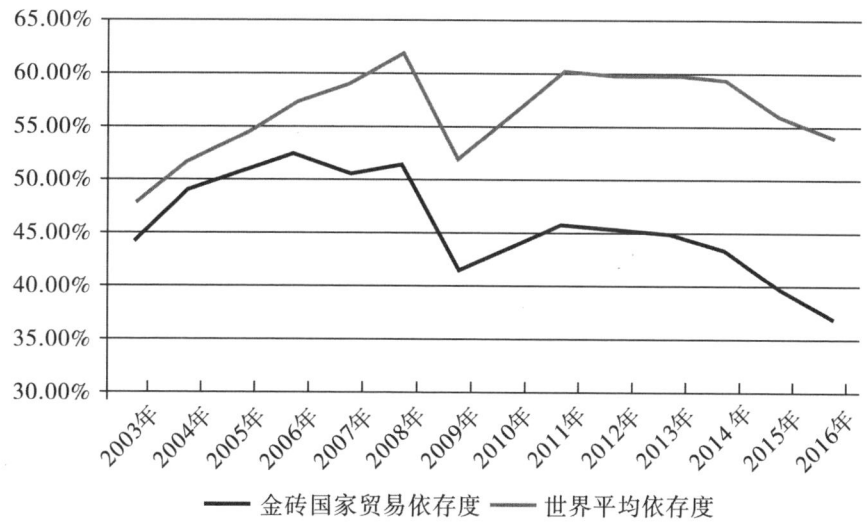

图12-2 金砖国家贸易依存度和世界平均依存度对比情况

资料来源：世界银行。

（三）各国贸易互补性较强，深化合作潜力巨大

金砖五国在制造业产品贸易上地位不同，产业内互补合作的拓展空间较大。其中，中国的中间品进口占有较大比例，主要出口资本品和消费品，是

世界的"制造工厂"。印度是主要资本品和中间品的进口国,消费品的出口国,表明其国内制造业水平有限,仅能在技术水平较低的消费品出口方面保持一定竞争力。俄罗斯主要进口资本品和消费品,出口中间品,表明其国内自然资源丰厚,但国内制造业水平不足。巴西主要进口资本品,出口中间品和消费品,表明其国内自然资源丰富同时具备一定的制造生产能力。南非主要进口资本品和消费品,出口中间品,产业形态与俄罗斯具有相似度,表明其国内自然资源丰厚,但国内制造业水平有限。

表12-2 金砖国家制造业中资本品、消费品和中间品出口情况

单位:亿美元

	巴西差额 (出口—进口)	中国差额 (出口—进口)	印度差额 (出口—进口)	俄罗斯差额 (出口—进口)	南非差额 (出口—进口)
2012年	307	3500	−2410	1140	40
资本品	−152	3500	−250	−709	−101
消费品	73	5080	571	−724	−41
中间品	386	−5080	−2730	2570	182
2013年	144	4130	−1910	1090	26
资本品	−127	3620	−223	−669	−104
消费品	62	5520	666	−742	−32
中间品	208	−5020	−2350	2500	162
2014年	95	5180	−1940	981	−1
资本品	−161	3820	−202	−620	−88
消费品	61	5950	694	−654	−18
中间品	195	−4600	−2430	2260	105
2015年	254	6360	−1500	890	−28
资本品	−99	3890	−268	−338	−81
消费品	61	5530	627	−377	−13
中间品	292	−3060	−1850	1600	66
2016年	498	5490	−1160	243	34
资本品	−19	3500	−255	−362	−65
消费品	87	5020	655	−355	−13
中间品	429	−3030	−1560	960	112

资料来源:联合国贸发会议。

规模庞大、行业齐全的工业体系成为中国贸易竞争力的重要源泉。在500种主要工业产品中，中国有220多种产量位居世界第一。在广度上，中国拥有39个工业大类，191个中类和525个小类，是全世界唯一拥有联合国产业分类中全部工业门类的国家。从双边贸易情况来看，中国成为各国中间品的主要进口国和出口国，且对巴西、俄罗斯和南非的进口贸易额高于出口贸易额；中国还是各国消费品和资本品的主要贸易国，并且出口额高于进口额。这表明中国是其他金砖国家的主要"加工厂"，进口中间品并出口消费品和资本品，制造业实力较强。

其他金砖国家之间的贸易主要以中间品的贸易为主，各国在价值链合作上具有广阔空间。从价值链地位来看，俄罗斯、巴西和印度是上游资源产品的主要提供者，中国和印度是中间品加工的接受者。中国是各金砖国家消费品和资本品的提供者，贸易合作空间十分广阔。

表12-3 2016年金砖国家间制造业中资本品、消费品和中间品贸易情况

单位：亿美元

		巴西		中国		印度		俄罗斯		南非	
		出口	进口	出口	进口	出口	进口	出口	进口	出口	进口
巴西	消费品	—	—	498	220	67	11	1	133	5	22
	中间品	—	—	1264	4185	145	344	146	113	29	66
	资本品	—	—	427	141	8	5	1	6	1	25
中国	消费品	187	355	—	—	60	497	127	965	13	335
	中间品	3235	1449	—	—	719	3690	2330	1293	665	550
	资本品	90	530	—	—	43	1772	65	1542	2	443
印度	消费品	5	57	741	56	—	—	19	124	2	77
	中间品	305	163	3638	1053	—	—	306	100	307	86
	资本品	5	10	1456	49	—	—	65	15	5	25
俄罗斯	消费品	116	0	1488	148	86	26	—	—	15	0
	中间品	109	176	1214	2940	84	419	—	—	12	24
	资本品	6	0	974	46	9	6	—	—	2	1
南非	消费品	25	5	458	41	94	2	0	20	—	3
	中间品	67	26	528	2180	91	502	17	26	—	23
	资本品	46	1	298	1	20	3	1	1	—	10

资料来源：联合国贸发会议。

(四)劳动力供给发生新变化,各国生产率提升成为迫切需求

劳动力供给情况出现新变化。一是人力资本形成放缓。随着金砖国家产业升级,经济社会发展对人力资本、技术进步等知识资本的要求大大增强。但是,对于多数金砖国家而言,高新科技人才依然匮乏,人力资本积累不足。二是人口结构的变化。由于劳动力供给增速下降、劳动力成本提升,整体经济由此进入生产要素成本周期性上升的阶段。

全社会劳动生产率不高。在工业化初期,劳动力从生产率低的农业部门向生产率高的制造业部门大规模转移,成为经济高速增长的重要支撑[1]。而现阶段劳动力从农业部门到制造业部门转移的规模和速度正在降低,同时还有一部分劳动力正在从生产率相对较高的制造业部门向服务部门转移,因此也大大影响了全员劳动生产率的提高。

对此,各金砖国家不得不提升经济生产效率,促进产业结构转型升级。中国主动推动中低端重复性产能降低,在国际开展产能合作,在境外建设经贸合作园区,结合中国发展经验,通过互利合作帮助相关国家提升制造能力。巴西已出台"提高巴西生产率(2016)"倡议(2016 More Productive Brazil Initiative)。政府鼓励企业通过实施更加精益的生产方式来提高生产力水平。该政策鼓励不少于3000家中小企业提升至少20%的生产率。此外,该政策提供5年期总共5000万巴西雷亚尔的基金,支持企业通过与技术服务公司展开合作提高生产率、减少生产过程中的浪费、提升产品的环保水平。俄罗斯、印度等进一步出台了加强政府治理能力、提升透明度、尊重知识产权等政策,切实释放市场活力,提升市场主体的运行效率。

三、政策建议

(一)全面加强金砖贸易投资领域合作,进一步促进相互间要素自由流动

当前经济全球化正在受到来自主要发达国家的挑战,但生产超越国界限

---

[1] 刘贵今:《理性认识对中非关系的若干质疑》,《西亚非洲》2015年第一期。

制的趋势却越来越明显，各国之间的经贸合作转变为在产品制造环节上的分工协作。全球价值链的发展主要受到跨国公司的推动，价值链上的分工合作为各国经济发展带来了明显的溢出效应。在金砖国家中，中国在过去10年迅速发展，经济实力大大提升，成为全球制造业最为重要的国家之一。在促进金砖国家制造业合作中，应当借助金砖国家制造业互补性较强的特点，形成有利循环。近年，俄罗斯、巴西和南非遭遇重大的外部冲击，经济发展动力不足，资金匮乏。对此，中国应加大对俄罗斯、巴西和南非的投资，一方面要对这些国家的优势产业——资源能源产业加大投资，这样既可以保障中国生产制造的原材料供应，也能够促进对方国家优势产业复苏；另一方面，中国应主动通过投资将自身具有竞争优势的加工制造产业转移到这些国家，这样既能满足对方产业转型升级的需要，也能够进一步加强中国同金砖国家相互间的产能合作。

（二）不断探索南南合作新机制，逐步扩大"朋友圈"打造"金砖+"

在2017年"两会"上，外交部王毅部长首次提出了"金砖+"的概念，这是传统金砖合作的拓展模式，"通过金砖国家同其他发展中大国和发展中国家组织进行对话，建立更广泛的伙伴关系，扩大金砖的'朋友圈'，把金砖合作打造成为当今世界最有影响力的南南合作平台"。金砖国家之间的经贸合作不能局限在一个小圈子，而是应不断吸纳更多的合作成员加入，给全球带来积极的溢出效应。从经济合作角度来看，金砖国家分别是所在洲的大国和领头羊，周边接壤的发展中国家多，拥有广阔的经济腹地。通过金砖国家合作，可以带动周边国家共同发展，扩大市场范围，为各国优势企业寻求规模优势。从政治合作来看，金砖合作是探索南南合作新机制的重要内容，探索金砖合作机制的深化和制度化，能够为发展中国家参与国际经济治理探索新的道路，促进共同可持续发展。

（三）加强金砖合作机制与"一带一路"倡议对接

金砖合作机制是"一带一路"建设的坚强后盾。尽管金砖国家在对国际市场的依赖度有所降低，但从金砖国家自身特点来看，广阔的国际市场是支持金砖各国经济发展的重要动力。中国工业制造能力强，印度在计算机和软件产业上具有比较优势，巴西清洁技术和现代农业优势较强，俄罗斯有丰富的石油和天然气资源，南非有矿产开采技术优势。

"一带一路"倡议为金砖合作机制的发展提供了新的发展机遇。"一带一路"倡议为金砖国家合作机制继续深化发展提供关键契机。在国内层面，金砖国家都处于经济发展转型的重要阶段。近年来金砖国家都启动了新一轮的改革进程，主张走能源节约、环境友好的新型工业化道路。①在国际层面，金砖国家也相继推出了"一带一路""季风行动"和"欧亚经济联盟"等区域和跨区域经济合作安排与计划。②在这些发展规划中存在很多目标趋同的方面，为此，金砖国家要加强宏观经济政策协调和发展战略对接，加强与"一带一路"沿线国家相关政策的对接。通过务实合作寻找利益契合点，充分发挥发展战略的聚合效应。③

（四）加强各国在国际多边场合的协调，发挥在国际经贸治理方面的影响力

21世纪以来，经济新业态层出不穷，全球经济和社会发展面临一系列新的问题和挑战。电子商务、政府采购、贸易便利化、网络安全、气候变化、海洋治理、南北极问题、非传统安全等一系列问题对全球治理提出新的难题和挑战。传统规则体系应对不足已经成为全球经济治理面对的最大困难。第九届金砖国家经贸部长会议期间，经过友好协商已就一系列新兴议题达成初步共识和取得初步成果，在电子口岸网络建设，推动贸易便利化，加强服务贸易合作，推出电子商务合作倡议，促进各国产业转型升级和中小企业融入全球价值链，推动投资便利合作等方面已取得广泛共识。

以电子商务为例，跨境支付、万国邮政以及海关质检等规则无法适应新

---

① 林跃勤：《合作机制理论与完善金砖国家合作机制研究》，《亚太经济》2017年第3期。

② 张晓涛、王淳：《以自贸区为发展方向的金砖国家经贸合作——基于相互贸易关系视角的分析》，《宏观经济研究》2017年第4期。

③ 屠新泉、蒋捷媛：《金砖国家合作与"一带一路"倡议协同发展机制研究》，《亚太经济》2017年第3期。

兴业态发展，跨境电商发展面临严重的瓶颈。新议题成为新兴国家在全球治理中争取更多话语权的有效突破口，成为金砖国家发挥影响力的有利契机。在全球治理的新议题上，金砖国家仍具有明显优势。特别是在电子商务领域中国所具有的优势明显，巴西、印度和南非等海洋大国在海洋话题方面具有较大影响力，南非和俄罗斯分别为距离南极和北极最近的国家，在极地治理问题上能够发挥较大作用。新议题已成为新兴经济体合作发挥影响力的重要平台。

（五）不断深化对内改革和对外开放，继续保持金砖国家的综合竞争力

当前，全球经济体系正面临两大挑战，一是继续扩大市场开放的挑战，二是适应国际新规则的挑战。无论全球化进展速度如何，也无论全球自贸区的发展方向如何，国际经贸规则的完善和提高将是大势所趋，也是需要我们共同面对的现实，这些都对金砖国家的开放水平和参与国际治理体系的能力提出更高要求。自20世纪90年代以来，以金砖国家为代表的新兴经济体迅速崛起，对内改革和对外开放均取得显著成效，并实现了跨越式的发展。随着全球经济一体化程度的不断提升，金砖国家需要进一步加强在市场开放、提升透明度，以及实现边境内规则等方面的协调和统一。当前，国际社会对环境、劳工、企业社会责任以及国有企业中性竞争政策等"21世纪新议题"倍加关注。这就要求金砖国家进一步做好自身的改革和开放，努力吸收适应国际先进规则和制度，不断推动国际规则国内化，提升自身的制度水平。与此同时，金砖国家也要努力归纳总结自身经济发展的有效经验，进一步提升发展中国家的可持续发展水平，促进共同繁荣。

（六）坚定维护多边贸易体制，共同反对贸易保护主义

金砖国家是经济全球化的受益者，也是多边体制的重要成员。当前全球经济正处于艰难复苏阶段，以美国为首的贸易保护主义仍是威胁当前经济复苏的一个关键因素。金砖国家的发展离不开国际市场，金砖国家的经济已经与全球生产价值链深度融合。金砖国家的共性和经贸领域的互补性决定了

金砖组织在多边体制内合作空间广阔、前景光明。2017年，金砖国家合作机制已正式开启第二个10年，这也是金砖合作的"中国年"。为此，我国应继续努力推动金砖国家的交流与合作，促进金砖国家在多边贸易体制下加强合作，旗帜鲜明地共同反对贸易保护主义，促进经济全球化和贸易自由化朝着正确方向发展。

（七）结论

金砖国家是当今世界重要的合作机制之一，发挥好金砖国家间的贸易投资作用，不仅有利于各自经济贸易的繁荣，同时也将为全球经贸合作探索新的路径和发展模式。2017年是金砖国家合作开启的第二个10年，9月在中国厦门举办金砖国家领导人第九次会晤，围绕"深化金砖伙伴关系，开辟更加光明未来"的主题展开交流。会议推动了金砖国家合作取得更大的发展，也在国际事务中发挥了更大的作用。

经过10多年的发展，金砖国家合作已枝繁叶茂、树大根深。2014年，五国首脑一致同意设立金砖国家开发银行，旨在推动金砖国家基础设施建设；同时设立金砖国家应急储备基金，共同应对国际金融风险。2016年第八次金砖峰会发布《果阿宣言》，强调制定《2020年前金砖国家贸易、经济、投资合作路线图》的重要性，要进一步加强金砖国家之间全方位的经贸合作。本次峰会为金砖合作机制注入新的活力，全面开启金砖合作的新局面。

第三节 上海合作组织发展与前景

自2001年成立以来，历经16年发展，2017年上海合作组织完成首次扩员，正式接收印度和巴基斯坦为成员国，成员国由此前的6国拓展为8国，覆盖区域也由中亚延展到南亚，总面积占欧亚大陆的40%。8个成员国的人口、经济规模以及贸易总量分别占全球人口、经济总量和贸易总额的42%、17.5%和30%，市场潜力巨大。近5年，上合地区GDP总值年均复合增速达到3.9%，高于同期全球经济增速。据WTO秘书处预测，至2035年中俄印三国在全球经济中的比重将在25%~33%，该区域将成为全球经济的重要增长极。随着印巴的加入，上合组织的国际影响力将进一步提升，合作空间亦将进一步扩大。

一、上合组织经贸合作取得积极成果

（一）区域经济发展具有强劲动力，未来发展潜力巨大

上合组织经济规模占全球两成，对世界经济增长贡献率达三成。中国、印度和俄罗斯经济总量超万亿美元，2017年位居世界第2位、第7位和第12位。2012年，上合组织成员国经济总规模为13.06万亿美元，占全球的17.5%；2016年，上合组织成员国经济总规模达15.24万亿美元，占全球的20.2%，提升2.7个百分点。2012—2016年上合组织成员国对世界经济增长平均贡献率达29.6%，超过美国、欧元区和日本贡献率的总和；其中，中国经济增长的拉动作用明显。

整体经济保持中高速增长，区域人均收入有待提升，人口红利优势凸显。中印巴塔乌五国经济保持中高速的增长，哈吉俄保持2%左右的增长水平。从整体来看，上合组织各成员国经济增长速度基本都超过了全球平均水平，展现了区域经济发展的强劲动力。从人均收入情况来看，上合组织各成员国人均收入均低于世界平均水平，还有较大的发展空间。其中，人均收入在5000美元以上的国家有中国、哈萨克斯坦和俄罗斯三个国家。按照邓宁对外投资发展周期理论，区域内中国、印度和俄罗斯处于吸收外资和对外投资并举、资本流入流出基本保持平衡的阶段，而其他国家处于外资流入的关键阶段，在区域内能够实现资本跨国循环流动。从人口年龄结构来看，上合组织区域内各主要国家仍处于人口红利期。中国、哈萨克斯坦、俄罗斯和乌兹别克斯坦四国人口抚养比低于世界平均水平，劳动力抚养负担处于合理水平（低于全球52%的均值水平）。值得注意的是，印度、巴基斯坦两个国家的人口抚养比呈现下降态势，抚养负担下降将进一步激发经济活力（见表12-4）。

表12-4 上合组织各成员国宏观经济指标（按国家英文名称首字母排序）

指标	年份	中国	印度	哈萨克斯坦	吉尔吉斯斯坦	巴基斯坦	俄罗斯	塔吉克斯坦	乌兹别克斯坦	全球
GDP/亿美元	2012	85605	18276	2080	66	2244	21701	76	518	748023
	2013	96072	18567	2366	73	2312	22306	85	577	769247
	2014	104824	20354	2214	75	2444	20637	92	631	788701
	2015	110647	21118	1844	67	2710	13659	79	669	745097
	2016	111991	22635	1337	66	2837	12832	70	672	755435
GDP增长率/%	2012	7.9	5.1	5.0	−0.9	3.6	3.4	7.5	8.2	2.4
	2013	7.8	6.9	6.0	10.5	4.1	1.3	7.4	8.0	2.6
	2014	7.3	7.4	4.3	3.6	4.2	0.6	6.7	8.1	2.8
	2015	6.9	7.6	1.2	3.5	4.7	−3.8	6.0	8.0	2.7
	2016	6.7	7.1	1.0	3.8	5.3	−0.2	6.9	7.8	2.4
人均GDP/美元	2012	6338	1447	12387	1178	1740	15154	955	1261	10539
	2013	7078	1452	13891	1282	1908	15544	1040	1272	10709
	2014	7684	1573	12807	1280	2050	14126	1104	1317	10850
	2015	8069	1613	10510	1121	2138	9329	919	1431	10130
	2016	8123	1709	7510	1077	2111	8748	796	1468	10151
人口抚养比/%	2012	35.94	54.66	46.43	52.82	67.16	40.11	63.30	49.01	52.49
	2013	36.39	53.78	47.68	53.31	66.44	41.19	62.73	48.27	52.50
	2014	36.97	52.94	49.04	53.96	65.80	42.35	62.43	47.81	52.55
	2015	37.67	52.19	50.44	54.75	65.30	43.52	62.45	47.68	52.64
	2016	38.55	51.52	52.07	55.94	64.97	45.10	62.74	47.73	52.84

资料来源：各成员国GDP增长率数据来源于中国统计局、印度统计部、哈萨克斯坦国家统计委员会、吉尔吉斯斯坦国家统计委员会、巴基斯坦联邦统计局、俄罗斯联邦统计局、塔吉克斯坦统计署、乌兹别克斯坦国家统计委员会；其他数据来源于世界银行。

上合组织成员国主要产业各具特色，区域内价值链分工合作潜力较大。在上合组织区域内既有中国这样的"世界工厂"和巨大的商品消费市场，也有号称"世界办公室"的服务业大国印度，同时俄罗斯和中亚四国是世界上主要的资源能源出口国，也是重要的农业国。中国制造业占全球制造业的比重已超过25%，物美价廉的产品得到其他国家消费者的青睐。在资源能源产品方面，俄罗斯的石油、天然气和有色金属矿产储量和出口量均位于世界前列，哈萨克斯坦和乌兹别克斯坦的资源能源出口主要集中在石油和天然气领域，塔吉克斯坦的铝和无烟煤出口量较大。这些资源能源产品的出口能够较在大程度上被中国庞大的工业生产需求所消化，各国产业间形成良性互动。在农产品方面，乌兹别克斯坦的棉花种植业发达，为全球第二大棉花出口国；印度和巴基斯坦的纺织业发达，产业链条发展比较完备，能够吸收中亚主要国家的棉花出口。

（二）中印俄主导区域内贸易，各国贸易依赖度较高

上合组织成员国的对外贸易总额占全球的1/6，中印俄占主导地位且呈现较强的互补性。2016年，上合组织成员国对外货物贸易总额达到4.94万亿美元，占全球贸易总额（31.25万美元）的15.8%；其中，中国对外货物贸易总额达3.69万亿美元，占全球贸易总额的11.8%，在上合组织成员国中处于引领地位。2016年，中印俄三国对外货物贸易总额达到4.78万亿美元，占上合组织各国对外贸易总额的96.8%。制造业产品出口占中国总出口比重较大，其中机电产品出口占57.7%；中国对铁矿石、原油、铜等大宗商品的进口量保持增长。金属及制品、纺织品以及原料和化工产品出口占印度总出口比重达42.7%，其主要进口产品为矿产品和机电产品。石油和天然气出口占俄罗斯总出口比重达32.1%，所有矿产资源类产品出口占俄罗斯总出口比重达58.7%，机电产品进口占俄罗斯总进口比重为47%，化工产品进口占其总进口量19%。从贸易结构来看，中印俄三国贸易具有明显的互补性。

表12-5 上合组织各成员国贸易情况

单位：亿美元

国别	贸易方式	2012年	2013年	2014年	2015年	2016年
中国	出口	20487	22090	23423	22735	20982
	进口	18184	19500	19592	16796	15874
印度	出口	2968	3148	3227	2674	2640
	进口	4897	4654	4629	3929	3591
哈萨克斯坦	出口	864	847	795	460	368
	进口	464	488	413	306	252
吉尔吉斯斯坦	出口	19	21	19	15	15
	进口	54	61	57	41	39
巴基斯坦	出口	246	251	247	221	204
	进口	441	446	474	438	472
俄罗斯	出口	5293	5218	4968	3415	2818
	进口	3354	3413	3079	1930	1914
塔吉克斯坦	出口	14	12	10	9	9
	进口	38	42	43	34	31
乌兹别克斯坦	出口	112	120	115	100	100
	进口	120	131	130	115	115

数据来源：世界贸易组织。

区域成员国互为重要的贸易伙伴、相互依赖度较高，中国在区域内贸易中起引领作用。中国是印度、巴基斯坦、吉尔吉斯斯坦和俄罗斯的第一大贸易伙伴，是哈萨克斯坦、乌兹别克斯坦、塔吉克斯坦的第二大贸易伙伴。俄罗斯是哈萨克斯坦、塔吉克斯坦、乌兹别克斯坦的第一大贸易伙伴。哈萨克斯坦是吉尔吉斯斯坦、塔吉克斯坦、乌兹别克斯坦的第三大贸易伙伴。乌兹别克斯坦是吉尔吉斯斯坦的第六大贸易伙伴。印度和巴基斯坦与中亚及俄罗斯的贸易联系较弱，但各国与中国的贸易关系紧密。2016年，成员国之间贸易总额达到2040.26亿美元，占全球贸易总额的1.3%。从贸易规模来看，中印俄区域内贸易额处于领先地位，其他国家对区域内贸易依赖度较高。中国、印度和俄罗斯与上合组织其他成员国的贸易额位于前三位。中亚和巴基斯坦对上合组织成员国的贸易总额占比超过20%；其中，塔吉克斯坦的九成贸易份额、吉尔吉斯斯坦的七成贸易份额集中在上合地区，区域贸易重要性凸显。从产品类别来看，中间品贸易占比大，区域价值链特征明显。其中，中国对印度、巴基斯坦、乌兹别克斯坦中间品贸易份额超过对全球中间品贸易的平均份额；印度对哈萨克斯坦、巴基斯坦、俄罗斯中间品贸易份额超过其对全球中间品贸易的平均份额；俄罗斯对巴基斯坦中间品贸易份额超过其对全球中间品贸易的平均份额。中印俄三国在区域价值链中的引领作用较大，吉尔吉斯斯坦对其他国家最终消费品需求较大。

表12-6　2016年上合组织成员国双边货物贸易情况（按国家英文名称首字母排序）

单位：亿美元

2016年双边贸易额	中国	印度	哈萨克斯坦	吉尔吉斯斯坦	巴基斯坦	俄罗斯	塔吉克斯坦	乌兹别克斯坦
中国	—	701.48	130.93	15.49	191.35	661.08	17.56	36.14
印度	701.48	—	4.45	0.28	20.04	77.10	0.34	1.37
哈萨克斯坦	130.93	4.45	—	8.73	0.27	130.39	6.76	15.10
吉尔吉斯斯坦	56.76	0.28	5.77	—	0.01	11.96	0.28	1.95
巴基斯坦	191.35	20.54	0.00	0.01	—	4.05	0.23	0.07
俄罗斯	696.00	65.96	0.00	10.50	4.03	—	10.36	27.26
塔吉克斯坦	17.56	0.34	6.76	0.28	0.23	10.36	—	0.00
乌兹别克斯坦	36.14	1.37	15.10	1.91	0.07	27.26	0.00	—
对上合组织成员国贸易总额	1830.22	794.43	163.01	37.21	216.01	922.21	35.54	81.89
对全球贸易总额	36855.73	6170.32	619.50	54.64	654.72	4712.00	39.30	227.20
上合组织区域贸易占比	5.0%	12.9%	26.3%	68.1%	33.0%	19.6%	90.4%	36.0%

资料来源：中国海关、印度统计部、哈萨克斯坦国家统计委员会、吉尔吉斯斯坦国家统计委员会、巴基斯坦联邦统计局、俄罗斯联邦统计局、塔吉克斯坦统计署、乌兹别克斯坦国家统计委员会以及联合国商品贸易统计数据库。

注：各国统计部门如无数据，由联合国商品贸易统计数据库补充相关信息。

表12-7　2016年上合组织成员国双边贸易产品类别情况（按国家英文名称首字母排序）

单位：%

	中国	印度	哈萨克斯坦	吉尔吉斯斯坦	巴基斯坦	俄罗斯	塔吉克斯坦	乌兹别克斯坦	全球
中国									
资本品	—	6.40	1.85	0.83	4.33	4.25	3.55	3.99	6.61
消费品	—	8.09	22.88	60.22	11.28	15.99	44.15	4.26	14.16
中间品	—	85.51	75.28	38.95	84.39	79.76	52.30	91.75	79.22
印度									
资本品	—	—	0.98	0.19	0.65	0.62	0.65	2.22	2.69
消费品	—	—	5.15	72.90	4.13	6.76	22.01	23.44	10.19
中间品	—	—	93.87	26.90	95.21	92.62	77.33	74.35	87.12
哈萨克斯坦									
资本品	—	—	—	0.59	1.17	2.72	0.24	0.10	2.65
消费品	—	—	—	19.34	57.30	13.97	4.61	2.82	6.21
中间品	—	—	—	80.07	41.52	83.32	95.14	97.08	91.14
吉尔吉斯斯坦									
资本品	—	—	—	—	2.61	2.32	5.04	10.23	3.90
消费品	—	—	—	—	68.57	26.57	9.80	10.42	22.20
中间品	—	—	—	—	28.82	71.11	85.15	79.35	73.90
巴基斯坦									
资本品	—	—	—	—	—	0.56	0.02	1.62	4.28
消费品	—	—	—	—	—	11.81	5.53	6.16	18.02
中间品	—	—	—	—	—	87.63	94.45	92.22	77.70
俄罗斯									
资本品	—	—	—	—	—	—	0.82	2.14	4.01
消费品	—	—	—	—	—	—	23.92	14.68	9.67
中间品	—	—	—	—	—	—	75.26	83.18	86.31

资料来源：联合国商品贸易统计数据库。

注：由于乌兹别克斯坦与塔吉克斯坦贸易额较小，数据库未收录相关信息。

（三）区域投资和金融合作快速发展，中国资本发挥重要的影响力

上合组织地区吸收1/8的国际直接投资，贡献1/7的国际投资额。上合组织地区成为全球资本流入、流出的重要市场。2016年，中国成为全球第三大资本流入国和第二大资本流出国；对外投资超过吸收外资，成为净资本输出国。尽管受全球大宗商品价格波动影响，俄罗斯、哈萨克斯坦等资源能源型国家经济发展遭遇较大挫折，但2016年吸收外资均出现大幅增长，分别增长2.2倍和55.6%（见表12-8）。2017年第二季度，印度吸收外资增长37%，在服务、通信、电脑硬件软件以及汽车等领域受到外国投资者的青睐。

表12-8 近5年上合组织成员国吸收外资和对外投资情况（按国家英文名称首字母排序）

单位：亿美元

年份	2012	2013	2014	2015	2016
吸收外资					
中国	1210.80	1239.11	1285.00	1356.10	1337.00
印度	241.96	281.99	345.82	440.64	444.86
哈萨克斯坦	8.59	13.33	18.67	12.89	20.06
吉尔吉斯斯坦	133.37	103.21	84.06	40.12	90.69
巴基斯坦	2.93	6.26	2.48	11.42	4.67
俄罗斯	301.88	533.97	291.52	118.58	376.68
塔吉克斯坦	2.62	1.68	4.08	5.45	4.34
乌兹别克斯坦	5.63	6.29	6.32	0.65	0.67
全球	15925.98	14432.30	13238.63	17740.01	17464.23
对外投资					
中国	878.04	1078.44	1231.20	1275.60	1831.00
印度	84.86	16.79	117.83	75.72	51.20
哈萨克斯坦	0.82	2.12	1.22	0.25	0.52
吉尔吉斯斯坦	14.81	22.87	38.15	8.89	-53.67
巴基斯坦	0	0	0	-0.01	0
俄罗斯	284.23	706.85	642.03	270.90	272.72

(续表)

年份	2012	2013	2014	2015	2016
塔吉克斯坦	—	—	—	—	—
乌兹别克斯坦	—	—	—	—	—
全球	13884.55	13994.83	12531.59	15943.17	14524.63

资料来源：联合国贸发会议资料。

中国对"一带一路"沿线国家两成的投资存量集中在上合组织地区，经贸合作区覆盖所有上合组织成员国。截至2016年底，中国对上合组织成员国投资存量达297.41亿美元，占对"一带一路"沿线国家投资存量的23%（见表12-9），投资领域主要集中在采矿业和制造业。2012—2016年，中国对沿线国家投资存量年均复合增长率达17.1%，高于同期对外直接投资的增长率。2016年，中国对上合组织成员国直接投资额达31.17亿美元，吸收上合组织成员国的投资1.28亿美元，处于资本净流出阶段，中国对上合组织成员国的直接投资占其当年吸收外资总额的3.3%。中国在上合地区的经贸合作区发展基础好，数量和投资额稳步增长，合作区类型逐渐丰富。2013年之前，中国在上合地区的境外合作区有3家，分布在俄罗斯和巴基斯坦境内，主要从事加工制造和资源利用；截至2016年底，境外合作区数量增加到22家，分布在俄罗斯、巴基斯坦、塔吉克斯坦、乌兹别克斯坦和吉尔吉斯斯坦5个国家，涉及类型包括加工制造、资源利用和商贸物流。2017年4月，哈萨克斯坦和印度的首个经贸合作区相继建成，实现经贸合作区对上合组织成员国的全覆盖。

表12-9 中国对其他上合组织成员国的投资情况（年底存量）

（按国家英文名称首字母排序） 单位：亿美元

年份	2012	2013	2014	2015	2016
印度	11.69	24.47	34.07	37.70	31.08
哈萨克斯坦	62.51	69.57	75.41	50.95	54.32
吉尔吉斯斯坦	6.62	8.86	9.84	10.71	12.38
巴基斯坦	22.34	23.43	37.37	40.36	47.59

（续表）

年份	2012	2013	2014	2015	2016
俄罗斯	48.88	75.82	86.95	140.20	129.80
塔吉克斯坦	4.76	5.99	7.29	9.09	11.67
乌兹别克斯坦	1.46	1.98	3.92	8.82	10.58
"一带一路"沿线国家	567.56	720.15	924.60	1156.79	1294.14
全球	5319.41	6604.78	8826.42	10978.65	13573.90

资料来源：商务部数据。

互联互通进一步加强，中国建造为区域经济发展奠定良好基础。基础设施互联互通进一步加强，道路、物流和能源基础设施项目相继取得重大成果，中国建造体现了中国新的比较优势。在道路运输方面，中国承建吉尔吉斯斯坦伊塞克湖环湖公路连接线修复、塔吉克斯坦艾尼—彭基肯特高速公路项目以及瓦赫达特—亚湾隧道工程，乌兹别克斯坦安格连—帕普铁路隧道项目竣工，巴基斯坦喀喇昆仑公路二期、卡拉奇高速公路相继开工。中国西部—欧洲西部公路快速推进，将中国西部与哈萨克斯坦南部以及俄罗斯西部地区与欧洲公路网相连，将减少2000公里的中国至欧洲的运输里程，并带动哈萨克斯坦境内12个地区物流中心和4个国际物流中心的发展。在跨境物流方面，连云港物流中心一期投入运营，成为中亚内陆国家通过中国连接太平洋与大西洋、实现亚欧大陆陆海联运的重要节点。14条中欧班列线路覆盖中国、俄罗斯、哈萨克斯坦、乌兹别克斯坦、塔吉克斯坦和吉尔吉斯斯坦等6个上合组织成员国。中俄首个跨境公路大桥（黑河公路大桥）于2016年开工并预计2019年投入使用，中俄同江铁路桥预计2018年建成。在能源基础设施合作方面，中俄原油管道及原油增供项目顺利实施，东线天然气管道已经开工，中国—中亚天然气管道A、B和C线已经全部竣工，D线塔吉克斯坦境内段已经开工建设，中哈天然气管道二阶段按期投产，吉尔吉斯斯坦南北电力网络（达特卡—克明500千伏高压输变电工程）竣工，塔吉克斯坦杜尚别2号热电厂一期工程投入运营。

产能合作助力上合发展，"共商、共建、共享"理念深化经贸合作。产能合作为上合组织成员国带来一批比较优势产业，带动当地经济结构向高端跃进。中哈商定51个产能合作项目，已签署项目协议金额236亿美元；由中石油投资建设的钢管厂、中信集团的阿克套沥青厂、葛洲坝集团的水泥厂填补了当地管道生产及沥青、特种水泥等建材生产的空白。新疆特变电工集团承建的吉尔吉斯斯坦最大的热电厂改造项目全面竣工，改变当地冬季缺电的历史。

区域金融合作步伐加快，各类多双边投资平台规模超过400亿美元。随着人民币国际化步伐加快，中国与上合组织成员国签订双边本币互换协定，极大地便利了双边贸易，帮助成员国摆脱外汇缺口限制。除印度外，上合组织各成员国均与中国签署过双边本币互换协定，但乌兹别克斯坦未续签。五国与中国双边本币互换规模达到1700亿美元，占中国对外双边本币互换规模的5.1%。2016年9月，中国工商银行（莫斯科）股份公司成为中国在俄罗斯的清算行，是中国在上合地区的第一家清算行。除此之外，俄罗斯和哈萨克斯坦建立的欧亚发展银行和中国建立的丝路基金、中哈产能合作基金以及中国—欧亚经济合作基金总规模超过400亿美元，为进一步促进区域经贸合作提供了资金保障。亚投行对上合组织成员国进行持续关注，巴基斯坦高速公路项目和连接塔吉克斯坦首都与乌兹别克斯坦边境公路项目列入首批项目名单。上合组织开发银行的筹建也逐步得到各成员国的认可。

表12-10 近年中国人民银行和上合地区国家中央银行/货币当局双边本币互换情况
（截至2017年7月31日）

序号	国别	协议签署时间	互换规模	期限
1	乌兹别克斯坦	2011年4月19日 已失效	7亿元人民币/1670亿乌兹别克斯坦苏姆	3年
2	哈萨克斯坦	2011年6月13日 2014年12月14日（续签）	70亿元人民币/1500亿哈萨克斯坦坚戈 70亿元人民币/2000亿哈萨克斯坦坚戈（续签）	3年
3	巴基斯坦	2011年12月23日 2014年12月23日（续签）	100亿元人民币/1400亿巴基斯坦卢比 100亿元人民币/1650亿巴基斯坦卢比（续签）	3年
4	俄罗斯	2014年10月13日	1500亿元人民币/8150亿俄罗斯卢布	3年
5	塔吉克斯坦	2015年9月3日	30亿元人民币/30亿塔吉克斯坦索莫尼	3年

资料来源：中国人民银行。

（四）区域经贸合作机制化稳步推进，自贸区谈判获得突破

区域机制性经贸合作不断发展，上合组织"朋友圈"迅速扩展。俄罗斯处于上合组织区域经贸合作的重要位置，但中国在区域内贸易和投资体量方面远超其他国家。俄罗斯与其他上合组织成员国达成3个区域贸易协定，中国、巴基斯坦、哈萨克斯坦和吉尔吉斯斯坦与其他上合组织成员国达成2个区域贸易协定，乌兹别克斯坦和印度仅与其他成员国达成1个区域贸易协定。但从各成员国对外签署的区域贸易协定数量来看，中国与23个国家（地区）达成13个区域贸易协定，印度与30个国家（地区）达成13个区域贸易协定，俄罗斯与11个国家达成10个区域贸易协定。从中可以看出，中印两国区域经贸合作协定数量及伙伴国数量均超过俄罗斯，区域经贸合作潜力巨大，"朋友圈"范围扩大。

《中华人民共和国与欧亚经济联盟经贸合作协定》完成实质性谈判，为下一步开展务实合作提供指引。截至2017年9月，上合组织成员国间共签署7个区域贸易协定，协定的深度和覆盖范围较为有限，主要集中在关税减让、非关税壁垒削减、贸易便利化、技术贸易壁垒等WTO框架下的规则领域。值得注意的是，俄罗斯主导建立的欧亚经济联盟涉及政府采购内容，而近期完成实质性谈判的《中华人民共和国与欧亚经济联盟经贸合作协定》在电子商务、竞争政策等新兴领域取得突破。目前，《中华人民共和国与欧亚经济联盟经贸合作协定》成为上合组织区域内涉及成员国数量最多、涵盖人口规模最大、覆盖经贸合作领域最广泛的区域性经贸合作协定，这将对未来区域内开展以规则为基础的经贸合作奠定基础。

表12-11 上合组织成员国间签署的区域贸易协定

序号	签署年份	上合组织成员间区域贸易协定	涉及国家	主要合作领域
1	2017	《中华人民共和国与欧亚经济联盟经贸合作协定》（完成实质性谈判）	中国、俄罗斯、哈萨克斯坦、白俄罗斯、吉尔吉斯斯坦、亚美尼亚	货物贸易、农产品贸易、海关程序、贸易便利化、知识产权、电子商务、竞争政策、政府间合作等10个领域

(续表)

序号	签署年份	上合组织成员间区域贸易协定	涉及国家	主要合作领域
2	2014	《欧亚经济联盟条约》	俄罗斯、哈萨克斯坦、白俄罗斯、亚美尼亚、吉尔吉斯斯坦	货物贸易、农产品贸易、海关程序、反倾销反补贴、技术贸易壁垒、卫生和动植物检验检疫、税收协定、政府采购等
3	2011	《独联体自由贸易区协议》	俄罗斯、白俄罗斯、乌克兰、哈萨克斯坦、亚美尼亚、吉尔吉斯斯坦、摩尔多瓦、塔吉克斯坦	货物贸易、农产品贸易、海关程序、反倾销反补贴、技术贸易壁垒、卫生和动植物检验检疫等
4	2009	《中国—巴基斯坦自由贸易协定》	中国、巴基斯坦	货物贸易、原产地规则、贸易便利化、服务贸易等
5	2009	俄白哈关税同盟	俄罗斯、白俄罗斯、哈萨克斯坦	货物贸易、农产品贸易、海关程序等
6	2006	《南盟自由贸易协定》	印度、巴基斯坦、阿富汗、不丹、马尔代夫、尼泊尔、斯里兰卡、孟加拉国	货物贸易、农产品贸易、海关程序、贸易便利化、非关税壁垒、对不发达国家的特殊和差别待遇、原产地规则等
7	1993	《俄罗斯—土库曼斯坦自由贸易协定》	俄罗斯、土库曼斯坦	货物贸易

资料来源：世界贸易组织数据库。

二、上合组织经贸合作面临的困难

（一）进一步营造稳定的发展环境，以经济繁荣维持区域安全

安全稳定是上合组织各成员国实现繁荣发展的首要条件，也是进一步推进上合组织经贸务实合作的重要前提。近年来，上合组织各成员国政局时有不安，暴恐事件频发。"三股势力"——恐怖主义、极端民族主义和分裂主义长期在中亚地区肆虐，区域安全合作需进一步加强，需巩固来之不易的经济发展成果。上合组织成员国间需要进一步加强安全合作，共同打击恐怖主

义、极端民族主义和分裂主义，妥善解决边界问题，防止"三股势力"演变成国家间冲突。改变部分地区贫困、封闭、保守、落后的社会经济环境，促进经济交往和人文交流，保证稳定有序的社会治理，彻底摧毁"三股势力"的温床。另外，还需进一步建立以市场为基础的经贸合作机制，妥善解决成员国之间对资源、能源的争端，以"共商、共建、共享"的理念为主导，实现资源能源共同开发、生态环境共同保护、安全局势共同维护、经济成果共同分享。

（二）可持续发展成为共同主张，产业互补性有助于区域价值链合作

2017年上半年，全球经济明显回暖，各项指标远超预期，大宗商品价格企稳回升。中国对外贸易快速增长，带动GDP增速回升至6.9%；俄哈乌等国资源产品出口量价齐升，带动经济回暖。值得注意的是，上合组织各成员国人均收入仍在世界平均水平以下，大部分国家经济结构发展比较单一。在经济景气上升阶段，各成员国能够享受世界经济发展带来的红利；但在经济景气下行阶段，各成员国容易受外部环境影响，经济发展面临较大阻碍。因此，改变当前的经济面貌、调整单一的经济结构、促进产业转型升级、将经济发展成果惠及民生、促进经济可持续发展成为各成员国的共同愿望。

上合组织各成员国基本彼此接壤，紧密的地理关系为区域经贸合作提供了便利条件。由于各成员国产业结构具有一定的差异性，经济互补性较强，各成员国在区域价值链上的分工合作空间较大。俄哈乌在资源能源产品上具有比较优势，能够为中国的制造业发展提供原材料；中国拥有成熟的工业体系和产品门类，能够提供物美价廉的消费品，满足各成员国需求。除此之外，乌兹别克斯坦是全球重要的棉花生产国和出口国，而印度和巴基斯坦都拥有较为完善的纺织工业产业链，同时当地劳动力成本不高，发展劳动密集型产业具有一定的比较优势。各成员国产业协作能够最大限度地发挥各自的比较优势，降低商品成本，提升产品的国际竞争力，通过区域经贸合作实现经济可持续发展，提升各成员国在全球价值链中的参与程度，共享经济发展红利。

(三)机制性经贸合作符合共同利益,数字经济成经济发展新亮点

近几年,国际经济形势纷繁复杂,上合组织各成员国同心协力,积极推进经贸领域政策协调发展,区域经济合作取得明显进展。2016年,上合组织元首会晤批准《2017—2021年上合组织进一步推动项目合作的措施清单》《上合组织成员国旅游合作发展规划》,总理会批准《上合组织政府间科技合作协议》的《2016—2020年落实措施计划》和《上合组织科技伙伴计划》等一系列文件,为区域进一步合作奠定了坚实的制度基础。与此同时,《中华人民共和国与欧亚经济联盟经贸合作协议》结束实质性谈判,即将成为上合组织区域内覆盖国家数量最多、涵盖条款内容最广泛和协定标准相对较高的区域贸易协定。中蒙俄、中巴和孟中印缅经济走廊建设迅速推进,次区域合作亮点频现。

值得注意的是,推进上合组织区域经济合作仍面临较大的制度壁垒。各成员国贸易便利化水平有待提升,据世界经济论坛数据显示,中俄哈吉塔的贸易便利化指数排名分别位列第61、第88、第111、第113和第114位,成员国边境上关税和非关税壁垒有待进一步削减,发展议题得到各方普遍关注。全球贸易分析模型结果显示,如实现区域关税自由化,中俄哈吉印巴GDP增速将分别提升0.53、0.63、2.38、407、1.12、1.99个百分点,经济效益明显提高。

与此同时,电子商务成为上合组织各成员国普遍关注的新领域。俄罗斯高度重视发展数字经济,发布《2025年前俄罗斯数字经济纲要》。欧亚经济联盟进一步统一数字贸易规则,积极融入全球数字经济浪潮。中国和印度在电子商务领域具有比较优势,中国在多边平台积极推广e-WTP规则,为多边贸易治理体系贡献新的内容。在区域贸易和投资自由化、便利化,加强海关、检验检疫、认证认可等领域经贸合作的基础上,进一步推动电子商务投资合作,符合上合组织各主要成员国的共同利益,这成为进一步推动机制性经贸合作的着力点。

（四）各成员国均期望提升金融合作水平，加强对经贸合作的促进作用

2016年李克强总理在上合政府首脑（总理）理事会上提出，金融是经济的血脉，搭建有效的融资保障机制，是推动经贸合作的关键。上合组织成员国财长和央行行长会议是各国推进财政金融合作的重要平台，推动金融对话平台机制化运作，尽快促成上合开发银行建立意义重大。与此同时，上合组织金融合作需要共同推进投融资平台快速发展，加强本币互换和结算合作，推进贸易和投资结算便利化。

2008年全球金融危机爆发以来，开发性金融对促进上合组织成员国经济发展、金融稳定发挥了重要作用。基础设施建设、重大项目合作以及产能合作是上合组织区域内开发性金融合作的重要领域，这些项目投入资金多、建设周期长、政策风险大，符合开发性金融中长期、大额融资的业务优势，为推动上合组织经贸发展提供资金保证。其中，欧亚开发银行、亚洲基础设施投资银行、金砖国家新开发银行等成为支持区域经济发展的重要多边开发性金融机构。中国主导的丝路基金、中哈产能合作基金以及中国—欧亚经济合作基金总规模超过400亿美元，为进一步促进区域经贸合作提供了资金保障。

（五）加快推动区域互联互通和产能合作，为实现经济快速发展奠定基础

基础设施是一国及区域经济发展的基础性和先导性产业，是国民经济发展和区域经贸合作顺利发展的重要前提。进一步加强上合组织区域经贸合作，推进经济务实发展进入快车道，需要加强成员国之间的互联互通，加大产能合作力度。中国企业在国际基础设施方面具有竞争优势，中国建造成为新的比较优势。随着《上海合作组织成员国政府间国际道路运输便利化协定》签订生效，中方对吉尔吉斯斯坦、塔吉克斯坦和乌兹别克斯坦承建的道路交通基础设施得到当地政府和人民的高度认可。跨境物流运输合作进一步开展，中欧班列线路增加，这对中亚等内陆国家实现经济外向型发展起到重要的推动作用。

随着各成员国企业实力的不断增强，企业"走出去"的内生动力不断增加，上合组织部分成员国产业结构迫切需要转型升级，人口红利特征明显，对资本密集型和劳动密集型产业承接意愿强烈。经过30多年的经济快速发展，中国境内形成一批在钢铁、有色、建材、铁路、电力、化工、轻纺、汽车、通信、工程机械、航空航天、船舶和海洋工程等领域具有较强竞争力的企业，中国企业在上合地区开展产能合作，提出搭建上合组织产能合作平台，得到各方积极响应。一批产能合作项目顺利落地，弥补了当地产业的空白，促进经济快速发展。

（六）全面加强环境保护，打造上合地区绿色命运共同体

中亚地区具有典型的内陆地理特征，如气候异常干燥、降雨量稀少、土地荒漠化严重。其中，部分国家耕地面积逐步减少，面临沙漠化风险。开展区域经济合作，需要注意上合组织成员国的环境问题，严格遵守当地环境标准，提倡绿色发展理念，保护绿水青山。2015年上合元首理事会指出"成员国要重视环保、生态安全，加强应对气候变化所带来的消极后果，继续推进上合成员国环境合作构想及行动计划草案的制定，举办成员国环境部长会议，为交流环保信息、经验与成果创造条件"。

多举措多方位促进上合成员国环保合作，打造上合地区绿色命运共同体得到各成员国的广泛支持。2013年，上合组织成员国倡议上合组织建设环保信息共享平台，依靠环保信息共享平台，有助于推广生态恢复、清洁能源开发等成功经验。近年，成员国对生态环保问题日益重视，越来越关注绿色经济发展，中国提出的"绿色丝绸之路"倡议得到各成员国的积极反响。当前，针对水资源等环保合作在中亚成员国之间还存有分歧，上合组织尚未建立起有效的环保合作机制，印度和巴基斯坦加入后印巴之间的水资源争端也随之带入上合组织，成为当前上合组织环保合作面临的重要挑战。提倡绿色发展，建立机制性合作框架，提高基础设施建设和国际产能合作的环保标准，提高绿色组织的参与程度，在区域经贸务实合作中推进绿色金融发展，这些都对打造上合地区绿色命运共同体有着积极的意义。

（七）促进民心相通，推动区域内教育文化交流和人员交往

2016年，上合成员国峰会签署的《上海合作组织成立十五周年塔什干宣言》《〈上海合作组织至2025年发展战略〉2016—2020年落实行动计划》等文件对人文合作、民心相通等工作提出新目标。政府首脑会议强调，在文化、教育、科技、体育、旅游等领域开展多双边合作。近年来，上合组织在教育、文化、卫生、体育、旅游、媒体等各领域交流合作蓬勃开展。加大成员国的人文交流，促进民心相通，有助于打通共同发展中的"软壁垒"，消除共同发展中的"软障碍"，加速推进成员国的共同发展，共同繁荣。

三、上合组织经贸合作的前景

（一）政治互信应继续加强，成员国间合作水平须进一步提升

经过18年的发展，上合组织已经跻身具有威望和影响力的国际和地区组织之列，各成员国对上合组织的认同感明显增强。"互信、互利、平等、协商、尊重多样文明和谋求共同发展"的"上海精神"更加深入人心。在当前国际经贸形势日益复杂、保护主义阴霾不散的大背景下，扩员后的上合组织应进一步团结协作，弘扬"上海精神"。

中国提出的"一带一路"倡议为上合组织各成员国进一步发展提供了重要的平台，上合组织应加强发展战略对接，发挥协同作用。2016年是上合组织成立15周年，也是中俄签署《睦邻友好合作条约》15周年，中俄应进一步加强"一带一路"倡议与俄罗斯主导建立的欧亚经济联盟对接，在全球化受阻、区域合作碎片化的背景下，共同推动上合组织发展。印度在加入上合组织后应对上合组织区域给予更多政策倾斜，探索与包括中国在内的其他上合组织成员国的发展战略进行对接，经贸政策加大协调力度，为上合组织进一步发展提供动力。与此同时，要努力解决成员国之间的双边矛盾，提高上合组织运行效率，避免"论坛化"风险。印巴的加入改变了上合组织成员国以中亚地区国家为主的结构特征，组织内部需要进行新的平衡。

（二）加大资金支持力度，促进经贸务实合作有序开展

上合组织各成员国发展阶段具有一定的相似性，人均收入水平有限，未来发展潜力巨大。上合组织经贸发展面临的资金瓶颈问题不可忽视，应努力促进区域层面金融和财政部部长对话机制常态化，组建上合组织开发银行和上合组织发展基金，为成员国经济发展提供支持，帮助一大批务实合作项目尽快落地。近年来，随着中国经济的快速发展，中国资本在上合组织区域中的影响力不断增大，中国企业走进上合组织区域的内生动力不断增强，"中国建造"为上合组织各成员国互联互通的发展贡献了力量，产能合作解决部分国家的发展瓶颈，促进当地企业在价值链中地位的提升。

应在照顾各方利益的基础上，进一步开展贸易和投资领域的更广泛和更高层次的合作，提供相互支持、推进区域一体化建设亟须的更多资金支持，促进上合组织各成员国开展务实经贸合作。2016年，成员国政府首脑理事会决定启动上合组织融资机制建设的可行性研究，多双边开发性金融机构对上合组织的支持力度不断提升。因此，需要进一步加速上合组织开发银行的筹建工作，尽早协调各成员国开发性金融机构；吸引多双边金融机构对上合地区进行政策倾斜，加速吸引资本流入上合地区。进一步推动人民币在上合组织区域内的国际化进程和结算体系的建设，帮助成员国摆脱外汇储备制约，促进贸易和投资的繁荣。

（三）加速区域融合进程，为全球经贸治理贡献智慧和力量

近期，全球区域经贸合作呈现快速发展趋势。美国政府在搁浅跨太平洋战略经济伙伴协定（TPP）后，转向双边经贸合作，正努力商签新一代自由贸易协定样板。欧盟和日本于2018年7月签署《欧日经济伙伴关系协定》，协定生效后，覆盖经济体GDP总量占全球的1/3。澳大利亚与新加坡在2016年签订自由贸易协定升级版，TPP其他成员国期望达成一个不包含美国的区域贸易协定。发达国家之间签署的区域经贸合作协定开始引领新一轮区域经济一体化浪潮，协定内容覆盖范围不断扩展、协定标准深度不断提升，为下一轮全球经贸合作提供了重要的参考。与此同时，发展中国家之间的区域贸易协定进展有限，发展中国家的声音在这一轮区域经贸合作中缺位。中国经历

40年的改革开放，在供给侧结构性改革中积累了不少先进的经验和做法，应努力将国内的成功经验推广到区域经贸合作中，加强与上合组织各成员国的对话和合作，探讨一套有助于发展中国家可持续发展的成熟经验，在全球经贸治理上贡献上合组织的方案和智慧。

第四节　中国参与国际合作的主要经验和体会

事实证明，中国参与国际多边合作的过程同我国改革开放的进程是紧密相关的，当然期间也有理念上的冲突和矛盾，但是在党中央的坚强领导下，在每一次重大的历史转折关头，我们党都坚定地选择了坚持对外开放，并通过中国共产党全国代表大会的程序做出重要决定，在全国贯彻落实。中国选择的渐进式的开放进程是符合中国国情的，也说明了我国奉行的以开放促改革、以改革促开放的交替促进理念是完全正确的，主要经验和体会有以下几个方面。

一、参与多边合作是改革开放的必然选择

以邓小平同志为首的党的第二代领导集体审时度势，在对世界发展大趋势做出科学判断的基础上，在准确把握我国经济建设面临的困难和矛盾的前提下，在党的十一届三中全会上做出了以经济建设为中心，实行对外开放的历史性伟大决定，这一决定改变了中国的命运，大大促进了生产力的解放，使得中国经济增长进入了一个充满活力发展的新阶段。中国改革开放的经历大致可分为三个主要发展阶段：第一阶段，即1978—1990年，其主要特征是从农村联产承包责任制到对商品经济的认识和接受；初步完成了从计划经济为主到市场经济为辅的认识过程；实现了从农村改革到城市改革的成功转换。第二阶段，即1991—2000年，中国经济进入了全方位开放发展的阶段，这一阶段中国对内不断推进市场化改革，完成了财税、金融和对外贸易体制的改革，深化了国有企业的改革，加大了对民营企业发展的支持力度，对外实行了更大幅度的开放政策，外资企业在消费品领域的投资持续上升，极大

地丰富了国内各类产品的供给,人民的生活水平得到了全面改善,并完成了我国经济体制逐步从僵硬的计划体制向中国特色市场经济体制的转化过程,形成了国有企业、外资企业和民营企业三股势力蓬勃发展的大好局面,全面推动中国经济走向繁荣发展的新阶段。这一阶段的改革开放进程和我国保持同世界银行和国际货币基金的接触和交换意见是分不开的。第三个阶段,即2001—2012年,中国经过15年的谈判和不断深化改革最终完成了加入世贸组织的所有程序,中国经济开始全面融入世界经济体系。一方面中国经济的发展享受到了全球经济发展的红利,另一方面中国经济的发展也为全球经济的发展注入了新的活力。中国经济进入了一个高速增长阶段,在市场化、国际化、工业化和城镇化发展的驱动下,在国企、民营和外资企业不同经营主体的积极参与下,中国经济发展实现了翻天覆地的变化。

二、坚持中国特色是中国参与的宝贵经验

在中国改革开放的路径选择上,中国拒绝了全盘西化的路径,始终坚持并保留了带有中国特色的发展路径。从发展模式看,我们经历了从产品经济到商品经济的转变过程,从接受计划经济为主、市场经济为辅到全面确立中国特色社会主义市场经济体制的认识过程,每一次调整都是艰难的,每一次调整又都是一次伟大的跨越。从发展实践看,中国的改革开放从4个经济特区建设开始到沿海14个城市的对外开放,从加工贸易、"三来一补"业务到大规模招商引资,从发展乡镇企业到支持民营企业发展,每一步都是对生产力的解放,都注入了新的增长动能。所以我们把握住了中国特色这一基本的经验,每一阶段的改革都是对当时的生产关系和生产力的积极调整,都是符合历史发展规律的。中国的改革之所以成功,其秘诀就是每一次重大决策都是符合当时的客观实际的,都是有利于解放生产力的。

1. 坚持市场化改革有利于扩大国际影响力

中国坚持市场化改革的大方向不动摇是完全符合全球经济发展规律的。在早期的中国改革开放过程中,我们有效地吸收和借鉴了国际货币基金和世界银行的一些政策建议,无论在支持民营企业发展方面还是在构建法治的营商环境方面,实践证明许多政策建议都是有效的。中国经济改革开放的过程

实际上是不断发展和完善市场经济体系建设的过程，也是市场化概念发展和普及的过程，中国经济的成功是因为中国从体制机制上初步完成了中国特色社会主义市场经济体制的建设，在推进市场经济建设过程中中国有三大经验值得总结。第一，中国的市场化改革是一个持续推进的过程，也是按照国际机构关于市场化改革的基本要求不断深化改革的过程，特别值得一提的是中国加入世贸组织的谈判过程恰恰反映了我国不断深化改革的过程。第二，中国对市场配置资源的认识是一个逐步发展的过程，从强调计划为主、市场调节为辅到党的十八届三中全会提出让市场在资源配置中发挥决定性作用，期间跨越了5次党的代表大会，历经25年时间。第三，中国对打开国门搞建设的思想理念越来越坚定，改革开放改变了中国，中国的发展离不开坚持改革开放，所以今天的中国能以更加开放、更加包容的眼光看待整个世界。

2. 有利于中国深度参与全球价值链分工

中国的改革开放同全球化发展的大趋势是相吻合的，中国早期的开放阶段恰恰是国际上产业结构调整的一个重要发展阶段，中国充分利用了国际产业结构调整的机遇，通过积极发展"三来一补"和加工贸易出口，带动了国内出口加工能力的提升。随着改革开放的不断深入发展，外资在我国工业领域的投资和参与不断扩大，外资不仅在组织生产、带动就业以及税收贡献方面发挥了积极作用，而且在推动我国经济转型升级以及促进我国工业化的发展方面均发挥了不可替代的重要作用。特别是在中国加入世贸组织之后，中国的对外贸易全面融入了国际价值链体系并从中获得了巨大的溢出效应。中国通过全面遵守和执行WTO有关规则，不仅使得中国经济的发展更具有国际化的特征，同时也对以规则为主的国际贸易体制起到了坚定的支持作用。中国的发展得益于国际规则的有效保护，所以说中国既是国际多边贸易体制的受益者，也是国际多边贸易体制坚定的支持者。

3. 高水平开放是提高我国影响力的有效途径

党的十九大提出要加快构建全面开放的新格局，促进中国经济加快进入高水平开放发展的新阶段。中国经济经过40年的改革开放发展，总量已位列世界第二，众多指标已位列世界第一或名列前茅，但是我们会发现在许多领域我们仍存在着明显的差距，例如在产业结构和产品竞争力方面，在主要技术创新和核心技术掌控力方面以及在服务业的发展水平和资本市场的培育发展方面,我们与欧美等发达国家的差距是有目共睹的,仍需要我们继续发奋努力,而这一努力的前提就是要坚持打开国门搞建设,实行更加积极主动的开放政策。我们不仅要开放自身市场,引入竞争机制,通过公平竞争促进我们发展水平的提高,还要积极参与国际竞争,通过主动参与国际竞争,发展壮大我们自己。这要求我们不仅要适应现有的以规则为基础的国际多边体制,更要积极推动并引领现有国际规则的制定和完善,使得中国经济发展的国际化程度进一步加深,以此来进一步巩固和提高中国经济在国际上的影响力。

4. 中国参与全球经济治理是客观需要

随着中国国际经济活动参与的广度和深度的不断提升以及中国在国际多边和区域活动中的作用日益重要,中国的重要性和影响力日益凸显,中国有必要积极参与全球经济治理,坚定维护中国企业的合法权益,在国际多边规则中获得有效的保护。中国参与全球经济治理的过程是中国不断贡献智慧和力量的一个过程,我们应把握好以下发展机遇。一是继续坚定地支持多边贸易体制,当前国际多边贸易体制正在受到来自多方面的挑战,特别是个别大国不尊重国际多边体制,奉行单边主义的做法,已引起国际社会多数国家的不满,中国应主动维护多边体制的权威,倡导遵循以规则为基础的多边贸易体制发挥积极的作用,坚决抵制贸易保护主义的各种行为和做法。二是积极参与G20和各种多边和区域的机制,积极参与国际事务的协商和协调工作,发挥中国的作用,贡献中国的智慧和力量。三是主动推动国际有关规则的修改和完善,中国在国际事务当中不断发挥作用和影响力的过程恰恰是在参与一些具体事务的改革和完善中形成的影响力。我们应清楚地认识到这是一个漫长的过程,中国仍需要在体制、机制,特别是软实力建设方面不断提高自身的能力和水平,以适应中国参与全球经济治理的新要求。

三、中国自主开放应把握好的有关策略

从目前的开放进程看,构建全面开放新格局是一个长期而艰巨的任务。

在此期间，我们不仅要不断扩大开放的领域和层次，同时还要不断拓展我们对开放的认识和理念，更重要的是我们还必须不断清理和消除体制机制方面存在的藩篱和障碍。当务之急，我们必须要全力以赴坚决贯彻落实习近平主席在博鳌论坛期间提出的四大开放举措，包括放宽市场准入条件，全面落实负面清单管理模式；构建良好的营商环境；加强对知识产权的保护；大幅度降低进口关税，积极扩大进口。这四大开放举措的内容是当前我国改革开放的四大优先领域，必须抓紧落实，就像习近平主席强调的那样，这些改革开放举措的落实要做到宜早不宜迟，宜快不宜慢。为此，我们更应注意把握好以下几个方面的工作。

（一）加快市场开放的制度性建设

在推进高水平开放的过程中，应注意加强各类开放安排的制度性建设。例如：在扩大利用外资方面，应抓紧修改完善并尽早出台新的外商投资企业法，有些新的开放安排和举措最好以法律的形式予以明确公布，以增强企业对扩大开放的预期和信心，继续抓紧修改放宽外商投资产业指导目录，创造条件加快修订并公布统一的更加精简的负面产品清单目录；进一步减少行政审批和下放审批权限，全面放开一般制造业的市场准入，降低部分中高端制造业的投资准入，允许外资在大部分领域自由登记开办企业。在融资体制方面，加快金融体制改革，在放开外资准入条件的同时，应进一步规范和放宽对民间金融机构资质的审批，形成内外资统一管理、竞争有序的金融体系，分阶段推进资本项下的可兑换和继续稳步推进人民币国际化，积极支持互联网金融的发展，充分发挥金融对实体经济和企业技术创新、服务升级的支持作用。

（二）把握好对外开放的顺序和节奏

我国经济正处于新旧动能转换的关键阶段，虽经济仍面临一定的下行压力，但也要看到新动能的积蓄和新的增长活力的启动是与日俱增的，加快推进全面开放新格局建设，形成新的对外开放红利仍是当前面临的主要任务。为确保经济长期可持续发展，把握好开放的顺序和节奏至关重要，要注重处理好对内对外开放的结合，选择有利于增添经济增长活力的领域，率先实行开放。例如，要进一步加大制造业开放力度，加快已明确的服务业开放内容的落地过程。对于压力较大的行业可采取分阶段分步骤的开放措施，将开放的力度与开放后的事中和事后监管能力及风险防控能力统筹结合起来，要加大工业品关税的降税力度。在服务业开放方面，要全面落实中央多次提出的放开商贸流通、育幼养老、建筑设计、会计审计和电子商务等领域的开放安排，以及党的十九大后提出的放开电信、教育、医疗、养老以及新能源汽车的举措。这些举措的落地宜早不宜迟，宜快不宜慢。

（三）积极主动参与国际多边体制建设和全球经济治理

中国作为负责任的大国，有必要更加深入全面地参与国际经济事务，支持多边贸易体制发挥积极作用，反对贸易保护主义，主动提出新的全球经济治理理念和新的维护世界经济公平公正的制度性安排意见，不断发挥我国在国际组织和机构中的影响力，坚定地支持多边贸易体制，不断提高我国在制定国际贸易规则过程中的参与力度和影响力。在尊重多边规则的前提下，继续拓展我国同主要贸易伙伴自贸区的发展空间，树立中国的良好形象。

（四）加强国际风险防范，提高我国在国际竞争和国际贸易摩擦中的应变能力

随着中国的综合国力和国际影响力的上升，如何进一步加强保护我国的海外经济利益，成为我国参与大国竞争首先要考虑的问题。当前我国面临的国际环境日趋复杂，大国竞争、贸易摩擦、金融市场动荡、商品市场震荡、地缘政治矛盾、地区冲突风险复杂多变，因此我们要把握好外部发展环境的变化和突发事件可能产生的影响，提高应对各类风险的防范意识，加强战略态势评判研究和预警分析，努力提高驾驭国际经济风险的能力，维护处理好我国海外利益的发展格局同国家总体安全观的平衡发展，不断提高维护国家经济利益安全的能力和水平。

改革开放40年来中国的发展历程说明，只有坚持改革开放，只有积极参与国际多边和区域合作，才能不断扩大中国在国际事务中的影响力，才能保证中国经济的增长潜力与活力得到最大限度的开发。中国参与多边贸易和区域经济合作的历程与经验说明，切实认真遵守规则，积极参与制定规则，有

利于保持我国经济的高水平开放。中国今后不仅要继续坚持自主开放，更要积极主动地推动全球经济的开放进程。与此同时，中国也将秉持"共商、共建、共享"的理念和正确的义利观，在全球经济治理体系中发挥日益重要的作用，从而推动人类命运共同体的建设。

参考文献

[1]陈德铭. 改革开放见证中国坚持融入、深刻影响全球价值链的40年[J]. 国际贸易问题，2018（1）：13-16.

[2]高虎城. "一带一路"有利于全球经济增长[J]. 中国科技产业，2015（4）：16.

[3]高虎城. 把握世界大势提高开放水平：学习贯彻习近平总书记系列重要讲话的体会[J]. 国际商务财会，2015（3）：5-8.

[4]高虎城. 把握世界大势提高开放水平：学习贯彻习近平总书记系列重要讲话的体会[J]. 求是，2015（2）：18-21.

[5]高虎城. 开放包容共商共建扎实推进"一带一路"经贸合作[J]. 时事报告（党委中心组学习），2015（2）：50-63.

[6]高虎城. 扩大对外开放路径[J]. 资本市场，2014（3）：8.

[7]高虎城. 培育我国参与和引领国际经济合作和竞争新优势[J]. 杭州（周刊），2015（16）：30-31.

[8]高虎城. 全面提升开放型经济水平[J]. 国际商务财会，2014（10）：10-12.

[9]高虎城. 让中国梦点亮美好世界：学习贯彻习近平总书记经济外交思想[J]. 国际商务财会，2014（4）：5-8.

[10]高虎城. 让中国梦点亮美好世界：学习贯彻习近平总书记经济外交思想[J]. 求是，2014（7）：9-12.

[11]高虎城. 深化经贸合作共创新的辉煌："一带一路"战略构建经贸合作新格局[J]. 国际商务财会，2014（6）：5-7.

[12]高虎城. 适应新常态实现新作为加快构建开放型经济新体制

[J]. 求是, 2015 (21): 23-26.

[13] 高虎城. 稳中求进改革创新努力开创商务发展新局面 [J]. 国际经济合作, 2014 (1): 4-6.

[14] 高虎城. 以"三严三实"深入推进高水平对外开放 [J]. 人民论坛, 2015 (28): 8-10.

[15] 霍建国, 白明, 王海峰, 等. 将改革开放作为管控中美贸易摩擦的定盘星 [J]. 中国发展观察, 2018 (8): 8, 16-20.

[16] 霍建国. "十三五"中国经济增长的新动能 [J]. 全球化, 2016 (4): 112-115.

[17] 霍建国. "一路一带"战略构想意义深远 [J]. 中国外资, 2014 (19): 26-28.

[18] 霍建国. 把握好改革机遇期的几个重要认识理念 [J]. 中国经贸导刊, 2014 (4): 4-6.

[19] 霍建国. 把握好深化改革五个认识 [J]. 经济导刊, 2014 (1): 90.

[20] 霍建国. 不能以"鸵鸟"心态置身事外自贸区扩大试点的战略深意 [J]. 人民论坛, 2015 (9): 43-45.

[21] 霍建国. 共建丝绸之路经济带与向西开放战略选择 [J]. 国际经济合作, 2014 (1): 7-10.

[22] 霍建国. 加快服务业开放确保安全高效发展 [J]. 中国外资, 2014 (5): 16-21.

[23] 霍建国. 深化改革开放全面构建开放型经济新体制: 关于"十三五"时期扩大对外开放的思考 [J]. 全球化, 2015 (6): 30-37, 131.

[24] 霍建国. 推进一带一路需要把握的重大原则 [J]. 开放导报, 2015 (4): 7-10.

[25] 霍建国. 中欧投资协定谈判将给中资银行带来什么? [J]. 中国银行业, 2014 (4): 65-67.

[26] 姜增伟. 市场作用发挥好先把市场建设好 [J]. 求是, 2014 (3): 26-28.

［27］宁吉喆．如何落实中央经济工作会议精神［J］．全球化，2018（3）：53-57．

［28］沈丹阳．从我国国际商务合作新趋势看企业发展新商机［J］．全球化，2014（2）：79-88，126．

［29］王受文．推进自由贸易试验区建设彰显改革开放试验田作用［J］．时事报告（党委中心组学习），2017（5）：66-81．

［30］王受文．我国当前自贸区发展的几个问题［J］．行政管理改革，2016（10）：26-29．

［31］魏建国．一带一路：中国第三次改革开放战略［J］．中国外资，2015（13）：24-25．

［32］徐绍史．坚持稳中求进锐意改革创新促进经济持续健康发展和社会和谐稳定［J］．宏观经济管理，2014（1）：4-10．

［33］徐绍史．坚持以四个坚定不移为指导全面构建开放型经济新体制［J］．中国产经，2015（10）：39-42．

［34］徐绍史．全面推进改革开放激发发展动力活力［J］．求是，2015（2）：28-30．

［35］徐绍史．认清大势着力落实以更大的勇气和智慧深化改革［J］．宏观经济管理，2013（7）：4-7．

［36］徐绍史．徐绍史：以改革创新推动世界经济强劲增长［J］．南方企业家，2016（10）：60-62．

［37］许宏强，霍建国，白明，等．推进外资管理体制改革仍"在路上"［J］．中国发展观察，2017（13）：17-20．

［38］许宏强，王海峰，陈耀，等．探索开放新高地首批自由贸易港将花落谁家［J］．中国发展观察，2018（1）：59-62．

［39］张燕生．"十三五"时期国家用好香港优势的路径与选择［J］．港澳研究，2015（3）：44-53，95．

［40］张燕生．结构调整新常态的特征和前景［J］．中国金融，2014（14）：28-31．

［41］张燕生．经济全球化前景变化及中国应对策略［J］．开发性金融研究，2015，1（1）：41-48．

[42] 张燕生. 开放型经济的重点和突破口[J]. 中国高校社会科学, 2015（3）: 138-139.

[43] 张燕生. 新一轮高标准改革开放应如何先行先试: 中国（上海）自由贸易试验区的改革重点和未来方向[J]. 学术月刊, 2013, 45（10）: 74-78.

[44] 钟山. 打造共享共赢、开放发展、创新融合的合作平台[J]. 商业文化, 2018（16）: 12-13.

[45] 钟山. 构建开放型经济新体制是必然选择[J]. 中国发展观察, 2014（4）: 45-47.

[46] 钟山. 开创新时代对外开放新局面: 深入学习贯彻习近平总书记在博鳌亚洲论坛二〇一八年年会开幕式和庆祝海南建省办经济特区三十周年大会上重要讲话精神[J]. 国家电网, 2018（5）: 42-43.

[47] 周柳军. 改革开放新时期我国服务贸易发展研究[J]. 全球化, 2014（4）: 22-31, 132-133.

[48] 迟福林. 二次开放[M]. 北京: 中国工人出版社, 2017.

[49] 王络林. 加入WTO十年后的中国[M]. 北京: 中国发展出版社, 2012.

[50] 韩立余. 世贸规则与产业保护[M]. 北京: 北京大学出版社, 2014.

[51] 世界贸易组织秘书处. 乌拉圭回合协议导读[M]. 索必成, 胡盈之, 译. 北京: 法律出版社, 2005.

[52] 张军生. 中国制造业国际竞争力研究[M]. 北京: 人民日报出版社, 2013.

[53] 田国强, 陈旭东. 中国改革历史逻辑和未来[M]. 北京: 中信出版社, 2014.

[54] 薛荣久. 中国对WTO规则的恪守与砺进[M]. 北京: 中国商务出版社, 2018.

[55] 陶一桃. 中国经济特区发展报告[M]. 北京: 社会科学文献出版社, 2017.

［56］陈德铭. 经济危机与规则重构［M］. 北京：商务印书馆，2014.

［57］余劲松. 国际投资法［M］. 北京：法律出版社，2014.

后 记

1978年党的十一届三中全会决定将经济建设作为党的中心工作，并明确了对内深化改革，对外坚持开放的基本国策。此后中国经济发展虽几经周折，在发展中也曾出现过矛盾和争论，但最终以经济建设为中心这一核心理念仍难以撼动。恰恰得益于对这一理念的长期坚持，我们才有了今天的辉煌。2018年已是中国改革开放的第40个年头，我们只会以更加坚定的理念，更加丰富的理论与实践，更大的热情全力投身于伟大的改革开放事业。

今天的中国，因为我们的成功而强大。尽管我们当前面临着国际形势的复杂变化，以及国内经济错综复杂的矛盾，但是我们坚信，历经改革开放40年的中国，她已经积累了足够的基础和能力、经验和智慧来应对我们所面临的复杂形势和任何挑战。

党的十九大提出的新的发展理念和发展路径以及构建全面开放新格局的具体要求为中国经济的未来发展和崛起构建了顶层设计的框架，问题的关键是我们如何真正做到按照中央的部署全面贯彻落实已明确的发展目标和任务，并真正做到宜早不宜迟，宜快不宜慢，加快建设伟大中国，加快构建我国全面开放新格局，加快推进供给侧结构改革，努力实现我国经济的高质量发展。

我在写作本书的过程中得到了我的同事和好友以及家人的大力支持，在此我一并向他们表示诚挚的感谢。

本书由于写作时间较短，存在一些错误和疏漏在所难免，敬请读者予以容忍和谅解。

霍建国
2018年12月